죽음의 시대를 넘어
생명신학

한국조직신학회 기획 시리즈 10

죽음의 시대를 넘어 생명신학
Theology of Life beyond Death

2023년 10월 30일 처음 찍음

지은이	강응섭 곽혜원 김영선 김재진 심광섭
	이충만 정미현 황돈형 미카엘 벨커
편집인	정미현
펴낸곳	도서출판 동연
등 록	제1-1383호(1992. 6. 12.)
주 소	서울시 마포구 월드컵로 163-3
전화/전송	(02)335-2630 / (02)335-2640
이메일	yh4321@gmail.com
인스타그램	dongyeon_press

ISBN 978-89-6447-951-3 93230

한국조직신학회 기획 시리즈 10

죽음의 시대를 넘어

생 명
신 학

Theology of Life
beyond Death

강응섭 곽혜원 김영선 김재진 심광섭
이충만 정미현 황돈형 미카엘 벨커
정미현 책임편집

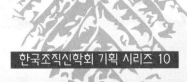

동연

책을 펴내며

　인간의 기술혁명으로 인류의 삶은 크게 편리해졌으나, 우리의 삶 속에서 진정한 평안함은 오히려 사라져 가는 듯하다. 우크라이나 와 러시아의 전쟁은 세계 경제의 근간을 뒤흔들고 있으며, 새로운 냉전체제의 구축으로 세계적인 긴장감이 더욱 고조되어 있다. 많은 청년의 삶을 앗아간 이태원 참사나 도심 속의 빈곤으로 인하여 벌어지는 여러 유형의 사회적 죽음은 우리의 말문을 막히게 하고 무력감을 가중시킨다. 우리나라는 언제부터인가 전 세계 자살률 1위라는 오명에서 벗어나지 못했고, 상대적 빈곤감이나 고립감으로 부터 비롯된 여러 형태의 기이한 범죄들이 우리 사회를 위협하고 있다. 여전히 감염병의 위기는 우리 곁을 맴돌고 있으며 코로나 19가 하루속히 완전히 종식되기를 바랐으나 우리가 환경을 파괴하 며 살아가는 것에 대한 진정한 죄책 고백도 없고, 개인적, 집단적 차원에서 구체적인 삶의 방향 전환의 속도는 너무 느리기만 하다. 부활의 주님은 우리에게 생명을 허락하셨지만, 이렇게 우리는 늘 죽음과 파괴, 생명 경시의 상황 속에서 살아가고 있다.

　다양한 형태로 죽음의 문화가 팽배한 이 시대, 경제적 수준은 전체적으로 향상되었으나 사회적 안전망이 제대로 구축되지 못한 채 경제적 격차는 더욱 커지고 많은 사람의 삶의 질이 저하되며 제어되지 못한 분노가 불특정 다수에게 향하여 있고 군비 경쟁도 가속화되어 가는 이 시대에 우리는 조직신학의 담론에서도 근본적인 변화를 추구해야 하는 긴박성을 절감한다. 하나님과 이웃과 자연과의 진정성 있는 화해를 꿈꾸며, 제18회 한국조직신학자 전국 대회에서는 "생명과 신학"이라는 주제를 중심으로 생명에 대한 다양한 신학적 논의를 하게 되었다. 이번 조직신학회 기획 시리즈는 바로 이러한 배경에서 구성되었다.

오늘의 한국교회와 신학적 토론의 자리에서 조직신학은 큰 도전에 직면하고 있다. 그 이유는 진지한 신학적 성찰을 할 시간과 마음의 여유가 없고, 모든 것이 속도에 의하여 지배되며 신학적 사유의 깊이와 가치가 결여되어 있기 때문이다. 기후 재앙, 생태계 위기, 생명 경시, 자본에 의한 지배 등 그 도전들은 인간 존재와 우리 신앙의 기반을 무너트릴 정도로 심각하다. 그러한 다양한 도전들에 대해 오늘의 조직신학은 어떻게 대응하여야 할까에 대한 물음과 문제의식을 갖고, 조직신학의 신학적 성취를 검토하고 생명 이라는 화두에 조직신학적으로 어떻게 대응할 수 있는가를 살피는 것이 이번에 기획하는 조직신학 단행본 『죽음의 시대를 넘어 생명신 학』의 목표이다.

우리에게 생명을 허락하시고 하나님, 인간과 자연과의 화해를 이루도록 초청하신 부활의 주님이 우리를 생명 살리는 일에 다시금 동참하도록 부르신다. 그 부르심에 응답하며 조직신학자로서 생명 을 담론으로 하는 풍성한 신학적 의미를 살려내며, 교회와 사회를 향해 진정성 있는 메시지를 담고자 했다. 감염병의 위기를 21세기에 다시 겪으면서 우리는 망가진 지구 생태계의 상황을 직시하고, 본래 창조의 아름다움을 훼손한 인간의 책임과 우리의 삶의 양상을 근본적으로 바꾸어야 한다는 자각과 참회 의식과 행동양식의 철저한 변화를 촉구한다. 이 시대 조직신학의 담론이 종전과는 전적으로 달라야 한다는 긴박성으로부터 이번 조직신학 기획 시리즈는 준비되었다. 기존에 조직신학적 주제로 접근하던 방식에서 벗어나 좀 더 자유롭게 주제를 선택하였다. 기본적인 조직신학적 주제별 논의는 2003년부터 지금까지 발행된 기획 시리즈에 거의 모두 담아냈기 때문이다. 이번 기획 시리즈가 가능하도록 디딤돌을 놓아주신 전임 회장님들과 회원들께 진심으로 감사드린다.

총 2부로 구성되어 있는 이 단행본에는 여덟 명의 국내 신학자들의 글과 한 명의 해외 학자의 글이 수록되었는데, 1부는 생명과 죽음을 주제로, 2부는 생태적 위기 속 생명신학을 고찰하는 내용을 담고 있으며 (저자 이름순으로) 간략히 소개하면 다음과 같다.

강응섭은 몸의 부활에 대한 초대교회의 질문에 착안하고 몸의 이중성과 그 관계성에 대해 바울, 아우구스티누스, 루터를 거쳐 프로이트와 라캉에 이르는 통찰을 담았다. 죽음에서 생명으로의 순환을 이끌어 내시는 성령의 힘을 간구하며 죄책 고백과 방향 전환을 촉구한다.

곽혜원은 팬데믹으로 인하여 인간이 죽음과 인간의 한계를 더욱 자각하게 되었으나 한국 기독교계는 삶과 죽음에 대한 성찰을 본격적으로 하지 않음을 지적한다. 생사 교육을 학교 교육과 평생 교육, 교회 교육의 차원에서 제도적으로 정착하고 생사 공동체를 구축할 것을 제언한다.

김영선은 기후 변화를 넘어서 기후 위기와 재앙의 시대에 교회와 신학이 무엇을 말하여야 하는지 생명신학의 역할과 과제를 고찰한다. 창조 신학의 재해석을 통한 생태학적 수치심을 죄로 보는 교육을 시행하고, 이에 따르는 새로운 영성 훈련과 그에 따르는 삶의 방향을 제언한다. 곧 인간의 생태학적 회심과 생태학적 삶의 전환을 촉구하는 것이다.

김재진은 '생명' 개념을 신·구약성서의 증언에 근거하여 분석하였는데, 종말론의 전제가 생명 구원사이며, 생명 구원사의 전제는 죄론이며, 죄론의 전제는 생명 창조론이며, 그것은 창조의 목적인 새 하늘과 새 땅을 지향함을 밝히는 것이다.

심광섭은 폴 틸리히와 위르겐 몰트만의 생명 사상을 미학적으로 해석하여 그 기저에는 성령론이 있으며, 그 공통 지향점을 바탕으로 시인 김지하의 '흰 그늘의 생명미학' 사상을 통해 한국적 기독교 생명미학을 탐구하려고 한다. 곧 십자가의 부활, 부활의 십자가를 서양의 변증법의 논리가 아니라 불연기연의 논리, 즉 생성과 극복의 논리인 생극(生克)의 논리로 접근한다.

이충만은 구원론이자 종말론을 포함하는 창조에 대한 교부 신학의 이해가 고대 교회의 기독교 신앙 전반을 집약하고 있음에 착안한다. 하나님의 형상에 대한 오리게네스, 니사의 그레고리우스 그리고 히포의 아우구스티누스의 신학을 비교 연구하여 교부들이 하나님의 형상으로 창조된 인간의 생명을 어떻게 이해했는지 살펴본다. 그리고 삼위일체 하나님의 은혜를 통해 하나님께 참여하고 닮아감을 통해 하나님의 형상답게 존재하는 것이 참 인간으로의 길임을 밝힌다.

정미현은 북미와 남미 생태여성신학을 대표하는 샐리 맥페이그와 이본 게바라를 소개하고 내용적인 맥락에서 공통분모가 있으나 분단된 한국 상황에서 생태여성신학을 선도한 박순경의 사상을 강조한다. 그리고 생태여성주의적 담론에 필요한 개혁주의 신학적 요소와 문법을 찾아내고 한국적 상황에서의 생태여성주의를 추구하도록 제언한다.

황돈형은 사회적 위기를 가져오는 인간성의 문제로서 죽음의 문제를 극복하려는 신학적인 시도를 한다. 먼저, 안티고네의 비극을 통해서 죽음을 이해하고자 할 때, 철학적(슬라보예 지젝, 자크 라캉), 혹은 반-신학적인(마크 테일러, 존 카푸토) 입장을 파악한다. 이들은 죽음의 문제를 해결한 것이 아니고, 오히려 죽음의 문화를 확대 재생산했음을 지적하며, 죽음 자체를 폐지하는 새로운 죽음의 사건이며 새로운 생명의 가능성을 부여한 예수 그리스도의 죽음의 의미를 되짚어 본다.

미하엘 벨커는 물질과 정신, 불-가시적 영적 세계와 가시적 물질 세계, 육체와 영혼, 의식과 무의식, 주관과 객관 등과 같은 이원론적 사고에 의해서 지배되는 세상에서, 정신과 영의 몸에 관하여 이야기하는 것은 믿을 수 없는 환상에 관하여 말하는 것처럼 보인다고 한다. 그러나 신학과 자연과학 사이의 대화와 부활에 대한 성서의 증언에 관한 철저한 연구를 통해서 생물학적, 육체적 그리고 영적 현실 사이의 연속성과 불연속성에 대한 지속 가능한 통찰들을 전개하였다. 특별 기고를 해 주신 미카엘 벨커는 복잡하게 지적이고 영적인 몸에 관한 풍부하고 생생한 실례를 주의 만찬의 제정에 대한 성서적 전통과 교회의 실천에서 고찰하였다.

한 권의 책이 세상에 선보이기까지 많은 분의 보이지 않는 수고와 노력이 있음을 우리는 기억해야 할 것이다. 좋은 논문을 기꺼이 기고해 주신 교수님들과 33기 조직신학회 임원님들, 출판을 위해 수고해 주신 도서출판 동연 김영호 사장님과 관계자분들에게 진심으로 감사한다.

아무쪼록 이 책이 21세기 기후 위기와 재앙의 시대에 조직신학의 방향성을 새롭게 성찰하고 한국 신학, 교회와 사회를 위한 길잡이 역할을 할 수 있기를 바라는 마음 간절하다.

2023년 9월 1일
정미현(한국조직신학회 회장, 연세대학교 교수)

차 례

Table of Contents

1부

생명과 죽음

안티고네의 죽음과 그리스도의 죽음
— 욕망의 해체와 죽음의 해체 그리고 죽음의 극복

황돈형

(서울중앙신학교, 조직신학 교수)

I. 들어가는 글: "인간의 죽음"
— 죽음 아래 우리는 누구/무엇인가?

현 21세기 사회는 안토니오 네그리의 평가에 따르면, 지난 시대의 과제를 열매 맺지 못하고 유산한 특징을 지니고 있다고 한다.[1] 이 말은 정치-경제적 차원에서 자본주의 사회의 소외 현상을 극복하기 위해 등장한 사회주의 체제가 주로 이데올로기적으로 작용하였고, 1989년 베를린 장벽이 무너지고 소련이 해체되며 드러난 것처럼

---

[1] Antonio Negri, "The End of the Century," *The Politics Subversion*, trans. James Newell (Cambridge: Polity, 1989), 61-74. John Milbank, *The Word Made Strange* (Oxford: Blackwell Publishers Ltd., 1997), 268에서 인용.

자신의 과제를 이루지 못하고 오히려 소외의 문제를 더욱 깊게 만들었다는 것이다. 또한 시장경제 중심의 자본주의 사회는 자신 안에 발생한 소외 현상에 주목하고, 자본의 집중을 극복하기 위해 복지를 추구한다고 하지만, 여전히 제한되지 않는 경제력의 폭주 가운데 권력 앞에 정의를 포기하고, 소위 '진리'로 여겨진 것을 추구하지 않고, 대중의 인기를 얻기 위해 문제를 덮어 버리는 피상적 이고 허구적 삶의 방식을 만들어 내고 있다는 것이다.[2]

이러한 상황에서 기독교적 차원에서 사회적 통합을 이루기 위해 서 주장한 윤리적 지침들의 영향력도 미미한 것으로 밝혀지고 있다. 가톨릭의 입장은 종교적 권력 자체에 대한 비판적인 관점이 애매하 고, 개혁적인 개신교의 입장들은 유대-기독교적 차원에서의 신 중심적 관점보다 근대의 인간 중심적 규율로 이루어진 인간성의 해방을 중시함으로써, 자율적인 인간의 세속화된 사회의 발전을 주장하는 것에 이미 흡수되었기 때문이다.[3]

이 가운데 오늘날의 소외 문제는 단지 경제-정치적 차원에서 발생한 것이 아니라 보다 근본적인 차원에서 인간성 자체로부터 이루어졌음을 알게 되었다. 이제껏 우리가 사회 정치-경제적 행위의 근거로서 당연히 여겼던 것으로 인간이 이성적이고 도덕적이며 책임적 주체라는 신념이 다만 상상에 기초한 허구적 구성물이었다 고 밝혀진 것이다.[4] 이에 따라서 사회적 이슈들의 해결책으로 여전히

---

2 John Milbank, *The Word Made Strange* (1997), 268.

3 앞의 책, 269, 284-285.

4 Steven Best and Douglas Kellner, *Postmodern Theory* (New York: The Guilford Press, 1991), 283- 284.

희망을 주었던 사회적 정책이나 보편적인 이념이 근본적으로 신뢰할 수 없는 것이 된 것이다.[5] 그리하여 푸코 이래 들뢰즈나 가타리 등은 인간적으로 수긍할 만한 사회의 형성을 위해서 객관적 제도나 정신적 이념들을 대상으로 하는 거대 정치학을 부정하고, 어떻게든 개별적 차원에서 작용하는 미세한 정치적 영역을 재발견하고자 한다. 그것은 사회에 어떤 공통된 이념을 구성하는 것을 목적으로 하지 않고, 오히려 서로 다른 타자로서 정치적 주체성의 형성을 통해서 새로운 사회적 변화의 가능성을 추구하고자 하는 것이다. 이들에게는 이제까지 알려진 인간 이해 자체에 대해 근본적으로 의문을 제기하는 '인간의 죽음'이라는 표어가 매우 중요하게 작용하는 것을 알 수 있다. 즉, 이제까지 사회 정치적 질서 가운데 전제하고 당연시하였던 보편적 인간성은 단지 시대적 권력 작용에 의한 조형물이기 때문에 이제 모든 차원에서 전격적으로 해체적으로 파악되어야 하며, 기존의 형이상학적 방식을 벗어나 존재-물질적인 특징을 이루는 방향으로의 전환 가운데 하나와 다수의 근원적 일치를 나타내는 리좀식의 다양체로서 다시 파악된 것이다.[6] 한마디로 의식과 행위의 통일적이거나 단일한 의미를 이루는 인간성의 죽음을 전제로 여러 가지 상황에 따른 다양한 형태의 존재를 실현하는 인간성을 추구하고 있는 것이다.

---

5 앞의 책, 27-28.
6 질 들뢰즈, 펠릭스 가타리/ 김재인 옮김, 『천개의 고원』(서울: 새물결, 2001), 리좀적 존재양식에 대하여 개괄적 설명은 14, 17-55. 리좀적 형태를 이루는 원리로서 1. 연결접속의 원리, 2. 다질성의 원리, 3. 다양체의 원리, 4. 탈기표작용적인 단절의 원리, 5. 지도제작의 원리, 6. 전사(傳寫)의 원리.

이러한 관점은 현시대에 시급한 것으로 알려지는 생태계 문제와 더불어 생태계의 죽음이라는 더 심각한 질문을 마주치게 됨을 알게 된다. 인간의 존속을 위협하는 생태계의 문제 해결은 단지 환경 오염의 해결이나 지속 가능한 성장 가능성에 대한 대책에서 찾을 수 없고, 남-여의 인간성의 성차별을 근거로 이루어지는 사회적 억압 구조를 종결시킴으로써 자연의 해방까지 이루고자 하는 시도[7]로 충분하지 않다는 것이 분명해진 것이다. 그리하여 지금은 준 객체-존재론과 함께 존재-물질적 차원에서 생태계의 문제를 다시 파악하고자 하는 것을 보게 된다.[8] 다시 말해서 이제까지 인간에 대한 관점의 근본적 전환을 요구하게 된 것이다. 이러한 견지에서 '포스트휴머니즘'을 주장하는 브라이도티의 강조처럼 인간이 아닌 모든 생명체를 단일하게 취급하는 것으로서 생성을 강조하는 것이 세상의 미래를 위해서 더욱 바람직한 방향처럼 보이는 것이다.[9] 그리하여 가장 급한 질문은 "존엄성을 지니는 존재로 간주되던 인간이 정말 세상보다 중요하고, 이 세상에 근본적으로 필요한 존재인가?" 하는 것이다. 생태계의 문제 가운데 "인간이 세상을 위해서 긍정적 존재인가?" 아니면 "인간은 숙주를 죽이고 끝을 맞이하는 바이러스 같은 존재인가?"의 질문이 제기되는 것이다. 그리하여 존재-물질적 차원에서 존재 가치를 묻는다면, "인간의 종말이 앞으로의 생태계의 보존을 위해서 더 자연스러운 대안이

---

7 전현식, 김은혜 외 편, 『생태 사물 신학』 (서울: 대한기독교서회, 2022), 88-97.
8 앞의 책, 41-44, 198-199, 245-249.
9 로지 브라이도티/ 이경란 옮김, 『포스트휴먼』 (서울: 아카넷, 2015), 90-91, 109, 119.

아닌가?"를 묻게 되는 것이다.

그리고 이에 더하여 가장 심각한 질문이 등장하는데 그것은 앞으로 먼 미래에 있을 우주적 종말이 예상되는 가운데 이러한 질문이 무슨 의미가 있는지 묻는 것이다. 우주적 종말이 분명하다면, 지금 여기서 이러한 질문을 하는 것 자체가 무슨 의미가 있는가? 그리하여 오늘을 사는 우리는 혹시 '다중 우주론', 혹은 로저 펜로즈가 주장하는 '반복되는 우주'에 대한 또 다른 우주를 상상하고, 인간이 경험하는 현재의 막다른 상태에서 무의미를 연기시키면서, 아무것도 발생하지 않을 것처럼 마지막까지 현재를 연장하는 것이 아닌가 묻게 되는 것이다. 마치 니체가 영원 회귀를 말하면서 자신의 허무주의적 관점주의를 극복하려는 방식처럼 인간이 말할 수 없는 것(종말)을 말하는 것 외에 다른 길이 없는 상황에서 교묘한 변명으로 자신을 감추고, 개인의 죽음으로부터 우주적 종말이라는 최후의 점을 어떻게 하든 처리하며 살아가는 것 아닌가 묻게 되는 것이다.

그러나 이 무의미한 종말을 잊거나 피하기 위해서 존재-물질적 차원에서 사회적이며 과학적 이론을 다양하게 전개 시킬지라도 개인적 죽음에서부터 우주적 종말을 막지 못한다는 것은 분명하다. 이와 함께 우리가 주목해야 할 더 끔찍한 현장은 이러한 더 이상 어떻게 할 수 없는 죽음의 그림자가 우리의 현실에 이미 영향력을 끼치고 있다는 것이다. 오늘날 죽음의 현상을 보면, 천재지변이나 COVID-19 같은 인간 외적인 요인을 통해서 죽은 이들보다 인간의 문명의 충돌로서 드러난 남북문제, 인간의 불평등, 전쟁, 사건, 사고, 사회적 갈등에서 발생하는 자살 등으로 매일 죽어 가는 이들이 더 많다는 사실이다. 다시 말해서 앞으로 아무것도 기대할 것이 없이 보이는 종말의 그림자를 실현하는 것처럼 지금 우리는 사회에서 허용하는 가능한 형태로 서로를 죽이면서 죽음을 먹고 살고 있으며, 이것이 우리의 처참한 현실이라는 것이다.

그리하여 "소외를 겪는 인간의 삶에 대한 처방이 무엇인가?" 하는 질문이 아니라 "도대체 인간이 산다는 것이 무슨 의미가 있느냐"는 질문의 절박함 가운데 일차적으로 "죽음 앞에 선 인간이란 무엇인가?"라고 질문하게 됨을 알게 된다. 이렇게 끝을 예감하는 죽음으로 물든 현재 상황에서 우리는 스스로 우리가 어떤 존재인지 그리고 또 미래를 기대할 수 있는지 물어야 하는 것이다. 이에 대해서 신학적으로 답하기 위해서 먼저, 사회적 차원에서 논의되는 강압적 죽음의 현상을 통해서 제기하는 삶의 가능성에 대하여 안티고네를 통해서 설명하고자 하였던 이론들을 지젝을 중심으로 파악하고, 둘째, 그러한 죽음과 삶의 역동적 관계성을 통해서 죽음을 어떻게 해체하고 있는지 해체론적 신학자들을 살펴보면서 그러한 시도의 한계를 지시하고자 한다. 셋째, 이러한 한계 가운데 새로운 죽음의 이해를 그리스도의 사건 속에서 파악하고자 한다.

II. 안티고네의 죽음: 인간의 삶의 가능성에 대하여
— 헤겔 이후의 관점에서

인간은 태어나서 죽기까지의 전 과정을 통해서 자신을 경험한다. 그런데 이 과정에서 죽음이 마지막 장면으로서 자신의 부정을 뜻하는지, 아니면 완성을 의미하는 것인지 분명하지 않다. 일찍이 헤겔은 그의 '정신현상학'의 '정신' 부분에서 인륜을 다루는 가운데 소포클레스가 쓴 비극인 안티고네의 죽음을 통해서 이에 대하여 밝히고자 하였다. 안티고네의 죽음은 남성성으로 나타나는 크레온의 인간의 법과 여성성으로 나타나는 안티고네의 신의 법 사이의 갈등을 묘사한다고 보았다. 그리고 이러한 갈등의 부정성은 '전능하고 정의로운 운명'의 결과를 가져온다고 보았다. 즉, 안티고네의 죽음은 사회의 발달 과정에 맞물려 드러나는 비극적 형태임에도 이 죽음은 정신의 발전 단계를 밝히고 있다는 것이다.[10]

헤겔은 안티고네의 죽음은 자연스러운 죽음이 아니라 신적 원리 (logos)가 인간의 사회적 원리(nomos)와 대립하며 권력의 모순적 사태에서 발생한 것으로 안티고네가 지니는 인륜 의식의 완전성을 보여주는 분명한 예로 설명한다.[11] 그러면서 헤겔은 다시금 이를 역사적 정신의 발달 과정으로 그리스적 개별성을 강조하는 정신이 로마의 보편적 법 정신으로 발전하는 모습으로 제시하고 있다.[12] 이와 같이 안티고네의 죽음을 해석하는 헤겔의 관점에서 "죽음이 과연 생명의 완성을 가져오는 것인가?" 하는 질문은 두 가지 차원에서 대답 될 수 있다. 실제 차원에서 안티고네의 죽음은 새로운 사태가 등장하기까지 극복되어야 할 사회 내에 내재한 부정성을 지시하는 것으로 역사적 과정에서의 비극을 지시한다.[13] '안티고네

---

10 G. W. F. 헤겔/임석진 옮김, 『정신현상학2』 (서울: 한길사, 2005), 17-63, 특히 48-57.
11 앞의 책, 48.
12 앞의 책, 66-67. 정신의 자기전개는 "인식 불가능한 절대신'을 추구하는 새로운 상태로, 궁극적으로 도덕적 정신으로의 발전 방향을 제시한다.

의 죽음'은 시작부터 연속되는 실패와 몰락의 과정으로서 역사가
부정성의 드러남의 과정으로 이루어지고 있다는 것이다.[14] 그러나
또 다른 실재적 차원에서는 안티고네에게 있어서는 비극적 죽음이
오히려 개인적으로 자신의 완성에 도달하는 것으로 받아들여지고
있다는 것이다. 이것은 안티고네가 죽은 오빠의 장사를 지내는
이유이기도 하다. 죽음은 헤겔의 해석에 따르면 안티고네에게 있어
서 "장기간에 걸친 온갖 삶의 굴곡을 거쳐 하나의 완결된 형태로
자신을 마무리 지은 … 우연에 휘둘려 온 삶의 번거로움을 벗어던지
고 단순하고 안정된 보편적 모습"[15]을 이룬 것이다. 그리하여 죽음은
안티고네에게도 자신의 '윤리적 동일성'을 제한적으로 이루는 방식
으로 설명된다.[16] 따라서 이 죽음은 단지 끝이 아니라 자기 내면의
본질을 지배한 파토스를 우연적이거나 특수한 것을 넘어서 보편적
차원에서 숙고하는 형식을 갖게 된다.[17] 이러한 방식으로 헤겔은
안티고네의 죽음이 미학적 관점에서 자기를 다른 어떤 캐릭터들의
역할을 비교하면서 제시하는 일종의 희극적 자기표현의 도구가
된다고 본다.[18]

---

13 앞의 책, 63. 크레온과 안티고네는 각기 사회적인 법과 신의 법을 대표하고 서로 충돌하고
　서로를 파괴하게 된다. 그리하여 결국은 의식과 세계가 서로 소외된 상태를 맞이한다고
　설명한다.

14 백상현, 『라깡의 인간학: 『세미나 7』의 강해』 (파주: 위고, 2017), 322.

15 G. W. F. 헤겔/임석진 옮김, 『정신현상학2』 (2005), 28.

16 슬라보예 지젝/조형준 옮김, 『라캉 카페』 (서울: 새물결, 2016), 1029-1030.

17 알렉상드로 꼬제브/ 설헌영 옮김, 『역사와 현실 변증법』 (서울: 한벗, 1981), 312. 꼬제브는
　헤겔 철학의 변증법적 요소가 완성된 형태로 정신의 자기 전개 과정이라고 할 때, 그것이
　죽음을 완성 점으로 이루어지고 있다고 설명한다.

18 Allen Speight, Hegel, *Literature and the Problem of Agency* (Cambridge: Cambridge

그리하여 헤겔이 제시하는 이러한 죽음에 대한 두 가지 차원을 함께 파악하면, 죽음은 역사적 전개에서 드러난 실패와 몰락의 과정으로 전혀 다른 것의 출현이 승화로서 요구되는 부정성이고, 개인적 삶의 과정에서 역시 자신이 도달해야 하는 궁극적인 것이 출현하는 형식이라고 설명되고 있음을 알게 된다.

그러나 안티고네의 비극이 희극적인 것으로 교차되는 과정이 단지 문학적인 묘사가 아닌 현실을 묘사하는 것처럼 설명할 때[19] 반드시 물어야 할 점은 정말 사회의 몰락과 개인의 죽음으로 나타나는 부정성이 전적인 통합을 위해 완성을 예시할 수 있는가 하는 점이다.[20] 이미 없는 것처럼 여겨지는 죽은 자가 죽음 이후에 인간으로서 보편적인 상태에 있는 것인가? 더욱이 죽은 자가 자연스러운 것이 아닌 강압적인 죽음을 당한 것이라면, 과연 죽은 자를 우리가 도달해야 할 보편적인 상태라고 말할 수 있는가?[21] 여기서 우리는 죽음을 완성으로 보고자 하는 헤겔의 관점이 단지 죽음을 설명하기 위한 것이 아님을 추측할 수 있다. 헤겔의 관점은 근본적으로 죽음을 앞둔 인간이 자신의 죽음을 초과하는 무엇인가를 원하고 있는 상태라는 것을 암시하고 있다고 추정할 수 있다. 즉, 헤겔은 안티고네의

University press, 2001), 67. 여기서 안티고네는 자신의 죽음에 처한 운명을 탄달로스의 딸 니오베를 제시하면서 희극화한다는 것이다.

19 슬라보예 지젝/조형준 옮김, 『라캉 카페』(2016), 1033. 지젝은 스페흐트를 인용하여 연극이 현실로 침입하며 이제 현실의 삶 자체가 연극화로 변상 된다고 설명한다.

20 Eberhard Jüngel, *Death: the riddle and the mystery*, trans. Lain and Ute Nicol (Philadelphia: The Westminster, 1971), 29. 죽음이 인간의 생명보다 더 인간에게 결정적인 것처럼 여겨지면 죽음의 마력이 나타난다.

21 앞의 책, 3-5. 여기서 융엘은 죽음의 다양성을 설명하며 인간은 죽음을 확정할 수 없다고 강조한다.

죽음을 통해서 인간의 정신적 발달을 설명하고자 하는데, 암묵적으로 그는 인간에게는 죽음을 해석해야만 하는 근본적으로 설명이 불가능한 요인으로서 '진리'가 실재하고 있음을 희망하고 있었기 때문이라는 것이다. 다시 말해서 그가 강조한 변증법적 운동은 모든 단계에 드러나는 부정성에도 불구하고, 이 모든 것을 넘어서는 전체성을 희망적으로 존재론적 차원에서 전제하고 있기에 안티고네의 죽음이 완성을 추구하는 현실적인 이해로 전환될 수 있었던 것이다.

이러한 헤겔의 입장은 오늘날 정반대로 지젝이 밝히는 바와 같이 죽음 자체를 생명보다 인간을 결정짓는 더 중요한 존재론적 조건이라고 볼 때, 죽음을 해석하는 것이 일종의 가상적 언어 현실로서 상블랑으로 설명된다. 다시 말해서 안티고네의 죽음에 대한 헤겔의 설명은 죽음 자체를 지시하는 것이 아니라 오히려 '죽음'을 가리는 가면으로서 작동하면서 죽음 뒤에 "무엇인가 감추어져 있다는 환상을 만들어 내는"[22]기능을 수행하는 것으로 파악하는 것이다. 그리하여 이제 안티고네에 대한 극적인 진술은 헤겔이 시도한 것처럼 쉽게 인간의 현실로 넘어올 수 없으며, 만약 현실적인 것의 비유로 이해되려면 반드시 현실을 규정하는 우연성으로부터 설명되어야 함을 알게 된다. 지젝에게 우연성은 설명되어 밝혀질 수 있는 것이 아니라 인간으로 하여금 아무것도 아닌 것에 계속해서 인과성의 베일을 만드는 비정합성 자체로, 결국 모든 사태는 일치하는 것이 아니라 근본적으로 서로 다르다는 '적대성'을 통해서 드러날

---

22 슬라보예 지젝/조형준 옮김, 『헤겔 레스토랑』 (서울: 새물결, 2013), 100.

수밖에 없음을 알리는 것이다. 이렇게 볼 때, 지젝은 죽음을 설명하는 모든 시도는 죽음의 우연성을 말하게 됨으로써 죽음에 대한 설명이 죽음 자체에 대한 동일한 말이 아니라 서로 다른 것들이 동일성의 그늘 아래 허구적으로 등장하는 일종의 시뮬라크르라는 의미의 상블랑이라고 보는 것이다.[23] 죽음의 실재는 밝혀질 수 없는 것으로 모든 죽음에 대한 설명이 일종의 '무'의 가면인 것이다. 죽음은 그 어떤 것도 정립될 수 없는 '비정합적인 비전체'[24]로서 모든 설명의 왜곡 자체를 초래하는 '적대성'으로 파악된다.[25] 죽음은 무의 실재로 서 우리는 죽음 자체를 만날 수 없고, 그 현상을 만난다는 것이다.

그렇다면 죽음에서 비정합성을 이루는 '적대성'은 왜 발생하는 것일까? 바로 이 점에서 우리는 모든 유물론적 무신론의 전제를 발견하게 되는데, 다시금 죽음의 문제와 만나게 된다. 지젝과 같은 입장에서 볼 때 인간은 항상 죽음 그 자체를 그냥 둘 수 없는데 왜냐하면 죽음에 의해서 제한되었지만, 여전히 자신의 물질적 요구 가 있다는 것이다. 즉, "인간은 결국 죽는다" 하여도 여전히 계속 살 것처럼 살고자 한다는 것이다. 그리고 그렇게 해서만 인간은 자신의 존재를 말할 수 있다는 것이다. 이를 바디우는 "우리는 아무것도 아니지만 존재해야 한다. 이것이 비현존의 정언명령이다. 누구도 이것으로부터 벗어날 수 없다"[26]고 한다. 이제 생명은 이미 죽음의 그늘 아래 있는 것으로서 살아 있는 것은 무의 현상이 드러나

---

23 앞의 책, 98.
24 앞의 책, 102.
25 앞의 책, 103.
26 알랭 바디우/이은정 옮김, 『사유의 윤리』 (서울: 도서출판 길, 2013), 142.

는 부분적인 것이다. 이것을 지젝은 "less than nothing"이라는 존재적 상태로서 'othing'27으로 나타내었다. 그리고 이것은 구체적인 경우에 우발적인 사건으로 이루어지는 현실로서 발생한다. 다시 말해서 무의 현상을 진실하게 나타내는 것은 아직 나타나지 않은 것으로서 미래를 현재적으로 표현하는 것인데, 죽음의 미래가 필연적이라고 할지라도 이 필연적인 것이 나타나는 방식이 우연적이라고 하는 것이다.28

이러한 관점에서 안티고네는 오빠와의 근본적인 관계성으로 인해서 등장하는 무의 실재가 드러남을 선택한 것으로서 사회적 차원에서 강압된 비정합성의 결과인 적대성으로 드러난 무의 실재를 받아들이는 형식에서 미래에 대한 필연적 결과이지만, 그럼에도 안티고네가 죽음을 선택하게 되는 것은 그의 오빠의 장례를 금지하는 크레톤의 입장과 반대되는 시대적인 우연적 사건을 통해서만 이루어지는 것임을 나타낸다는 것이다. 그리하여 지젝이 강조하는 바는 안티고네의 죽음은 헤겔처럼 역사의 변증법적 전개가 이루어지는 순간이 아니라는 것이다. 그 대신 "태어나지 말 것을"을 외치는 모든 인간의 비극적 운명이 똑같이 죽음에 맞서지만, 그 행위에 차이가 드러나게 된다는 것이다.29 여기서 이 행위의 차이를, 라캉을 따라서 해석하면 자신의 오빠가 사회적으로 반역자가 됨으로써 장례가 금지된 것과 그것을 위반할 때는 죽음을 당하게 된다는

---

27 슬라보예 지젝/조형준 옮김, 『헤겔 레스토랑』 (2013), 123.
28 슬라보예 지젝/조형준 옮김, 『라캉 카페』 (2016), 1028.
29 백상현, 『라깡의 인간학: 『세미나 7』의 강해』 (2017), 333.

것을 알면서도 죽음을 향해 나가는 '안티고네의 죽음의 충동'과 자신의 법적 권위를 보편적으로 절대화시키며 현실 가운데 은폐된 비정합적인 모순을 외면하고 이에 대한 모순적인 증상들을 다시금 자신의 논리로 정당화하려는 '크레온의 강박 신경증적 운동'이 나타난다.[30] 그리하여 안티고네와 크레온은 각기 자신의 입장을 주체나 사회에 기반을 두며 정당화하게 된다. 그리하여 크레온은 왕으로서 자신을 법의 한계를 넘어 절대화하는 과정에서 타자적인 욕망에 의해서 제시된 상징화를 이루는 것이고, 안티고네는 이 상징화 자체에 대하여 자신의 주체에 따른 새로운 해석을 요구하는 것이다.[31] 그리하여 양자 모두는 자신의 행위를 내재적이고 사회적으로 매개 된 '큰(대)타자'라는 이유 가운데 타자의 욕망을 자신의 욕망으로 동일시하며 역할을 수행하게 된다는 것이다.[32] 그러나 양자의 보다 중요한 차이는 안티고네는 '절대적 개별성의 현시'로서 등장하는 오빠의 시신과 그와 연관된 자신의 존재성을 추구하며,[33] 단순히 사회적 욕망의 대상 안에 환유적으로 계속되는 욕망을 벗어나 죽음을 통해서 공백의 무의 실재를 받아들이는 것이다.[34] 즉, 죽음을 받아들이는 존재로서 새로운 시작을 이루게 된다는 것이다. 그런가 하면 크레온의 입장은 사회적 욕망의 대상을 언제나 정당화함으로써 인간의 존재를 타자의 욕망 가운데 종속시키게 된다는 것이다.

---

30 앞의 책, 334.

31 앞의 책, 336.

32 슬라보예 지젝/조형준 옮김, 『라캉 카페』 (2016), 1032.

33 백상현, 『라깡의 인간학: 『세미나 7』의 강해』 (2017), 339-341.

34 앞의 책, 345. 라깡은 이를 "그것은 이제 끝났으며, 고로 다시 시작된다."고 설명한다.

그리하여 이러한 관점에서 형식적으로는 안티고네는 사회적 법률을 거부한 자가 되고, 자신의 입장을 위해서 희생된 자가 되지만, 무의 실재를 받아들이는 안티고네가 존재론적 차원에서 더 분명하게 자신을 이루는 존재로서 윤리적이라고 판단하게 되는 것이다.[35]

이렇게 사회적으로 제기된 욕망의 형식들을 제거함으로써 상징계의 붕괴가 드러나는 점에서 근본적으로 자신을 새롭게 발견할 수 있도록 만드는 안티고네의 입장을 강조하는 것은 무의 실재를 향해서 나가는, 바디우가 명명한, '혁명적 정치'의 순간이라고 평가할 수 있게 된다.[36] 그러나 이렇게 안티고네의 입장을 강조하는 현대적인 해석들은 비록 모든 것이 존재하는 것처럼 보여도 이 존재하는 것들과 무는 전혀 구분될 수 없는 것으로 현상하는 것이며, 그 가운데 오히려 무가 우월하게 경험되는 현실적 차원에서 전적으로 무가 모든 것의 궁극적 실재라는 의미가 전제하고 있는 것이다. 즉, '무'와 다른 '존재'라는 것 자체가 상상적인 표현일 뿐이며, 혹은 '존재'라는 것은 무적 현실의 상상에 대한 상징적인 표현이라고 보고자 한 것이다. 따라서 우리는 죽음을 존재론적으로 해석할 때 존재가 어떻게 설명될 수 있는지 다시 질문해야 한다.

---

35 앞의 책, 356.
36 앞의 책, 336.

III. 죽음의 해체: 존재와 무의 경계를 해체하기

무의 실재를 통해서 밝혀지는 새로운 주체성의 실현이 '안티고네'
의 그리스의 비극을 설명하는 철학적이고 문학적 상상력으로 이루
어질 수 있는가?[37] 이러한 주체성의 가능성을 긍정하는 것은 지젝이
밝힌 것처럼 신의 죽음을 선포하는 니체 이후에 "추론에 의해서
존재나 특징이 논증이 되거나 제한할 수 있는 신이 아니라, 완전히
로고스를 넘어서 있는 철저한 타자성으로서의 역설적으로 심연
같은 신"[38]을 추구하기 때문이다. 그리하여 '존재를 넘어선 신'을
추구하는 포스트모던 상황에서 니체가 스스로 자신을 '짜라투스트
라'라고 생각하였던 것처럼 그 뒤를 따라서 많은 이들이 짜라투스트
라의 입이 되려고 노력하고 있다. 이들은 진보를 강조하는 합리적인
결정론적 세계에 대한 신뢰 자체를 부정하면서 짜라투스트라가
강조하였던 신의 죽음을 전하면서 신의 영원성 대신에 영원 회귀의
경험을 강조한다. 그리고 이러한 영원 회귀는 존재와 무의 움직임
가운데 존재의 연속성을 이루는 필연성이나 이유가 없이 생명과
죽음의 현상 자체가 만드는 일종의 '차이와 반복'의 지속적 결단으로
서 이해하며, 그 가운데 종말로서의 죽음의 해체를 지시하고 있는
것이다.[39] 그리하여 죽음 자체를 생명 안에 포함된 그 부정적 모습으

---

37 위르겐 하버마스/ 이진우 옮김, 『탈형이상학적 사유』 (서울: 문예출판사, 2000), 9장 철학
   과 학문은 문학인가? 특히 265-268와 Jacques Derrida, "Is There a Philosophical
   Language," The Derrida-Habermas Reader, ed. Lasse Thomassen (Chicago: The
   University of Chicago Press, 2006), 35-45.
38 슬라보예 지젝/조형준 옮김, 『라캉 카페』 (2016), 1111. 강조는 원본에 따른 것임.

로서 전체의 역동적인 변증법적 과정에서 나타나는 하나의 순간으로 본다. 그리하여 죽음을 존재 자체의 운동으로 파악하고 종말로서 이해된 죽음 자체를 해체하는 것이다.[40] 그리고 오히려 이제부터 존재는 무로서 설명되어진다. 즉, 죽음을 존재의 한 순간으로 보면서 죽음의 운명 자체를 영웅적으로 맞이하는 태도를 인간중심주의를 넘어서는 방식으로 새롭게 진술하고자 하는 것이다. 그리하여 테일러에 따르면 니체가 중시한 신의 죽음을 통해서 모든 신학적 진술의 의미가 인간학적 진술 안에서 발견되어야 했다면, 지금 더욱 지금 강조되는 것은 이 인간학적 진술은 단지 인간의 자아를 높이는 것이 아니라, 오히려 인간의 죽음을 경험하는 것으로서,[41] 즉 인간에게 절대적인 한계로 남아서 여전히 인간을 새롭게 밝히는 방식으로 신적 의미를 진술하는 것이다. 그런 의미에서 신학은 반신학으로서 신학(a postmodern a/theology)이 되는 것이다.[42]

그리고 신의 존재는 인간에 의해서 죽음을 당한 존재로서 인간의 세상 안에서 죽음의 현상으로 계속해서 등장하고 있는 것으로 설명된다.[43] 이것은 우리를 위해 십자가에 죽으신 그리스도에 대한 서술을 포함하는 것[44]으로 이것은 정확하게 타자적인 것으로 만난

---

39 질 들뢰즈/김상환 옮김,『차이와 반복』(서울: 민음사, 2004), 58f.

40 슬라보예 지젝/조형준 옮김,『라캉 카페』(2016), 1115.

41 Mark C. Taylor, *Erring A Postmodern A/theology* (Chicago: The University of Chicago Press, 1984), 33.

42 앞의 책, 20.

43 앞의 책, 22-25. 루터의 경험과 데카르트의 경험으로 형성된 근대 정신의 한계를 밝히는 것이다.

44 앞의 책, 21.

하나님이 사실상 우리의 동일성으로 지배의 논리의 한계를 극복하는 무적 계기라는 것이다.[45] 이러한 입장에서 마크 테일러는 "하나님은 죽음이고, 죽음은 절대적인 주이다"[46]라고 강조한다. 이러한 의미에서 신적 존재는 그 자체로 현존으로서 완전한 어떤 궁극적 상태를 제시하는 것이 아니라 모든 것이 계속하여 다시금 밝혀지도록 만드는 개방적인 힘으로서 작용하는 것으로 파악한다.[47] 그리고 이제 죽음의 성격은 새롭게 이해되어야 한다. 죽음을 부정하는 것은 하나님을 부정하는 것이고 자신을 신격화하는 것이다. 이제 중요한 것은 죽음을 인정하는 것이다. 죽음은 하나님의 존재를 비유적으로 나타내는 한계로서 생명에 낯선 것도 아니고 인간의 생명 현상에 부차적으로 주어진 것이 아니다. 물론 죽음은 인간의 존재를 한계 짓는 타자로서 현실에서, 인간이 쉽게 긍정할 수 없다는 의미에서 일종의 기생충처럼 함께 실재하고 있다.[48]

그런데 테일러는 기생충을 해가 되는 것만이 아니라, 오히려 숙주의 건강을 위해서 필수적일 수 있다고 보는 것이다. 더욱이 무적 실재가 인간의 삶에 피할 수 없는 것이라면, 죽음을 회피하는 것 자체가 더욱 심각한 질병이라고 볼 수 있다는 것이다. 그리하여 테일러는 릴케의 말을 인용한다. "삶이 죽음 안에 머물기 때문에 죽음은 삶 가운데 있고, 그리하여 죽음을 부정적이지 않게 말할

---

45 앞의 책, 29.

46 앞의 책, 23.

47 앞의 책, 98ff, 118-120. 하나님의 절대성은 무제한적 연관성의 방식으로 개방적이며 한계가 없이 기원과 종말을 발견할 수 없게 만든다는 것이다.

48 Mark C. Taylor, *Erring A Postmodern A/theology* (1984), 145.

수 있다."[49] 그리하여 테일러는 죽음을 단지 삶에 반대하는 비극적 해가 되는 것이라고 보지 않으며, 오히려 삶 안에 함께 실재하는 하나의 힘으로 볼 수 있다고 한다.[50] 그리하여 니체의 입장에서 죽음의 부정의 영역을 거부하는 디오니소스를 주장하는 것처럼, 오히려 죽음을 함께 축하하는 거룩한 '부정'으로서 '긍정'을 주장한다. 그에게 죽음은 더 이상 끝에 마지막으로 부딪히는 것이 아니라 인간의 삶의 곳곳에 등장하면서 인간을 끊임없이 움직이게 만드는 일종의 힘이다. 죽음은 끝이 아니다. 죽음은 지금 있는 것을 해체하면서 인간을 완성을 향하여 끝없이 움직이게 만드는 요소이다. 그리하여 이러한 요소는 인간의 근원적 결여로서 인간의 현실적 필요를 넘어서 그 자신의 존재론적 필요를 추구할 때 채워질 수 없는 간격으로 나타나며, 결코 채워질 수 없는 욕망이 되게 만들며, 인간의 불완전성으로서 존재론적 위상을 밝히게 된다. 즉, 인간의 존재는 이제 "욕망은 욕망을 욕망하는 것"이라는 글 안에서 이해가 되는 것이다.[51] 신적 죽음으로부터 이해된 죽음이 이제 인간의 내재적인 요소로 받아들이면서 죽음은 더 이상 결핍이 아니라 인간의 삶의 조건이며, 죽음의 결핍을 채워서 자기를 완전하게 만들어야 한다는 불가능한 요구에 종속되지 않는 자유를 누리게 만든다는 것이다. 그리하여 육체적 죽음이라는 것도 더 이상 인간을 두려움 가운데 가두는 외적 강압적 요소로 보지 않고 극복할 수 있다고 본다.

---

49 M. Heidegger, *Poetry, Language, Thought*, trans., Albert Hofstadter (New York: Harper and Row, 1971), 125.

50 Mark C. Taylor, *Erring A Postmodern A/theology* (1984), 146.

51 앞의 책, 147.

이를 테일러는 "인간이 자신 안에 내재한 근본적 타자를 억압하지 않는다면, 또한 인간은 외적으로 대면하는 타자를 압박하지 않게 될 것이다"[52]라고 강조한다.

그리고 이제는 욕망이 해결할 수 없는 죽음의 한계에 결코 이룰 수 없는 자신의 만족을 완성 시켜야 한다는 관점에서 자유로워지면서 욕망이 오히려 즐거움을 가져다줄 가능성이 된다는 것이다. 인간은 욕망에서 단지 이루어질 수 없는 완성을 추구하는 비극적 운명이 아니라 디오니소스처럼 욕망을 통해서 자신을 해방시키는 존재가 된다고 본다. 그리고 이것이 궁극적으로 가능한 것은 바로 그 자신을 상실하는 것으로부터 즐거움을 누린다는 것에 기반한다.[53]

그런가 하면 카푸토는 신적인 존재의 무적인 특성으로부터 인간의 가능성을 설명하는 것과 달리 신적 행위로부터 인간의 가능성을 설명하고자 한다.[54] 카푸토는 테일러와 달리 어거스틴의 초월론적 선의 존재를 형이상학적 존재론과 구분하고, 선을 해체론적으로 이해하면서 신적 행위의 표상으로서 하나님의 나라와 연관시키고자 한다.[55] 그리하여 존재를 어떻게 이해할 수 있는가의 문제보다도

---

52 앞의 책, 147. "If the subject does not need to repress the other "within," it is not driven to oppress the other "without".

53 앞의 책, 147. "nothing separates it... from losing." ... "the only true joy is the joy of loss."

54 John D. Caputo, *Against Ethics* (Bloomington: Indiana University Press, 1993), 232-238.

55 John D. Caputo, "The Poetics of the Impossible and the Kingdom of God," ed., Graham Ward, *The Blackwell Companion to Postmodern Theology* (Oxford: Blackwell Publishers, 2001), 472.

우선적으로 정의의 문제로서 신의 행위를 출발점으로 삼는 것이다. 그는 정의는 존재론적으로 사실적인 것을 밝히는 것이라고 강조한다. 그리하여 인간의 존재가 자신의 존재를 유한한 것으로서 오늘이라는 한 시간대에 존재하는 것(epiousios)을 인정하고,[56] 이 시간대에 여러 가지로 혐오스럽게 취급된 이름들(Auschwitz, Buchenwald, 남미 Salvado)과 연관되어 있음을 파악하는 것이 참다운 존재의 모습을 밝히는 정의라고 본다.[57] 정의는 존재에 이름을 붙이는 작업, 특히 역사 가운데 망각되어진 이름을 기억하고, 잊힌 이름을 부르면서 그 개별적인 이름들 사이에서 밝혀진 진정한 의미의 인격적 대상으로서 각자를 상호 존중 가운데 서로의 복종을 밝히는 것이다.[58]

이렇게 진정한 의미에서 존재는 보편적으로 말 될 수 있는 것이 아니라 구체적으로 이름으로서 실재하는 것이다.[59] 그리하여 이러한 이름을 붙이는 작업이 바로 역사 가운데 실재하는 존재를 밝히는 것이며, 이러한 이름으로 세상의 실재를 규정하는 것은 존재에 정당성을 제공하는 것이다.[60] 이렇게 밝혀진 존재자들의 올바른 이름이 지니는 개별적 고유성은 이 세상의 어떤 법적 권위로도 제한할 수 없으며, 단편적이고 보편적으로 표상할 수 없는 것으로 언제나 타자적으로 실재하면서 해체적으로 등장한다. 한편으로 이러한 타자적 성격으로서 존재를 표상하는 정의 자체는 인간이

---

56 앞의 책, 473.
57 John D. Caputo, *Against Ethics* (1993), 69.
58 앞의 책, 70.
59 앞의 책, 71.
60 앞의 책, 232ff.

도달할 수 없는, 해체될 수 없는 것으로 알려진다.[61] 그러나 또다른 한편으로 정의는 모든 개별적 존재의 타자성을 지키는 것으로 복수성을 지니고 드러나는 것이다. 그리하여 카푸토에 따르면 우리는 해체론적 차이 가운데서 정의를 경험할 수 있다. 즉, 해체론적 관점에서 하나님의 존재의 행위 가능성 안에 밝혀진 구체적 존재의 문제는 생명의 문제로서 미학적 현상이 아니고 윤리적인 것으로서만 정당화된다.[62]

여기서 인간의 모든 행위는 한계에 있는 것으로 대상의 올바른 이름을 나타내지 못하는 죄의 성격을 지닌 것으로 설명된다. 그러나 동시에 정의로서의 존재는 이러한 한계성을 용납하며 포괄적인 차원에서 다시금 새로운 존재를 향해 가는 재창조의 과정으로 또다시 구체적 존재를 드러내는 가능성으로 이해된다.[63] 그리하여 정의의 사건은 인간에게 참다운 개별적 존재의 정당성을 이루도록 한다. 여기서 하나님의 존재론적 특성을 나타내는 정의는 시간적 지속이라는 것에 한계를 주고 있던 죄와 죽음 자체를 인간에게 허락된

---

61 앞의 책, 85-86. 이를 위해서 데리다의 글 "Force of law; The Mystical Foundation of Authority," *Deconsturction and the Possiblility of Justice*, ed. Drcilla Cornell, Michel Rosen feld, David Gray Carlson (London: Routledge, 1992)을 인용하고 있다 "Justice in itself, if such a thing exists, outside or beyond law, is not deconstructible. No more than deconstruction, if such a thing exists. Deconstruction is justice." 여기 86.

62 John D. Caputo, "The Poetics of the Impossible and the Kingdom of God," (2001), 474. 데미안을 인용하여 하나님의 능력은 죄를 사하며 의롭게 만드는 것임을 강조한다. 그리고 그와 같은 입장에서 John D. Caputo, Against Ethics (1993), 248. "Life is justified not as an aesthetic phenomenon but as a quasi-ethical one."

63 앞의 책, 476.

타자적 개별성의 존재 가능성을 이루는 일종의 조건으로 만듦으로써 죄와 죽음의 성격을 윤리적으로 해체하는 것이다.[64] 그러나 이런 주장은 죄와 죽음을 해체함으로써 인간을 위한 것처럼 보이지만, 결국 하나님으로부터 이루어진 구원의 의미를 애매하게 만든다.[65] 왜냐하면 시간적 지속의 해체로서 'ex nihilo'에서의 변화를 이루는 끊임없는 해체론적 개별성의 작업이 지금 죽음을 당한 개별자에게 진정한 존재의 개별성을 이룰 수 있는 필수적인 근거로서 작동할 수 없기 때문이다. 다시 말해서 이러한 해체론은 폭력적으로 당한 죽음의 그 자체를 죽은 상태로 있는 이상, 더 이상 다르게 이해할 수 없게 만든다. 폭력적 죽음을 당한 존재는 자신이 당한 죽음을 강압적 포기로서 절망적으로 받아들이는 것 외에 다른 아무것도 할 수 없는 것이다.

따라서 인간이 아무리 죽음에 화관을 씌우고 꾸민다고 할지라도 죽음이 내포하는 그 절대적 무기력의 무의미성을 감출 수는 없다. 죽은 자에게는 그 모든 설명이 그 운명을 바꿀 수 없다는 뜻에서 무의미하다. 즉, 인간에 대해서 많은 해석이 있을 수 있지만 이러한 죽음을 통해서 한 인격이 결정적으로 그 자신의 모든 생애와 함께

---

64 앞의 책, 477-480. 카푸토는 하나님의 나라의 존재론적 표상을 들뢰즈의 제안인 Alice in Wonderland에서 찾는다. 그리고 478에는 보다 분명하게 데리다의 해체론적 사고의 표현인 "선물"의 불가능성을 하나님의 나라로 표현한다. 또한 John D. Caputo, Gianni Vattimo, ed., *After the Death of God* (New York: Columbia University Press, 2007), 49-51.

65 이러한 해체론적 작업은 구원은 인간이 노력해서 성취하는 작업이 되기 쉽다. 예로 Darby Kathleen Ray, *Deceiving the Devil: Atonement, Abuse, and Ransom* (Cleveland: Pilgrim, 1998), 145.

더 이상 변하지 않는 지점에 도달하며, 여기서 모든 죽은 자는 아무것도 말하지 못한다. 그리하여 죽음을 삶의 한순간으로 보면서 죽음의 운명 자체를 영웅적으로 맞이하는 태도나 죽음 자체를 개별적 삶의 궁극적 가능성으로 해체하려는 시도는 문제를 해결한 것이 아니다. 이것은 죽음이 지니는 가장 심각한 문제 자체를 감추고 다른 문제로 뒤바꾼 가장 근본적 조작이다. 다시 말해서 죽음은 단지 존재의 역동성에서 드러난 생명의 현상 앞과 뒤를 제한하는 자연스러운 과정이라고 보여 질 수 있지만, 가장 명백한 의미에서 한 역사적 존재로서의 고유성을 제한하는 궁극적 '무'이다. 인간은 죽음을 지나서는 더 이상 말할 수 없다. 그리하여 죽음을 통해서 우리는 인간의 모든 것을 제한하는 철저하게 강압적인 것으로서 절대적 '무'의 차원을 예감적으로 경험한다. 만일 모든 죽음에 숨겨진 강압적이고 폭력적이기까지 한 '허무'(void)와 '무성'(nothingness)을 극복하지 못한다면, 죽음에 굴복하고 죽음의 한계에 있는 자로서 살아야 하며, 혹 우리가 죽음의 현상을 설명한다고 할지라도 결국 모든 것은 말장난(Sprachspiel)과 같은 것이 된다.

IV. 그리스도의 죽음 — 음부로 내려가시고 음부를 이김

그리스도의 죽음에 대한 근대 이후 철학적 설명들은 레싱이 『라이마루스의 유고들』(1774~1778) 중에 "예수와 그 제자들의 목적"에서 제시한 음모론적 수준을 벗어나지 않고 있다.[66] 그리하여 이들은 자신들의 문학적 상상력, 혹은 자신의 학문적 입장을 동원하여 예수의 죽음을 일방적으로 설명하고자 한다.[67] 그러나 우리가 여기서 밝혀야 할 것은 전적으로 새로운 것으로서 성령이 강조하는 죽음을 이긴 죽음이다. 예수의 십자가 죽음은 인간을 위한 희생으로 발생한 사건으로서 인간의 '저주받고 심판당한 죽음'의 자리를 대신하고 구원하는 하나님의 사건으로서 죽음 자체를 극복한 것임을 밝혀야 하는 것이다.[68] 또한 예수의 죽음은 전적으로 인간의 죄된 결과에 대한 심판으로서 죽음을 정당하게 만든 것이 아니라 죽음 자체를 극복한 것이다. 그리하여 예수는 죽음을 당함으로써 죽음의 권세를 심판하고 폐하셔서 더 이상 죽음에 갇혀 있지 않으신 것을 강조해야 하는 것이다.

위와 같이 성경에서는 예수의 죽음을 다양한 관점에서 보지만

---

66 A. Schweitzer, *The Quest of the Historical Jesus*, trans. James B. Robins (New York: Macmillan Publishing Co., 1978), 20-21. 라이마루스(H. S. Reimarus)는 "예수와 그 제자들의 목표"(Von dem Zweck Jesu und seiner Jünger)라는 글 가운데 예수의 죽음은 실패한 것이고 부활은 제자들의 거짓말이었다고 강조한다.

67 슬라보예 지젝/조형준 옮김, 『라캉 카페』 (2016), 1025. 지젝은 예수가 가룟유다를 통해서 정치적 흥정을 시도하다가 서로의 오해와 사건의 뒤틀린 과정 가운데 십자가 처형을 당하게 되었고, 이렇게 형성된 이미지 가운데 메시야상이 만들어졌다고 본다. 또 다른 시각은 문화적 근거인 욕망과 모방 그리고 그 결과로서 폭력의 희생양을 찾는 것을 종교의 동기로서 보고 이러한 전염적 요소를 극복한 의미에서 예수의 죽음의 의미를 해석한 것으로 René Girard, *I See Satan Fall like Lightning*, trans. James G. Willliams (New York: Orbis, 2001). 그리고 이러한 입장에서 예수의 죽음을 대중심리학적 관점에서 설명하는 글로서는 빌헬름 라이히/ 윤수종 옮김, 『그리스도의 살해』 (광주: 전남대학교출판부, 2009), 159-166.

68 K. Barth, *Dogmatics in Outline*, trans. G. T, Tomson (London: SCM Press, 1975), 117-119. 그리고 죽음의 깊은 차원에 대하여 K. Barth, *Kirchliche Dogmatik* VI/1 (Zürich: Theologischer Verlag, 1986), 242, 278-280, 293-300.

하나의 통일성을 지시하고 있다.[69] 성경적 관점에서 기독교 신앙의
분명한 근거는 예수의 십자가 죽음에 있는데, 예수의 죽음은 전적으
로 부활을 통해서 설명되는 것이다.[70] 그리하여 예수의 탄생과
죽음에 이르는 삶의 과정은 하나님의 나라를 이루신 하나님의 임재
로 밝혀진다.[71] 이런 관점에서 십자가 죽음 이후에 제자들은 그의
죽음 이전과 달리 전적으로 변하여 예수가 하나님의 현존을 드러내
는 유일한 존재임을 증거하고 있는 것이다.[72] 제자들은 인간이
절대 해결할 수 없는 죽음의 문제를 해결하신 하나님의 존재가
오로지 예수로부터 계시된 것을 선포하는 것이다.[73] 바울도 이러한
연관성을 로마서 14장 7-9절에서 강조한다. 즉, 피동적이고 강압적
으로 경험될 수밖에 없는, 인간이 극복하기 불가능했던 죽음의
절대적인 한계가 '십자가의 죽음을 당한 자의 주권' 아래서 극복되었
다고 밝히고 있다.[74] 예수의 죽음은 사람들로 하여금 죽을 수 있는
용기를 주는 것만이 아니라 죽음을 이기신 생명의 하나님에 대한
새로운 희망을 갖게 한 것이다.[75] 이와 같이 성경에서는 예수의
십자가의 죽음은 죽음의 권세를 깨뜨리고 죽음을 이긴 하나님의

---

69 Eberhard Jüngel, *Death: the riddle and the mystery* (1971), 98.

70 앞의 책, 95-97.

71 앞의 책, 101-102. 특히 윤엘은 이를 "Jesus was more certain of the nearness of God
than he was of himself."라고 한다.

72 앞의 책, 106.

73 앞의 책, 108. "Thus faith's own ground and presupposition for faith in Jesus is God's
identification with him in his death."

74 Martin Stiewe/François Vouga, *Bedeutung und Detungen des Todes Jesu im Neuen
Testament* (Tübingen: A. Francke Verlag Tübingen und Basel, 2011), 186.

75 앞의 책, 187.

존재를 계시하는 사건임을 증거하고 있는 것이다.

그런데 여기서 중시해야 할 점은 예수의 십자가 죽음이 결코 영웅적인 죽음의 형태는 아니었고 죄인으로서 죽은 폭력적인 죽음이었다는 것이다.[76] 이것은 히브리서를 통해서 강조된 것으로 예수의 죽음이 희생적인 속죄이지만, 단지 사법적 차원이 아니라 존재론적 차원에서 '하나님의 형벌적인 정의'를 이루신 것을 계시하고 있는 것이다.[77] 그리하여 예수의 죽음이 지니는 가장 중요한 점은 예수의 죽음을 통해서 모든 죽음에서 감추어지고 있었던 죽음의 절대적 단절로서 폭력적인 면이 알려질 뿐 아니라, 또한 이 폭력적인 죽음의 절대적 심연으로서 존재론적 단절과 불가능성이 심판되고 극복되었음을 나타내는 것이다. 여기서 강조하는 것은 하나님이 일방적으로 희생을 요구한 존재가 아니라는 사실이다. 오히려 참 하나님으로서 심판을 이루는 그분이 스스로 심판을 당하여 죽은 분으로 하나님과의 단절된 영역을 지시하는 음부에 내려가시고 그 음부의 문을 깨뜨리시고 승리하심으로써 산 자와 죽은 자의 주가 되셨다는 것과 연관된다.[78] 이로써 분명하게 밝혀지는 것은

---

76 Eberhard Jüngel, *Death: the riddle and the mystery* (1971), 104-105.

77 Anthony C. Thiselton, *The Hermeneutics of Doctrine* (Grand Rapid: William B. Eerdmans Publishing Co., 2007), 391-395. 한스 부르스마/ 윤성현 옮김,『십자가, 폭력인가 환대인가』(서울: CLC, 2014), 268. 십자가 사건을 하나님의 형벌과 환대 사이에서 다양하게 해석하는 방식들에 대하여, 각주 1, 2번 참조. 그리고 십자가의 형벌적 하나님의 정의를 부정하게 사법적이고 개인적이며 탈역사적으로 오해될 수 있게 만드는 요인들에 대한 설명으로서 284-306. 그리하여 부르스마는 307에 예수의 구원을 "형벌 대속"이라고 호칭하지 않고 "형벌 대표"라고 할 것을 제시한다(307).

78 빌립보서 2장 10-11절 그리고 Alyssa Lyra Pitstick, *Light in Darkness* (Grand Rapid: William B. Eerdmans Publishing Co., 2007), 9-29. 이와 함께 오스발트 바이어/ 정병식

십자가 죽음을 통해서 죽음을 이긴 하나님의 생명의 역사가 전적으로 예수 그리스도의 인격적 실재로부터 드러나게 된 것이고, 바로 십자가에서 폭력적인 죽임을 당하는 예수 그리스도가 죽음을 이기는 승리를 이루시고 창조의 새로운 생명의 역사를 이루신 것을 알리는 것이다. 그리하여 예수 그리스도는 죄와 저주의 죽음을 이긴 '승리자'로서 하나님과 인간의 자유로운 사랑과 생명의 존재론적 관계를 자신 안에서 이루시고 죽음의 성격을 영광스럽게 변화시킨 것이다.[79]

예수께서 십자가의 죽음을 통해 죽음을 이기는 구원을 이루심으로서 인간은 예수 안에서 불안과 두려움의 대상이 된 죽음을 이기는 삶을 살 수 있을 뿐[80] 아니라 죽음을 다르게 경험할 수 있게 되었다.[81] 이것을 융엘은 '죽음의 죽음'[82]이라고 설명하였고, 이러한 삶을 사는 것을 부르스마는 데리다가 요구한 '무조건적 환대'를 이루는 공적 환대의 모습이라고 성격지을 수 있었다.[83] 그리하여 예수의 십자가 죽음은 현실적으로 이 세상에 이루어질 비폭력적 환대를 이루는 사건이고, 성차별을 없애는 사건이며 동시에 인간의 존엄성과 개별

옮김, 『마르틴 루터의 신학』 (파주: 공감마을, 2014), 315-321, 338-340.

79 한스 부르스마/ 윤성현 옮김, 『십자가, 폭력인가 환대인가』 (2014), 344-345.

80 Marilyn McCord Adams, *Christ and Horrors. The Coherence of Christology* (Cambridge: Cambridge University Press, 2006), 312-313.

81 죽음은 이제 마지막(das Letzte)이 아니라 하나님이 죽은 자를 살리시는 분임을 강조하며 죽음을 마지막 전에 있는 것(das Vorletzte)로 경험한다. 이에 대하여 Tobias Sculte, *Ohne Gott mit Gott* (Regensburg: Friedrich Pustet, 2014), 372-374.

82 Eberhard Jüngel, *Death: the riddle and the mystery* (1971), 6장 참조.

83 한스 부르스마/ 윤성현 옮김, 『십자가, 폭력인가 환대인가』 (2014), 346. 9장 참조.

적 평등성을 근본적으로 가능하게 만드는 사건으로서 파악될 수 있다. 그러나 여기서 잊지 말아야 할 것은 이것이 예수의 십자가 죽음을 통해서 예수 안에서 이루어지고 우리에게 약속된 것이라는 점이다. 이것은 죽음을 이기는 삶이 단지 예수 없이 밝혀진 인간과 세상의 가능성에 대한 이야기가 아니라는 사실이다. 예수께서 이루신 죽음을 이긴 삶은 단지 인간의 윤리적 시도로 파악되어서는 안 된다는 것이다.

이런 차원에서 예수의 십자가 사건이 근본적으로 '선물'로서 우리의 삶에 주어진 가능성으로 알려지는 것이며, 이것은 예수의 죽음으로부터 이루어진 내 자신의 새로운 인격적 주체성을 경험할 때임을 명백히 해야 한다. 예수의 죽음 안에서 나의 존재를 새롭게 발견함으로써 나는 오늘날의 죽음의 세계 가운데 죽음을 이긴 새로운 가능성을 발견하는 창조적 존재가 되는 것이다. 이러한 모습은 현재 등장하는 모든 정치, 경제, 문화적 관점에서 요구되는 주장들에 잠재된 무신론적 전제의 한계를 비판하며, 하나님의 아버지 되심을 강조하는 하나님 나라의 자녀로서 믿음을 존재론적으로 밝힘으로써 이루어진다. 한마디로 십자가에서 죽음의 극복을 경험함으로써 우리는 죽을 수밖에 없는 자기중심적 관점을 벗어날 수 있으며, 하나님 안에서 밝혀진 새로운 세계에 대한 소망 가운데 그리스도의 겸비를 따라 십자가를 지는 희생적인 행동을 중심으로 자신과 가정 그리고 공동체와 사회적 삶에서 사랑을 실현할 수 있게 되는 것이다.

Death of Antigone and Death of Christ

Hwang, Donhyung, Dr. Theol.

Professor, Seoul Central Theological Seminary

This thesis is a theological attempt to overcome the problem of death as the 'human condition' that leads to a social crisis. First, when we try to understand death through the tragedy of Antigone, from a philosophical (Žižek, Lacan) or deconstrutive theological (Taylor, Caputo) perspective, death is a way for humanity to experience its true self through an void reality. Žižek and Lacan explain that death is not a something that can be directly understood, and nevertheless represents the possibility of overcoming the falsity of human desire. For Taylor and Caputo, death is either confirmed as a phenomenon of nothingness that allows the limitations of fragmented human being to be affirmed, or it is explained as acting condition for the ethical process of achieving individuality. These methods inevitably accept the violent, coercive and meaningless nature of death itself, and justify and glorify death. Therefore, they have not solved the problem of death. Therefore, the death of Jesus Christ is important as a new event of death that abolishes death itself. Jesus' death was not an explanation of death or an affirmation of death, but rather a victory over death, overcoming the absolute, oppressive, and violent nature of death. Jesus died and went down to Hades, but he revealed God's eternal life in death by subduing the powers of Hades and breaking the limits of death. Jesus' death revealed that death is not the last, and that only he, who brought life to those who were killed, decides everything. In this sense, we realize that uncovering the death of Jesus as the possibility of unconditional hospitality is the most urgent task for us who are caught up in the culture of death.

참고문헌

꼬제브, 알렉상드로/설헌영 옮김.『역사와 현실 변증법』. 서울: 한벗, 1981.

들뢰즈, 질·가타리, 펠릭스/김재인 옮김.『천개의 고원』. 서울: 새물결, 2001.

_____/김상환 옮김.『차이와 반복』. 서울: 민음사, 2004.

롤스, 존/황경식 옮김.『정의론』. 서울: 이학사, 2002.

바디우, 알랭/이은정 옮김.『사유의 윤리』. 서울: 도서출판 길, 2013.

바이어, 오스발트/정병식 옮김.『마르틴 루터의 신학』. 파주: 공감마을, 2014.

백상현.『라깡의 인간학:『세미나 7』의 강해』. 파주: 위고, 2017.

부르스마, 한스/윤성현 옮김.『십자가, 폭력인가 환대인가』. 서울: CLC, 2014.

브라이도티, 로지/이경란 옮김.『포스트 휴먼』. 서울: 아카넷, 2015.

빌헬름, 라이히/윤수종 옮김.『그리스도의 살해』. 광주: 전남대학교출판부, 2009.

샌델, 마이클/안진환·김선욱 옮김.『정치와 도덕을 말하다』. 서울: 와이즈베리, 2016.

영, 아이리스/김도균 외 옮김.『차이의 정치와 정의』. 서울: 모티브북, 2017.

전현식·김은혜 외 편.『생태 사물 신학』. 서울: 대한기독교서회, 2022.

지젝, 슬라보예/조형준 옮김.『라캉 카페』. 서울: 새물결, 2016.

_____.『헤겔 레스토랑』. 서울: 새물결, 2013.

하버마스, 위르겐/윤형식 옮김.『진리와 정당화』. 서울: 나남, 2008.

_____/이진우 옮김.『탈형이상학적 사유』. 서울: 문예출판사, 2000.

헤겔, G. W. F./임석진 옮김.『정신현상학2』. 서울: 한길사, 2005.

Adams, Marilyn McCord. *Christ and Horrors. The Coherence of Christology.* Cambridge: Cambridge University Press, 2006.

Barth, Karl. Dogmatics in Outline, trans. *G. T, Tomson.* London: SCM Press, 1975.

Barth, Karl. *Kirchliche Dogmatik* VI/1. Zürich: Theologischer Verlag, 1986.

Best, Steven and Kellner, Douglas. *Postmodern Theory.* New York: The Guilford

Press, 1991.

Caputo, John D. "The Poetics of the Impossible and the Kingdom of God." *The Blackwell Companion to Postmodern Theology*. ed. Graham Ward. Oxford: Blackwell Publishers, 2001.

_____. *Against Ethics*. Bloomington: Indiana University Press, 1993.

_____. Gianni Vattimo, ed., Jeffrey W. Robbins, *After the Death of God*. New York: Columbia University Press, 2007.

Derrida, Jacques. "Is There a Philosophical Language." *The Derrida-Habermas Reader*. ed. Lasse Thomassen. Chicago: The University of Chicago Press, 2006.

Girard, René. *I See Satan Fall like Lightning*. trans. James G. Willliams. New York: Orbis, 2001.

Heidegger, Martin. *Poetry, Language, Thought*. trans., Albert Hofstadter. New York: Harper and Row, 1971.

Honneth, Axel. *The Struggle for Recognition The Moral Grammer of Social Conflicts*. trans. Joel Anderson. Cambridge: Polity Press, 1995.

Jüngel, Eberhard. *Death: the riddle and the mystery*. trans. Lain and Ute Nicol. Philadelphia: The Westminster, 1971.

Milbank, John. *The Word Made Strange*. Oxford: Blackwell Publishers Ltd., 1997.

Negri, Antonio. "The End of the Century." *The Politics Subversion*. trans. James Newell. Cambridge: Polity, 1989.

Pitstick, Alyssa Lyra. *Light in Darkness*. Grand Rapid: William B. Eerdmans Publishing Co., 2007.

Ray, Darby Kathleen. *Deceiving the Devil: Atonement, Abuse, and Ransom*. Cleveland: Pilgrim, 1998.

Sculte, Tobias. *Ohne Gott mit Gott*. Regensburg: Friedrich Pustet, 2014.

Schweitzer, Albert. *The Quest of the Historical Jesus*. trans. James B. Robins.

New York: Macmillan Publishing Co., 1978.

Speight, Allen. *Hegel, Literature and the Problem of Agency.* Cambridge: Cambridge University press, 2001.

Stiewe, Martin · Vouga, François. *Bedeutung und Detungen des Todes Jesu im Neuen Testament.* Tübingen: A. Francke Verlag Tübingen und Basel, 2011.

Taylor, Mark C. *Erring A Postmodern A/theology.* Chicago: The University of Chicago Press, 1984.

Thiselton, Anthony C. *The Hermeneutics of Doctrine.* Grand Rapid: William B. Eerdmans Publishing Co., 2007.

육의 몸과 영의 몸은
어떻게 작동하는가?

강응섭

(예명대학원대학교, 조직신학-정신분석상담학 교수)

I. 서론

이 글은 신약성서가 제시하는 이중적인 몸인 'σῶμα ψυχικόν (육의 몸)과 σῶμα πνευματικόν(영의 몸)의 작동'에 관하여 다루고자 한다. 이 관계는 바울이 고린도교회로부터 받은 두 개의 질문(고전 15:35)에서 유래하는데, 그것에 답하는 바울은 창세기 1장, 2장을 염두에 두면서 '생령(네페쉬 하야, נֶפֶשׁ חַיָּה)으로서의 몸'을 '이중적인 몸'으로 제시한다. 이런 몸의 이중성 작동 방식은 아우구스티누스 와 루터를 통해 확장되었다. 그리고 몸이 겪는 죽음과 생명은 프로이트의 충동이론과 맞닿아 있다. 프로이트는 제1차 위상과 제2차 위상을 거치면서 충동이론을 정교하게 다듬었다. 프로이트 를 다시 소개한 라캉 또한 주이상스와 욕망이라는 구도로 프로이트의 충동이론을 더 구체적으로 연구하여 임상에 적용하였다.

이 글은 죽음과 생명에 관해 논의한 바울, 아우구스티누스, 루터, 프로이트 그리고 라캉의 견해를 발췌하고, 그들 간의 대화를 시도하면서 애초에 바울이 창세기 1장, 2장을 근거로 제시한 몸의 이중성이 어떻게 작동하는지, 그 기제를 다룬 바울, 아우구스티누스, 루터, 프로이트 그리고 라캉의 의견을 검토하면서 생명은 무엇인가에 대한 물음에 접근하고, 한국교회에 필요한 신학적 함의점을 살피는 데 의의를 둔다.

II. 생명의 기원: 창세기 1-2장에 따른 '네페쉬 하야' (נֶפֶשׁ חַיָּה)

창조주 하나님께서는 창세기 1장에 천지창조에 관하여 말씀하시면서 생물 창조에 관해서 말씀한다. 창세기 1장에는 '생물'이 다섯 번 나오는데, 물속의 생물은 어류(창 1:20, 21), 땅 위의 생물은 식물(창 1:24), 동물(창 1:28, 30, 곤충, 조류 포함)이다. 창세기 2장에는 '생물'이 두 번 나오는데, 즉 사람으로서 생령(생물, 창 2:7)과 동물로서 생물(창 2:19)이다. 위에서 제시한 창세기 1장과 창세기 2장의 '생물', '생명', '생령'은 히브리어 '네페쉬 하야'(נֶפֶשׁ חַיָּה)[1]의 번역어이다. 1장 28절의 '생물'은 '네페쉬' 없이 '하야(chaya)'으로 되어 있다. 2장 7절의 '생령'에는

---

1 Cf. '네페쉬'(נֶפֶשׁ)에 관하여 한스 발터 볼프/문희석 옮김, 『구약성서의 인간학』 (왜관: 분도출판사, 1976), 28-56.

'생기'(니쉬마트 하이욤)가 덧붙여 있다. 이상의 일곱 번 등장하는 생명에 관련된 표현을 아래와 같이 정리할 수 있다.

창세기 1장

1. 물 속의 생물(נֶפֶשׁ חַיָּה): 어류(창 1:20)	2. 물 속의 생물(נֶפֶשׁ חַיָּה): 어류(창 1:21)
3. 땅 위의 생물(נֶפֶשׁ חַיָּה): 식물(창 1:24)	4. 모든 생명(חַיָּה): 어류, 동물(창 1:28)
5. 땅 위의 생물(נֶפֶשׁ חַיָּה): 동물(조류 포함)(창1:30)	

창세기 2장

6. 땅 위의 생물(נֶפֶשׁ חַיָּה): 생령으로서 사람(창2:7)	7. 땅 위의 생물(נֶפֶשׁ חַיָּה): 동물(조류 포함)(창2:19)

창세기 1, 2장의 생명 용어: '네페쉬 하야'(נֶפֶשׁ חַיָּה)

이 도식은 바울이 고린도교회의 질문에 답하는 고린도전서 15장 35절 이하에서 사용된다.

III. 두 '몸'(σωμα)에 관한 담론: 바울의 지금-여기와 나중-저기의 '사이'

바울은 고린도교회로부터 두 가지 질문을 받는다. 첫째, 죽은 자들이 어떻게 다시 살아납니까? 둘째, 죽은 자들은 어떤 몸을 입습니까?(고전 15:35)

첫 번째 질문은 죽은 자의 부활에 관한 것이다. 바울은 이 질문을 한 사람에게 '어리석은 자'(15장 36절)라고 말한다. 그 이유를 첫 번째 질문과 연관하여 답한다. 바울은 그에게 '뿌린 씨가 죽어야 싹이 나는 자연 원리'를 상기시킨다. 죽었다가 다시 살아나는 것이 '자연의 원리'라고 말한다. 이런 상식에서부터 답변을 준비한다. 바울은 자연의 원리가 중요하지만, 한계가 있다고 말한다. 즉, 식물 (생물)의 범주와 하나님의 범주로 엄격하게 구분한다. 사람은 단지 자연에서 씨를 뿌리고 그 씨의 소산과만 관계를 맺는다. 이런 상식적인 측면에서부터 문제를 볼 때, 죽은 자가 다시 사는 것은 당연한 것이라고 말한다.

두 번째 질문은 죽은 자의 '몸'(소마, σωμα)에 관한 것이다.[2] 개역한 글과 개역개정은 σωμα를 형체, 몸으로 번역하고 있다. 그래서 원문과 대조하면서 볼 때 바울의 의도를 잘 알 수 있다. 37절, 38절, 40절에서 '형체'로 번역된 것은 σωμα이고, 44절에서 '몸'으로 번역되는 것도 σωμα이다. 바울에 따르면 우리가 뿌리는 씨는 '장래의 형체'를 뿌리는 것이 아니라고 말한다. "하나님이 그 뜻대로 씨(종자, σπέρμα)에 장래의 형체를 준다"(38절)고 말한다. 이 말을 다시 풀어보면 "하나님이 그 뜻대로 씨에 장래의 형체(σωμα)를 준다"(38절)는 것은 "하나님이 그 뜻대로 씨에 장래의 몸(σωμα)을 준다"(38절)는 것이다. 이렇게 σωμα를 '몸'으로 번역하면, 고린도교회의 질문자가 제시한 σωμα와 답변자인 바울이 제시한 σωμα가 만나게 되어 논의를 쉽게 이해할 수 있다. 즉, 질문과 답변은 'σωμα'에 관한 것이다. 형체, 몸으로 번역된 한글 번역을 수정하여 다시 읽어볼 수 있다.

---

2 Cf. 장상, "바울의 인간이해에 대한 연구: 육(σάρξ)과 몸(σωμα)의 개념을 중심으로," 「한국문화연구원 논총」 37권(1981년), 29-49. Cf. 이찬수, "영혼에도 몸이 있다 - 바울로의 부활관," 『유일신론의 종말, 이제는 범재신론이다: 종교평화학자 이찬수 교수의 새로운 신학 강의』 (서울: 동연, 2014).

38절에서 σωμα(형체, 몸)를 말한 바울은 39절에서 σάρξ(사르크스, 육체)를 말한다. 그는 σάρξ(육체)를 '사람의 육체, 짐승의 육체, 새의 육체, 물고기의 육체'(39절)로 나눈다. 이 부분에서 필자는 앞서 언급한 창세기 1장과 2장의 '생물들'을 되짚게 된다. 여기에 식물의 육체는 언급이 없다. 창세기 1장 24절에서 땅이 종류대로 생물을 낼 때 식물(씨)도 포함되는데, 바울은 식물의 씨를 σωμα(고전 15:38)로 표현한다. 고린도전서 15장 37절에서 씨와 관련하여 말할 때 바울은 '형체'(σωμα)라고 말한다. 즉, 바울은 식물의 씨를 '뿌린다'(σπείρω)를 σωμα(형체, 몸)와 연결하고, '사람-짐승-새-물고기'를 σάρξ(육체)와 연결한다. 즉, 바울은 σωμα를 식물의 형체(몸), σάρξ를 동물의 육체에 한정하여 사용한다. 38절에서 바울이 말하는 식물의 씨는 하나님의 뜻대로 주시는 씨(종자, σπέρμα)의 몸(σωμα)에 관한 것이다. 바울이 37절과 39절에서 정리한 것을 σωμα와 σάρξ로 구분하고, 창세기 1장과 비교하여 아래와 같이 표기해 본다.

	창세기의 네페쉬 (נֶפֶשׁ)	고린도전서의 사르크스 (σάρξ)	고린도전서의 소마 (σωμα)
식물	창 1:24 (식물)		σωμα 몸 (15:35), 종자 (씨)의 몸 (15:38)
사람	창 2:7 (사람)	고전 15:39 (사람)	σωμα 형체, (15:37, 38)
짐승	창 1:28 (짐승)	고전 15:39 (짐승)	σωμα ψυχικόν 육의 몸 (15:44)
새	창 1:28 (새)	고전 15:39 (새)	σωμα πνευματικόν 신 령한 몸 (15:44)
물고기	창 1:20 (물고기)	고전 15:39 (물고기)	σωμα πνευματικόν 영 의 몸 (15:44)

성경이 제시한 몸에 관한 세 용어
: 네페쉬(נֶפֶשׁ), 사르크스(σάρξ), 소마(σωμα)

40절에서는 하늘에 속한 σωμα, 땅에 속한 σωμα로 구분하고, 또한 하늘에 속한 δόξα(독사, 영광)와 땅에 속한 δόξα로 나눈다. 41절에서는 해의 δόξα, 달의 δόξα, 별의 δόξα의 다름을 말한다. δόξα는 '영광'으로 번역되고 있는데, 천체의 '광채'로 번역할 수도 있다. 이렇게 바울의 답변을 듣고 있으면, 창세기 1장의 생물과 전체 등 창조에 관한 것을 설명하는 것으로 이해할 수 있다. 땅과 하늘의 구분 및 영광(광채)의 다름을 이해하는 바울은 죽은 자의 부활을 네 가지로 실명한다. 첫째, 썩을 것에서 썩지 않는 것으로 다시 살기(42절), 둘째, 욕된 것에서 영광스러운 것으로 다시 살기(43절), 셋째, 약한 것에서 강한 것으로 다시 살기(43절), 넷째, 육의 몸에서 신령한 몸으로 다시 살기(44절). 결론적으로 바울은 육의 몸이 있으니 영의 몸도 있다(44절)고 말한다. '육의 몸'은 σωμα ψυχικόν, '신령한 몸'과 '영의 몸'은 동일한 헬라어인 σωμα πνευματικόν이다.

바울은 '육의 몸'의 근거를 '기록된 바'(고전 15:45)에서 찾는다. 즉, 창세기 2장 7절에서 찾는다. 즉 "첫 사람 아담은 생령이 되었다." 바울은 히브리어 '네페쉬 하야'를 첫 사람 아담이라고 표현하고, 헬라어 'ψυχην ζωσαν'(산 영 – 개역한글, 생령 – 개역개정)으로 번역한다. 바울은 창세기 2장 7절을 초월하는 해석을 한다. 창세기 2장 7절을 완성하는 의미에서 "마지막 아담은 살려주는 영이 되었나니"(45절)라고 추가적으로 말한다. 바울은 예수 그리스도를 마지막 아담이라고 표현하고, '살려 주는 영'(πνευμα ζωοποιουν)으로 표현한다. '육의 몸'(44절)은 마지막 아담으로 인해 '신령한 사람'(46절)이

된다고 말한다. 즉, 마지막 아담, 살려주는 영이신 예수 그리스도를
통해 '육 있는 자 — 개역한글, 육의 사람 — 개역개정'(πρωτον το
ψυχικόν)은 '신령한 자, 신령한 사람'(πρωτον το πνευματικόν)이
된다(44-46절). 땅에 속한 자가 땅에 속하였다가 하늘에 속한 자로
인하여 하늘에 속한 자로 되듯이 흙에 속한 자의 '형상'(εἰκών)을
입은 자가 하늘에 속한 이의 '형상'(εἰκών)을 입는다고 말한다(47절).
   44절과 45절에서 보듯 바울은 '육의 몸'(σωμα ψυχικόν)과 '신령한
몸'(영의 몸: σωμα πνευματικόν), 'ψυχην ζωσαν'(산 영 — 개역한글, 생령
— 개역개정)과 '살려 주는 영'(πνευμα ζωοποιουν)으로 대비한다.

σωμα ψυχικόν 육의 몸	σωμα πνευματικόν 신령한 몸
ψυχην ζωσαν 산 영[개역한글], 생령[개역개정]	πνευμα ζωοποιουν 살려주시는 영

바울에 따른 몸(σωμα)의 이중성

   바울이 사용한 표현인 '육의 몸'(σωμα ψυχικόν), '산 영/생령'(ψ
υχην ζωσαν)에서 보듯 사람의 σωμα(형체, 몸: 개역한글판, 개역개정판)
는 ψυχη(육, 영 — 개역한글판, 개역개정판)와 연결된다.[3]

---

3 개역한글판과 개역개정판은 ψυχη(프시케)를 "육", "영"으로 번역한다. 즉, 15장 44절의 "σωμα
   ψυχικόν"은 "육의 몸"으로, 45절의 "ψυχην ζωσαν"은 "산 영"(개역한글)으로 번역한다.
   또한 44절의 "σωμα πνευματικόν"은 "신령한 몸"으로 그리고 "영의 몸"으로 각각 번역한다.
   이렇게 되면, "σωμα ψυχικόν"도 "영의 몸"이 되고, "σωμα πνευματικόν"도 "영의 몸"이
   된다. 그렇기에 ψυχην과 πνευματικόν을 "영"으로 번역하는 한글판본은 숙고가 필요하다.
   개역개정판은 "ψυχην ζωσαν"을 "생령"으로 번역한다. 이는 구약성경 창세기 2장 7절의
   "네페쉬 하야"와 번역어인 "생령"과 맞물려 생각하게 하여 유익하다. 그런 의미에서 개역개정
   의 번역어 "생령"은 의미가 있다. 하지만 바울이 창세기 2장 7절의 "네페쉬 하야"를 "ψυχην
   ζωσαν"로 번역하였다는 점을 눈여겨볼 필요가 있다. "네페쉬 하야"는 창세기 1장과 2장에
   나오는 생물, 생명과 연결된다. 즉, "ψυχην ζωσαν"은 숨쉬는 존재, 목숨을 지닌 존재이다.

이런 존재가 '신령한 몸=영의 몸'(σωμα πνευματικόν)을 갖게 되는 조건에 대하여 바울은 말한다. 그 조건은 '산 영'(ψυχην ζωσαν)과 '살려 주는 영'(πνευμα ζωοποιουν)의 대비를 통해 제시된다. 마지막 아담이신 예수 그리스도를 통해 '신령한 몸=영의 몸'(σωμα πνευματικόν)을 갖게 된다, 두 번째 질문이 '어떤 몸'(ποιος σωμα)에 관한 것이기에 바울이 '육의 몸'(σωμα ψυχικόν)에서 '신령한 몸=영의 몸'(σωμα πνευματικόν)으로의 변화를 답으로 제시한다. 이 변화는 "마지막 나팔에 순식간에 홀연히 다 변화되리니"(51절)에 나타난다. 그렇다면 지금 이 순간에 신앙인의 몸은 어떤 상태인가 하는 질문이 제기될 수 있다. 옛것과 새것, 옛 생명과 새 생명이 분리된 것인지, 연결되는 것인지 질문이 제기될 수 있다. 바울이 고린도교회의 질문에 답한 몸의 이중성인 σωμα ψυχικόν와 σωμα πνευματικόν은 '지금 여기'와 '나중 저기'를 표현한다. 이러한 답변을 받은 교회는 이 지점에서 또 하나의 질문을 하게 될 것이다. '지금 여기'와 '나중 저기'의 '사이'에 있는 우리는 어떤 몸을 하고 있는지 물을 것이다. 이 '사이'가 무의미한 것이라면, '살려주는 영'이신 예수 그리스도를 통해 '산 영/생령'인 사람(신앙인)은 어떠한 변화도 없다는 말이 된다.

그래서 바울은 로마서에서 옛 사람과 새 사람을 언급하면서 믿는 자는 옛것과 새것의 '사이'의 것을 가지고 지금 여기에 있다고 말한다. '옛것'도 가지고 있고, '새것'도 가지고 있다고 말한다. 바울은 그것을 로마서 8장 10절에서 잘 설명한다. 물론 이 둘 사이에서

물론 사람 창조는 "생기"가 첨가되지만, "ψυχην ζωσαν" 용어 자체로 볼 때는 창세기 1장과 2장에 일곱 번 나오는 "네페쉬 하야"와 연결된다.

갈등이 발생한다(롬7:22, 23절 참조). 바울은 로마에 있는 교회에 편지하면서 사는 것과 죽는 것의 개념을 수정한다(롬 7:9, 10절 참조). 율법 아래서 산 것은 생명에 이르는 것이 아니고, 도리어 죽음에 이르는 것이다, 마치 씨가 죽어야 생명이 싹트는 것처럼. 로마서에 따른 바울의 관점으로 아우구스티누스도 신앙인의 현세적 몸이 이중화되어 있음을 말한다. 즉, 내 안에는 겉 사람과 속 사람이 있다. 겉 사람은 육신에 거하고 말씀의 문자 수준에 머물고 있다. 속 사람은 영에 거하고 영의 수준에 머문다. 하나의 몸에서 이 둘이 함께 거한다. 이러한 두 몸의 관계를 아우구스티누스는 어떻게 다루는지 살펴보자.

IV. 두려움의 몸과 기쁨의 몸 간의 시소게임
   : 아우구스티누스의 점유론

아우구스티누스의 신학적 유형은 바울의 것을 따르고 있다. 아우구스티누스는 하나의 몸에서 이 둘이 어떤 방식으로 작동하는지 설명한다. 그는 412년에 저술한 그의 후기 작품 『영과 문자』에서 "그러므로 이것이 확증하는 것은 '의문의 옛것'은 만일 '영의 새것'이 결여되면, 사람들은 죄로부터 구원하기보다는 오히려 죄에 대한 앎을 통해 사람을 정죄한다"[4]고 말한다. 즉, 한쪽이 우세할 경우

---

4 아우구스티누스/정원래·이형기 옮김, "영과 문자(412)," 『아우구스티누스: 후기 저서들』 (서울: 두란노아카데미, 2011), 296-297 [§31]. 그는 바울의 사유를 묵상하는 가운데, 이런 표현도 남긴다. "따라서 바울이 다른 경우에서 말하는 것처럼, '율법은 범법함 때문에 제정되었다.' 사람의 밖에 기록된 문자, 이것을 바울은 죽음의 직분으로, 정죄의 직분으로 부른다. 그

다른 한쪽은 열등하게 된다. '지금 여기'와 '나중 저기'의 '사이'에 있는 신앙인의 몸은 한편으로는 σωμα ψυχικόν의 지배에 놓이고, 다른 한편으로는 σωμα πνευματικόν의 지배에 놓인다. 이런 표현 속에는 폐하여진 것은 흔적도 없이 폐기된 것이 아니라 여전히 그 세력을 유지하고 있음이 담겨 있다. 그는 '사람의 밖에 기록된 문자'를 '죽음의 직분'과 '정죄의 직분'이라고 말하고, 다른 하나를 '영의 직분'과 '의의 직분'이라고 말한다. 후자는 '사람의 안에 기록된 영'이라고 부를 수 있을 것이다. 이처럼 문자가 담당하는 직분이 있고, 그 문자가 다른 직분을 담당하는 것으로 변하기도 한다. 이것이 한 몸에서 일어난다. 이 차이를 이해하고 경험한 아우구스티누스는 '돌비 비유'를 통해 설명하고, 몸의 경험을 말한다.[5] 몸의 경험은 두려움을 느끼는 몸과 기쁨을 느끼는 몸으로 그 모습을 드러낸다. 두려움은 죽음의 몸의 경험이고, 기쁨은 생명의 몸의 경험이다. 이것을 바울의 두 몸과 비교하면 다음의 그림과 같다.

σωμα ψυχικόν 육의 몸	σωμα πνευματικόν 신령한 몸, 영의 몸
ψυχην ζωσαν 산 영[개역한글], 생령[개역개정]	πνευμα ζωοποιουν 살려주시는 영
두려움	기쁨

아우구스티누스에 따른 몸(σωμα)의 이중성

반면에 신약성경의 그것을 바울은 영의 직분 혹은 의의 직분이라고 부른다. 왜냐하면 성령의 선물을 통해서 의를 행하고, 범죄에 대한 정죄로부터 구원받았기 때문이다. 그렇게 하나는 폐하여졌고, 다른 하나는 남아 있다."

5 앞의 책, 305 [§42]. "옛 언약과 새 언약의 이러한 분명한 차이를 이해하라. 거기서 율법은 돌비에 쓰여 졌고, 여기서는 마음에 쓰였다. 그러므로 전자에서 외부로부터 부여되는 두려움은 후자에서 내부에서 고무된 기쁨이 된다."

'지금 여기'와 '나중 저기'의 '사이'에 있는 신앙인은 기쁨의 몸 경험을 하기도 하지만 때로는 두려움의 몸 경험을 할 때도 있다. 아우구스티누스는 기쁨의 몸을 위한 성령의 도움과 임재 여부와 관련하여 이렇게 말한다. "성령의 도움과 분리된 이 모든 것들은 의심할 바 없이 죽이는 문자이다. 오로지 생명을 주는 성령이 현재할 때, 그것은 내부에 새겨지고 사랑을 받는 원인이 된다."[6] 또한 "하나님이 손수 마음에 쓴 하나님의 법은 하나님의 손(가락)인 성령의 임재 그 자체임에 틀림없다. 그 임재에 의해서 율법의 완성이요 계명의 마침이 되는 사랑이 우리의 마음에 널리 흐르게 된다."[7]

아우구스티누스가 말하는 성령의 임재는 율법의 완성인 사랑이 신앙인의 마음에 흐르는 것이다. 기쁨의 몸은 사랑의 몸이다. 여기에서 율법의 완성이자 성령의 임재는 어떻게 가능한가? 성령이 임재하는 것은 어떻게 가능한가에 대한 질문이 생긴다. 아우구스티누스는 이렇게 말한다. "너는 '네 마음을 다하고 목숨을 다하고 뜻을 다하여 주 너의 하나님을 사랑하라'는 계명에 해당하는 것을 우리의 불멸의 삶에 적용할 수 있다."[8] 의지를 동원하여 그렇게 되고자 하는 것, 인간의 이러한 태도가 성령 임재의 조건이나 필수요건이 되는 것은 아니겠지만 신앙인의 자세는 이러해야 함을 아우구스티누스는 강조한다. 그런데 신앙인이 그런 태도를 취하지 않는다면 죄가 된다고 말한다.[9] 아우구스티누스는 죄에 동의하는 것이 성령 임재를 가져오

---

6 앞의 책, 297 [§32].
7 앞의 책, 299 [§36].
8 앞의 책, 331-332 [§65].
9 앞의 책, 332 [§65]. "이러한 약속에서 믿음으로 사는 사람이 어떤 불의한 쾌락에 동의하여

지 않음을 말한다. 죄에 동의하느냐 동의하지 않느냐 하는 선택은 전적으로 신앙인의 몫이다. 그러나 성령 임재가 신앙인의 의가 되어서는 안 된다. 성령 임재는 믿음에 관한 것이다.

아우구스티누스는 이런 입장을 다음 글에서 밝힌다. "그러므로 선택의 자유는 방해를 받지 않는다. 우리의 영혼은 주의 모든 상급을 잊지 않으면서 주를 찬미하게 된다. 우리의 영혼은 하나님의 의에 대한 무지에서 자신의 의를 세우려 하지 않고, 죄인들을 의롭다 하시는 분을 믿으며, 믿음으로 그것이 분명히 인정될 때까지 살아가며, 믿음과 사랑을 통해 행한다. 이 사랑은 우리 스스로의 의지의 만족에 의해서도 그리고 율법의 문자에 의해서가 아니라, 우리에게 주어진 성령으로 말미암아 우리의 마음에 널리 흐르게 한다.[10]"

아우구스티누스가 말하는 '선택의 자유'는 신앙인의 의를 세우는 데 있지 않다. 신앙인이 원한다고 그 선택이 늘 올바로 이뤄지는 것도 아니다. 신앙인은 의지의 만족에 머물러서도 안 되며, 율법의 문자에 매여서도 안 된다. 무엇보다 신앙인은 우리에게 임하신 성령이 우리 마음에 늘 흐르도록 해야 한다. 이런 가운데 신앙인의 선택이 이뤄지는 것이다. 신앙인의 선택은 성령의 임재 안에서 이뤄진다는 것을 아우구스티누스는 하나님의 은혜 안에서 인간의 자유 선택으로 설명한다. "만일 내가 어떤 사람이 이 세상에서

굴복하는 것은 죄가 될 것이다. 그가 어떤 더 혐오스러운 악행이나 범죄를 행함에서뿐만 아니라, 듣지 말아야 하는 어떤 말에 자신의 귀를 빌려 주거나, 혹은 말하지 말아야 할 어떤 것을 말하도록 혀를 빌려 주는 것, 혹은 마음에 계명에 의해 불의하고 잘못된 것으로 알려진 것을 어떤 즐거움으로 느끼도록 방종하려는 어떤 생각을 가지는 것과 같은 경범죄에서도 그러하다. 왜냐하면 그것 자체가 그것이 행해지는 것만큼이나 죄에 대해서 동의하기 때문이다."
10 앞의 책, 326 [§59].

죄가 없을 수 있는지 질문을 받는다면, 나는 그것이 하나님의 은혜와 인간의 자유 선택으로 말미암아 가능하다는 것을 인정할 것이다. 비록 나는 선택의 자유 자체는 하나님의 은혜에 관계하는 것임을, 즉 하나님이 주는 사물에 그 존재, 적절한 방향성 그리고 하나님의 계명을 지키도록 돌이킴에 관계하는 것임을 확신한다. 그 결과 하나님의 은혜는 무엇이 올바를 것인지를 보여줄 뿐만 아니라, 그 도움을 통해 보인 것이 행해질 수 있도록 한다."[11] 신앙인이 죄 없이 살 수 있느냐의 문제, 즉 신앙인이 두려움 없이 기쁨 가운데서 살 수 있느냐의 문제는 전적으로 하나님의 은혜와 인간의 자유 선택의 상호성, 특히 하나님의 은혜에 관계되는 것이라고 말한다. 이 상호적 관계에 따라 두려움과 기쁨의 양적 점유율은 변한다. 그가 "선택의 자유 자체는 하나님의 은혜에 관계한다"고 말한 것은 점유율에서 매우 중요한 내용이다. 이 논의가 루터를 통해서 어떻게 진행되는지 살펴보자.

V. 하나님 나라(영적 나라) 통치와 세상 나라 통치 간의 꼬리물기: 루터의 점진적 동시성

루터에 따른 노예의지는 한편으로는 한 개인의 몸 안에서 발생하는 것으로 볼 수 있고, 또 다른 한편으로는 몸 밖의 영향에서 발생하는 것으로 볼 수 있다. 이런 관점에서 보면 아우구스티누스가 선택의

---

11 앞의 책, 328 [§62].

자유를 하나님의 은혜 가운데서 이해한다는 것도 신앙인의 몸 밖에서 몸 안으로 침투하는 하나님의 은혜를 상정하고 하는 말로 이해할 수 있을 것이다.

우선 몸 밖에 있는 두 왕국에 관해 살펴보자. 두려움의 몸과 기쁨의 몸은 두 왕국에 의해서 발생한다고 볼 수 있다. 아우구스티누스가 『신의 도성』으로 표현하였다면, 루터는 두 나라(하나님 나라와 세상 나라)와 두 정부(영적 정부와 세속 정부)로 표현한다.

'세속 정부'(weltliche Obrigkeit)의 한시적 권력에 관해 논한 글 "일시적 권세에 대하여"(1523년)[12]에서 루터는 하나님의 나라와 영적 정부를 염두에 두면서 상호 대조한다. 즉, 그는 하나님의 뜻과 질서 아래 세상의 법이 세상에 존재한다는 전제를 성서에 찾는다. 그는 세상의 나라에 속한다는 것과 또 다른 정부에 속한다는 것을 각각 다음과 같이 설명한다. "하나님의 나라에 속하는 자는 그리스도를 진심으로 믿고 그에게 복종한다. 왜냐하면 그리스도는 하나님의 나라에서 왕이자 주이시기 때문이다. 만약 온 세상이 온전한 그리스도인, 참된 신자로 이루어진다면, 제후, 왕, 군주, 칼, 법 등은 필요가 없을 것이다. [⋯] 그리스도인이 아닌 사람들은 모두 세상 나라에 속하며 율법 아래에 있다. 믿는 자가 드물 뿐 아니라 그리스도인으로서 살아가거나 악을 대적하지도 않을뿐더러 악을 행치 않는 자도 드물기 때문에, 하나님께서는 그리스도인이 아닌 자를 위하여 '그리스도인의 상태와 하나님 나라'와 견줄 수 있는 '다른 정부'를 마련하

---

12 Martin Luther, "De l'autorité temporelle(1523)," *Œuvres* IV(Genève: Labor et Fides, 1957), *W.A.* II.

셨다."[13]

루터의 이런 표현은 바울이 제시한 몸의 이중성 σῶμα ψυχικόν 과 σῶμα πνευματικόν 그리고 이 둘의 권력 관계를 다룬 아우구스티누스의 옛것과 새것 사이의 점령론에서 이해할 수 있다. 즉, 두 개의 영역이 있고, 그 영역을 점령하는 양에 비례하여 우세와 열세가 판가름된다. 생명은 이렇게 영역과 점령에 따라 그 성격이 확보된다. 수식적으로 보면 한쪽이 제로(0)이고 한쪽이 충만(100)일 때 생명은 완벽하게 될 수 있다고 생각할 수 있다. 즉, 제로썸 원리가 나올 수 있다. 하지만 하나님이 고려하시는 것은 이런 원리가 아니다. 루터는 두 쪽을 모두 하나님께서 두셨다고 말한다. "하나님은 두 정부를 두셨다. 그 하나는 그리스도 아래서 성령을 통해 칭의 받는 이와 그리스도인을 만드는 영적 정부이고, 다른 하나는 악한 이와 그리스도인이 아닌 이를 눌러 자신들의 의지를 따라 살지 못하게 하여 외적 평화와 안정을 유지하게 하는 세속 정부이다. [···] 우리는 두 정부를 섬세하게 구분하고, 두 정부의 기능이 모두 작동하도록 해야 한다. 하나의 기능은 의롭게 되게 하는 것이고, 다른 하나의 기능은 외적 평화를 가져오고 악행을 막는 것이다. 하나의 기능이 없다면 다른 하나의 기능도 제대로 발휘되지 않는다. 한편으로는 그리스도의 영적 정부의 도움 없이 세상 정부만으로는 누구도 하나님 앞에서 의롭다고 인정받을 수가 없다. 다른 한편으로는 그리스도의 정부가 모든 사람에게 미치지 않는다. 그리스도인은 언제나 소수이며, 그리스도인이 아닌 이들 가운데 있다."[14]

---

13 앞의 책, 250.

하나님께서 이 두 정부를 두시고, 각각의 기능을 부여하신다. 루터는 세상 정부의 기능인 외적 평화 유지와 악행 막기는 그리스도의 영적 정부가 감당할 수 있는 것이 아니라고 본다. 그 이유는 그리스도인이 소수이고, 이 소수는 다수의 그리스도인이 아닌 이들 안에 있기 때문이다. 다수의 그리스도인이 아닌 이들이 그리스도의 영적 정부에 속하는 것을 바라는 것과 다수의 그리스도인이 아닌 이들이 그리스도인이 아닌 것으로 있으면서 소수의 그리스도인이 의롭게 되는 것을 외적 평화를 유지하고 악행을 막으면서 돕는 것, 이런 구도에서 루터는 현실적인 생명을 구한다. 현실의 상황을 감안하면서 제시하는 것으로 볼 수 있다.

또한 루터는 그리스도의 영적 정부가 세속 정부가 담당하는 것을 빼앗아 그 기능을 하는 것을 원치 않는다. 이런 각각의 기능은 하나님이 맡기신 것이기에 그것을 준수하는 것이 필요하다고 본다. 이런 가운데 생명은 유지가 된다. 외적인 평화가 유지되는 가운데 의롭게 되는 것도 수월하게 가능해진다. 외적인 평화가 파괴되면 의롭게 되는 길은 고난으로 이어진다. 그래서 루터는 봉건 영주, 즉 세속 정부를 다스리는 이의 자세를 언급한다. "봉건 영주는 생명이 없는 도서나 박식한 두뇌를 의존해서는 안 되고 하나님을 붙들고, 하나님께 귀를 열어 놓고 간구해야만 한다. 그는 자신의 사람들을 다스릴 때 어떤 뛰어난 책자나 우수한 인재를 의지하기보다 그것을 능가하는 것을 간구해야 한다. 즉, 지혜로 자신의 국민을 다스릴 수 있는 올바른 이해력을 하나님께 요청해야 한다."15 루터의

---

14 앞의 책, 251-252.

이런 말은 그리스도교 문화에 속한 지역과 시기에는 가능한 것이지만 다른 종교에 기반한 문화에서는 담론 방식을 고려해 봐야 할 것이다. 즉, 하나님과 수직적인 관계 설정이 있는 문화와 그렇지 않은 문화는 수평적 관계를 논할 때 동일한 방식으로 진행할 수는 없을 것이다. 그리스도교 전통에 속하는 문화에서 봉건 영주(세속 권력)에 대한 요청과 그리스도교 전통에 속하지 않는 문화에서 봉건 영주(세속 권력)에 대한 요청은 동일하지 않을 것이다. 하지만 그리스도교 전통의 유무와는 달리 하나님의 정부(영적 정부)에 속하는 지도자와 그 안에 있는 이들은 하나님의 나라(영적 나라)의 통치 원리 가운데 있을 것이다.

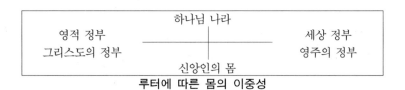

루터에 따른 몸의 이중성

그리스도교 전통에 속하는 문화에서 봉건 영주(세속 권력)가 어떻게 정치를 하느냐에 따라 그 안에서 사는 이들은 두려움의 몸을 경험하거나 기쁨의 몸을 경험하며 살 것이다. 또한 그리스도교 전통에 속하지 않는 문화에서 봉건 영주(세속 권력)가 어떻게 정치를 하느냐에 따라 그 안에서 사는 이들도 두려움의 몸을 경험하거나 기쁨의 몸을 경험하며 살 것이다. 반면에 하나님의 정부(영적 정부)에

15 앞의 책, 272.

속하는 지도자와 그 안에 있는 이들은 하나님의 나라(영적 나라)의 통치 원리 가운데서 기쁨의 몸을 경험하며 살 것이다. 단, 외적 평화와 악행이 저지된다는 조건에서 이 경험은 유효할 것으로 보인다.

바울이 제시한 몸의 두 상태 σῶμα ψυχικόν과 σῶμα πνευματικόν 은 '나중-저기'에서 이뤄지는 것이기도 하지만 '지금-여기'에서도 진행되는 것이라고 아우구스티누스와 루터는 말하고 있다. 루터가 "항상 죄인이며 항상 회개하고 항상 의인"(*Semper peccator Semper penitens Semper iustus*)[16]라고 표현하였듯이, 몸의 이중성은 동시 성 안에서 거한다. σῶμα ψυχικόν과 σῶμα πνευματικόν로서의 몸의 이중성은 이것과 저것이 아니라 σῶμα ψυχικόν인 동시에 σῶμα πνευματικόν이다. 바울이 몸의 이중성을 제시하면서 이 둘의 연관성을 오직 하나님의 뜻에 맡겼다면, 아우구스티누스는 이 둘의 세력 관계를 논하면서 한쪽이 결여하면 한쪽은 채워지는 원리를 내세웠다. 루터는 이 둘이 동시적이라고 강조한다. 바울, 아우구스티누스, 루터는 몸의 이중성을 대립적인 관계로 보는 듯하 지만, 아우구스티누스는 결여라는 상관관계로 보았고, 루터는 동시 성이라는 상관관계로 보았다.

바울에 따른 몸의 이중화는 아우구스티누스, 루터를 거치면서 아래의 그림과 같이 표현될 수 있다. 이 그림에서 A는 σῶμα ψυχικόν, B는 σῶμα πνευματικόν이다. 이중화된 몸은 아래의

---

16 Martin Luther, "Commentaire de l'Épître aux Romains(t. II)(1516)," *Œuvres* 12 (Genève: Labor et Fides, 1985), 211. *W. A.* LVI, 442.22-23. 라틴어로는 *Simul peccator simul penitens simul iustus*, 한글로는 '항상 죄인이며 항상 회개하는 자이고 항상 의인' 이다.

세 원이 뫼비우스의 띠처럼 '회전하면서 영위'한다. 필자는 이것을 '점진적 동시성'이라고도 표현한다.

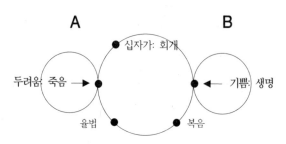

루터에 따른 몸의 이중성: 점진적 동시성

VI. 주이상스와 욕망 간의 대립, 조율 그리고 지양(止揚, Aufhebung): 프로이트와 라캉의 충동의 이원성

두려움과 기쁨의 몸 경험은 프로이트에 따른 충동(Trieb, Drive, Pulsion, 욕동) 이론과 라캉에 따른 주이상스(Jouissance) 이론과 욕망 (Désir) 이론에서 보면 색다른 의미를 찾게 된다. 물론 프로이트와 라캉이 상정하는 몸은 성서적 표현인 σωμα ψυχικόν과 σωμα πνευμ ατικόν으로서의 이중적 몸은 아니다. 그들은 몸 안에 두 개의 분리된 영역이 있음을 상정한다. 프로이트는 본능(Instinkt)과 충동 (Trieb)으로 그것을 잘 보여준다.[17]

---

17 Sigmund Freud, "Triebe und Triebschicksale(1915)," *Gesammelte Werke*, vol.

본능이 출생 시와 연관된다면 충동은 그 이후에 나타나는 변화이다. 그는 충동을 자아충동(Ich-Trieb)과 성충동(Geschlecht-Trieb, Libido-Trieb, Sexual-Trieb)으로 구분하고, 후자를 자아리비도와 대상리비도로 구분한다. "우리는 애당초 죽음충동과 자아충동, 생명충동과 성충동을 엄격하게 구분했다(물론 어떤 시점에서는 죽음충동에 자아의 자아보존충동을 포함시키려고 했지만 우리는 곧 이런 견해를 철회했다). 우리는 처음부터 이원적이었고 지금도 이전보다 더욱더 이원적이다. 그 이유는 지금은 양극을 자아충동과 성충동에 두는 것이 아니라 죽음충동과 생명충동에 두고 있기 때문이다."[18] 사람이 성장하면서 본능에서 충동으로의 이동, 자아충동에서 성충동으로의 이동, 자아리비도에서 대상리비도로의 이동이 진행된다. 자아충동에는 리비도가 없고, 성충동에는 리비도가 있다. 자아리비도는 리비도의 위치가 내 안이며, 대상리비도는 리비도의 위치가 내 안팎이다. 리비도가 충족되면 쾌(Lust)이고, 결여되면 불쾌(Unlust)이다.

프로이트는 자아충동을 자기보존(Selbsterhaltung), 자기성애(autoerotismus), 자기중심(egoismus), 자기관심(interesse) 등으로 표현한다. 이 중 자기성애적인 측면에 관한 그의 설명을 들어보자.

X(London: Imago, 1946), 201~232. Cf. 강응섭, 『프로이트』 (파주: 한길사, 2010), 제4장과 제6장. 강응섭, 『프로이트 읽기』 (서울: 세창미디어, 2021), 제4장과 제6장.

18 Sigmund Freud, "Jenseits des Lustprinzips(1920)," *Gesammelte Werke*, vol. XIII(London: Imago, 1940), 56~57. 프로이트는 위의 인용한 문장에 다음의 내용을 덧붙이고 있다. "이와 달리 융의 리비도 이론은 일원적이다. 그가 하나의 충동적 힘을 리비도라고 부른다는 점에서 우리의 것과 혼란을 일으킬 수 있으나, 우리와는 전혀 다른 것을 그는 주장하고 있다."

우리가 보는 견지에서 아이의 입술은 성감대처럼 작용하며 따뜻한 젖의
흐름이 주는 자극은 의심할 바 없이 쾌감의 원천이다. 이 성감대의 만족
감은 무엇보다도 먼저 양분을 섭취하려는 욕구와 관계된다. […] 엄지손
가락 빨기 또는 감각적인 빨기에 관한 우리 연구는 이미 유아기의 성
표현에 대해서 세 가지 본질적인 특성을 보여주었다. 원래 빠는 행위는
그 자체로서 생명 유지에 필요한 신체적 기능 중의 하나다. 그러나 아직
성적 대상이 없기 때문에 자기성애적(auto-erotisch)이다.[19]

자기성애적(auto-erotisch)이라는 표현은 리비도가 없는 상태이
다. 두려움의 몸과 기쁨의 몸이란 바울의 표현에서 보자면, 아직
대상과의 만남에서 획득한 두려움과 기쁨이 아니라 자기만의 경험
에서 얻는 두려움과 기쁨이다. 이런 단계를 반복하다 보면 자신에게
대상이 있음을 보게 된다. "한껏 젖을 먹고 분홍빛 뺨에 미소를
띤 채 잠이 든 유아를 보면, 마치 성인이 성적인 만족을 얻었을
때의 표정 같다. 반복되는 성적 만족은 양분 섭취와는 차이가 있다.
이 분리는 이가 나서 씹을 수 있게 되면 빨지 않고도 음식을 섭취할
즈음 발생한다."[20] 이 과정에서 리비도가 발생한다. 우선적으로
자기 자신 안에서 리비도가 회전하고, 이어서 타인과의 관계 속에서
리비도가 순환한다.[21]

---

19 Sigmund Freud, "Drei Abhandlungen Zur Sexualtheorie(1905)," *Gesammelte
  Werke*, vol. V(London: Imago, 1942), 82~83.

20 앞의 책, 81~82.

21 앞의 책, 118~119. "성적 흥분이라는 화학적 근거에 기초한 가설은 성적 생명을 드러내는
  심리적 개념들과 너무나 잘 어울린다. 리비도는 성적 흥분 과정과 그 변화가 양적으로

이런 가설은 자아리비도와 대상리비도의 구분, 나르시시즘 원리의 창안으로 이어진다.[22] 1910년대부터 프로이트는 몸의 경험에서 본능, 충동, 리비도에 관한 이론을 집필해 간다. 1925년에 저술한 『나의 이력서』에서 그는 자신의 이론을 이렇게 정리한다.

처음에 정신분석은 자아충동(자기보존, 배고픔)과 리비도충동(사랑)을 대립시켰으나, 후에 이를 자기애적 리비도와 대상리비도의 대립으로 대치시켰다. 최종적인 결론이 내려진 것은 결코 아니다. 왜냐하면 생물학적으로 생각해 보면, 단 한 종류의 욕동만을 가정하는 것에 만족하는 것은 금기처럼 보이기 때문이다. 최근 몇 년간의 저서 『쾌락의 원칙을 넘어서』, 『대중심리학과 자아 분석』, 『자아와 그것』에서 나는 오래 억제하고 있던 사변적 성향을 마음껏 발산하여 충동문제에 대한 새로운 해결을 계획하게 되었다. 나는 자기보존과 종족보존을 에로스라는 개념으로 통합하고, 이를 소리 없이 움직이는 죽음충동 내지 파괴충동과

표출되어 측정할 수 있는 힘이다. 우리는 리비도를 정신의 근저에서 작용한다고 가정되는 다른 심적 에너지와 구분한다. 여기서 구분은 리비도의 기원에 상응하는 것으로 우리는 리비도의 양적인 특성과 함께 질적인 특성도 고려한다. 리비도와 다른 형태의 심적 에너지를 구분할 때, 우리는 생물체에서 일어나는 성적 절차는 특별한 화학 작용에 의한 영양섭취 과정과 구분된다는 가설을 세운다."

22 Sigmund Freud, "Zur Einführung des Narzißmus(1914)," *Gesammelte Werke*, vol. X(London: Imago, 1946), 141~143. "자아는 발달을 감내해야 한다. 자기애적 충동은 처음부터 존재하는 반면, 나르시시즘이 형성되기 위해서는 새로운 심리적 활동이 자기애에 더해져야 된다. 두 번째 질문에 답하는 모든 정신분석가는 불편한 심기를 느낀다. [⋯] 자아리비도와 대상리비도와 같은 개념의 가치는 그 개념이 신경증이나 정신병 과정의 본질적 특징을 연구한 결과 파생된 것이다. 리비도를 자아 고유의 리비도와 대상을 향한 리비도로 구분하는 것은 성 욕동과 자아 욕동을 구별했던 최초의 가설에서 필연적으로 귀결된 것이다."

대립시켰다. [···] 에로스와 죽음충동의 협력적이면서도 대립적인 작용으로 인해 우리의 삶에 대한 그림이 생긴다.23

　　프로이트가 제시하고자 했던 몸의 경험은 죽음과 생명의 관계에 관한 것이다. 사람은 어떻게 생명을 경험하는가를 서술하기 위해 본능에서 자아충동으로, 자아충동에서 성충동으로의 이행이 요청된다고 보았다. 이 이행은 몸의 에너지 섭취 단계에서 발생하는 몸의 잉여 에너지 발산과 연관된다. 이때 자신을 보존하고자 하는 것(자아충동)과 리비도충동(성충동)을 대립시킨 것이 논리적인 결함이 있다는 비판을 받게 된다. 그래서 그는 자신을 파괴하고자 하는 충동(죽음충동)을 새롭게 상정하고, 이것과 대립되는 생명충동(사랑충동)을 상정한다. 그의 이론을 충동의 이원성이라고 부르는데, 이는 바울, 아우구스티누스, 루터가 이중화한 것과 연관이 된다.

　　프로이트는 이런 모습을 정신분석적 이론으로 설명한다. 그가 말하는 죽음욕동과 생명욕동 사이에 놓인 인간의 모습은 루터가 주장하는 "Semper peccator Semper penitens Semper iustus"(항상 죄인이며 항상 회개하고 항상 의인)라는 문구에 담겨 있다. 성경이 말하듯 "죄의 삯은 사망이고 하나님의 은사는 그리스도 예수 우리 주 안에 있는 영생"(롬 6:23)이다. 은사(χάρισμα)는 선물로도 번역될 수 있다. 죄는 사망(죽음)으로, 선물은 영생(생명)으로 연결된다. 하지만 사망과 영생은 이어져 있고 동시적이다.

---

23 Sigmund Freud, "Selbstdarstellung(1925)," *Gesammelte Werke*, vol. XIV(London: Imago, 1948), 84~85.

이런 모습을 프로이트는 제1차 위상(무의식, 전의식, 의식의 구조)의 시기에 자아충동과 성충동의 대립으로 표현하고, 제2차 위상(이드, 자아, 초자아)의 시기에 죽음충동과 생명충동의 대립으로 표현하였다. 프로이트 또한 이 대립을 영원한 대립으로 보지 않았고, 이쪽에서 저쪽으로의 이행이 가능하고, 이행 임무를 완수해야 하는 것으로 보았다. 이 임무가 수행되거나 수행되지 않거나에 따라 형성되는 증상은 각각이다. 임무가 수행되면 신경증의 구조와 도착의 구조가 형성되고, 임무가 수행되지 못하면 정신증의 구조가 형성된다. 라캉은 이런 맥락에서 욕망을 덧붙인다. 죽음충동에 주이상스가 있다면, 생명충동에는 욕망이 있다.

라캉은 세미나 2(1954-55년)를 진행하던 5월 19일에 "욕망, 생명 그리고 죽음"을 강의한다.[24] 라캉은 여기서 분석의 죽음과 생명을 말한다. 가령, 분석 상황에서 분석가가 분석수행자(내담자)의 이야기를 듣는 가운데 그가 해야 할 일을 알 수 없고 이해할 수 없을 때, 그가 무엇인가를 했지만 실패할 때 그는 관성 또는 향상성의 차원에 머물게 된다. 즉, 외부에서 힘이 작용하지 않아서 정지상태에 있게 되는 상황에 놓이게 된다. 라캉은 관성의 상태는 분석가의 저항 상태라고 말한다. 분석가는 해석을 하고, 또 해석을 하면서 주체(분석수행자)로 하여금 자신의 욕망의 대상을 말하게 한다.

유일한 저항이 있는데, 그것은 분석가의 저항입니다. 분석가는 그가 무

---

24 Jacques Lacan, *Le moi dans la théorie de Freud et dans la technique de la psychanalyse* (Paris: Seuil, 1978), 259-274(1955년 5월 19일 강의).

슨 일을 하고 있는지 이해하지 못할 때 저항합니다. […] 관성과 저항의
상태에 있는 사람은 바로 그입니다. 반대로, 말 그대로 실존에 미치지
못하는 이 욕망을 명명하고 연결하고 옮기는 것에 관하여 주체에게 배우
는 것이 중요하기에 강조합니다. 욕망이 감히 그(의) 이름을 말하지 않았
기에 주체는 그것을 아직 떠오르게 하지 않았습니다. […] 주체가 그의
욕망을 인식하고 이름을 짓는 것은 분석의 효과적인 행동입니다. 그러
나 그것은 거기에 모든 것을 부여하고 기꺼이 협력할 수 있는 무언가를
인식하는 것에 관한 것이 아닙니다. 그것을 명명함으로써 주체는 세상
에 새로운 있음을 만들고, 떠오르게 합니다. 주체는 이와 같이 있음을
끌어들이고 동시에 이와 같이 없음을 만듭니다.[25]

분석가가 저항의 상태에 있다는 것은 관성의 법칙에서 말하는
정지상태에 있음을 말한다. 여기에 외부에서 자극이 주어지면 분석
가는 움직인다. 분석수행자가 자신의 욕망을 분석가 앞에서 명명하
고, 자신이 명명한 것과 자신의 욕망을 연결하고, 자신의 실존으로
그것을 이끌어 내도록 해석에 성공할 때, 분석가는 저항에서 벗어난
다. 분석수행자가 욕망을 명명하고 실존으로 불러내면서 있음
(présence, +)을 상징계에 명기하고, 반대급부에는 없음(absence, −)을
동시적으로 명기하도록 분석가가 이끌 때, 분석가는 정지상태에서
벗어난다.
　　라캉은 분석가의 정지 지점을 말한다. 즉, 분석가가 저항의 단계
에 있다는 것은 "이상적(상상적) 지점, 떼어낸/찢은 이상적(상상적)

---

25 앞의 책, 267.

지점, 제로 지점, 죽은 지점"[26]에 있다는 것이다. 이 지점은 분석가가 분석수행자의 말을 해석하면서 그로 하여금 자신의 욕망을 불러내도록 하는 데 성공하지 못하는 단계를 일컫는다. 이 단계에서 분석가는 죽음도 아니고 생명도 아니고 그 중간에 위치한다. 그러나 분석수행자가 자신의 욕망을 말로 드러내고, 분석가의 잇따른 해석이 주어질 때, 이 위치는 이동이 된다. 전진한 위치(+)만큼 후진한 위치(-)가 남게 된다. +와 -는 분석가뿐 아니라 분석수행자에게도 명기된다.

이렇게 라캉은 충동이론을 관성의 법칙으로 설명한다. 바울이 신앙인의 이중화된 몸을 말하듯이 라캉도 정신분석 주체의 몸을 말한다. 분석수행자가 자신의 욕망을 드러낼 때 +와 -의 상태가 되듯 분석가는 저항에서 벗어난다. 이렇게 라캉은 프로이트가 제시한 죽음충동과 생명충동을 분석 상황에 도입한다. 이런 그의 논의는 주이상스, 죽음충동, 생명충동, 쾌락원칙, 현실원칙 등의 구조에서 작용하는 관계를 다룬다. 구조 간에 대립을 시키는 시기와 그렇지 않은 시기로 구분이 될 수 있지만 근본적으로 대립적인 구조는 유지한다. 그것은 죽음충동과 생명충동 간의 관계이다.[27] 그리고

---

26 앞의 책, 266-267. "un point idéal, un point idéal abstrait, un point zéro, un point mort." 이 표현은 옥타브 마노니의 질문에 답하면서 라캉이 마노니의 용어에 기반하여 답변한 것이다.

27 Jacques Lacan, *Les quatre concepts fondamentaux de la psychanalyse* (Paris: Seuil, 1973), 세미나 11권, 1964년 5월 6일, 13일 강의 참조. Jacques Lacan, *Encore* (Paris: Seuil, 1975), 세미나 20권, 1973년 2월 9일 강의 참조. 라캉의 주이상스에 관하여 다음 책의 '욕동', '죽음의 욕동', '쾌락원칙', '향락', '현실원칙' 등의 항목을 참조. 딜런 에반스/김종주 외 옮김, 『라깡 정신분석 사전』(고양: 인간사랑, 1998).

이 구조와 리비도의 관계이다.

프로이트가 죽음충동에 리비도가 없다고 보았다면, 라캉은 죽음충동(및 주이상스)에 리비도가 없거나 있다고 본다. 이것은 생명충동(Désir, 데지르, 욕망)에 있는 리비도와 이어지고 조율이 가능하다고 본 것이다.[28]

이렇게 몸의 이중성을 대립이면서도 조율로 본다. 조율은 순환, 소통, 지양(止揚, Aufhebung)과 상응한다. 마치 루터가 동시성으로서의 소통, 순환, 조율을 말할 때, 회개를 죽음(죄인)과 생명(의인)을 잇는 지렛대로 보듯 프로이트와 라캉에게서 이 지렛대는 분석수행자의 'Verdrängung'(억압, 밀어내기)[29]과 분석가의 'Widerstand' (저항)와 연관된다. 라캉은 뫼비우스의 띠로 무의식과 의식의 과정을 설명하다가 세미나 9권에서 "안으로 접힌 8"(le huit inversé 1962년)로 설명하고, 1973년부터는 '보로매오 매듭'(le noeud borroméen, 1973년)으로 이것을 설명한다. 라캉에게 무의식과 의식의 관계는 몸에 대한 관계인데, 이것은 몸의 이중성과 연관된다.

바울과 아우구스티누스가 한쪽에서 결여되면 다른 한쪽으로 이동하는 원리를 말할 때, 그것이 자동적으로 되는 것이 아니라 하나님의 은혜와 개인의 선택, 또는 두 정부의 기능이 요청된다.

---

28 앞의 책, 1964년 5월 20일 강의 참조. "C'est la libido, en tant que pur instinct de vie c'est-à-dire de vie immortelle, de vie irrépressible, de vie qui n'a besoin, elle, d'aucun organe, de vie simplifiée et indestructible."

29 Sigmund Freud, "Die Verdrängung(1915)," *Gesammelte Werke*, vol. X(London: Imago, 1946), 210-232.

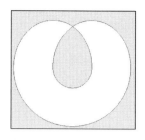
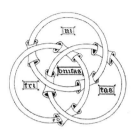

'안으로 접힌 8'[30]　　　　　　　'보로매오 매듭'[31]

**라캉에 따른 몸의 이중성 설명 방식: 뫼비우스의 띠, 안으로 접힌 8과
보로매오 매듭**

　　이런 조건하에서 한 사람 안에 있는 두 몸, 두 충동은 그 작용이
현실에서 생활 가능하도록 작동한다. 앞서 도입한 그림과 라캉의
그림을 합쳐서 이해하면 아래와 같다.

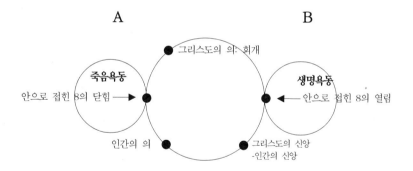

**신학 · 정신분석학적 몸의 작용 방식: 점진적 동시성
'생령(נֶפֶשׁ חַיָּה)의 몸'과 '육의 몸과 영의 몸'**
(σῶμα ψυχικόν과 σῶμα πνευματικόν)

---

30 Cf. Jacques Lacan, *L'identification* (1961~62년, 미출판), 1962. 4. 11. 강의.

31 Cf. Jacques Lacan, *Encore* (1972~73년, 미출판), 1973. 5. 15. 강의.

VII. 결론

이상에서 보았듯이 '창세기에 따른 생명의 기원'을 토대로 바울은 몸에 관한 두 개의 담론 σωμα ψυχικόν과 σωμα πνευματικόν을 제시하고, 그 둘의 관계를 논의했다. 즉, 바울은 창세기의 '생령(네페쉬 하야, נֶפֶשׁ חַיָּה)으로서의 몸'을 '육의 몸과 영의 몸'(σωμα ψυχικόν과 σωμα πνευματικόν)으로 구분하여 설명했다. 바울을 이은 아우구스티누스는 '두려움과 기쁨'이라는 요소를 몸의 이중성에 적용하면서 '두려움의 몸'과 '기쁨의 몸' 간의 시소게임과 같은 작용을 말하였다. 루터는 몸의 이중성을 한편으로는 '두 왕국'의 범주에서 논하고, 또 다른 한편에서는 '율법 앞과 복음 앞'에서 논하면서, 한쪽에서 또 다른 한쪽의 꼬리를 무는 식으로 연속되는 과정을 설명했다. 그리고 정신분석가인 프로이트는 '충동이론'을 통해 몸의 이중성을 엄격하게 전개했고, 라캉은 그 논의를 더 세밀하게 발전시키면서 '죽음과 생명', '주이상스와 욕망' 간의 지양(止揚, Aufhebung)과 조율을 전개했다. 이런 논의의 흐름을 통해 우리의 몸이 이것과 저것의 이중적 대립이면서도 상호적 조율 가운데 있다는 주장은 실존적인 측면에서 볼 때 매우 시사적이라고 보인다.

우리가 생명을 풍성하게 하는 것에 관하여 말할 때, 늘 예수 그리스도의 말을 상기하게 된다. 예수 그리스도께서는 "내가 온 것은 양으로 생명을 얻게 하고 더 풍성히 얻게 하려는 것이라"(요 10:10)고 말씀한다.

성부-성자-성령 삼위일체 하나님께서는 세상을 지으시면서 그리고 세상을 지으시고는 이 세상이 생명으로 가득 차기를 원하셨다. 그 임무를 직접 완수하시고 그 일을 지속하고 계신다. 그런 중에 우리는 하나님께서 창조하신 생명의 파괴를 목도하고 있다. 지금까지 상정한 두 몸의 원리가 지속될 수 있을지에 관하여 고심하고 있다. 우리가 살고 있는 행성(planet)이 당면한 문제에 봉착해 있다. 이런 상황 가운데 두 몸이 지니는 두려움과 기쁨, 두 통치 사이에 놓인 두 몸을 가진 생명체가 기쁨의 생명을 그대로 유지할 수 있을까 하는 위기에 처해 있다. 바울의 관점에서 보면 하나님의 것은 하나님께서 하나님의 뜻대로 그 몸을 주실 것이다. 하지만 종국적인 몸을 얻기 전에 두 몸을 가진 우리가 마주하게 될 난국에 관하여 우리는 숙고하고 있다. 이런 상황에서 우리는 루터의 원리가 보여주듯 회개를 통해 죽음에서 생명으로의 전환을 이루고자 요청하게 된다. 이것이 없이는 저쪽에서 이쪽으로의 이행은 없다. 우리가 사망에서 생명으로 이행하는 길은 회개로 접어드는 것이다. 성령의 사역은 이 지점에서 인간과 조율한다. 성령은 강압적이지 않게 강권적으로 회개하는 자를 돕는다. 우리 인류가 죽음충동에 사로잡히는 이유를 체득하고 인지한다면, 회개를 통한 방향 전환을 시도하는 길이 있다. 구체적으로 죄책을 고백하고, 방향이 전환된 삶의 태도로 살아야 할 것이다. 사변적인 것처럼 보이는 몸의 이중성은 현실적이고 실제적이다.

우리는 지금도 우리의 몸을 담그는 이 '네페쉬 하야(נֶפֶשׁ חַיָּה)'의 행성(자연과 문화를 포함한)에서 죽음충동에 따라 파괴하면서도 자각과 반성 없이 살고 있다. 지금은 사망에서 생명으로, 생명에서 사망으로, 다시 생명으로의 순환을 이끌어 내기 위해 엄격한 회개와 돌이키는 움직임이 요청되는 시기이다. 우리는 바울, 아우구스티누스, 루터가 당면했던 시기와는 차원이 다른 시기를 살고 있다. 창조주이시고 만물을 유지시키시는 삼위일체 하나님께서 창조 시부터 해 오신 일이 생명에 관한 것임을 주지할 때, 성삼위 하나님의 경륜적 활동이 두려움의 몸과 기쁨의 몸의 대립, 조율, 지양을 넘어서는 일임을 목도하면서 하나님의 은혜 안에서 '신학'이 선택하고 있는 자유가 무엇인지 다시금 조망하며 반성하게 된다.

A Study on the Relation of Natural Body and Spiritual Body

Kang, Eungseob, Dr. en Théol.

Professor, Dept. of Systematic Theology/Psychoanalysis

Yemyung Graduate University

This paper discusses the relationship between the two 'body', natural Body and spiritual Body by Apostle Paul. This duality of the body extends through Augustine and Luther. The body's death and life are in line with Freud's Trieb Theory. Freud elaborates the Trieb Theory through the first Topology and second Topology. Lacan, who re-introduced Freud, also studies Freud's Trieb Theory in more detail and applies it to clinical trials with the Jouissance(Enjoyment) and Desire. Through the study of the relationship between the two bodies from Paul to Lacan, this paper examines what the Korean church lacks and presents what is necessary to supplement that part.

참고문헌

강웅섭.『프로이트』. 파주: 한길사, 2010.

_____.『자크 라캉의 세미나 읽기』. 서울: 세창미디어, 2015.

_____.『프로이트 읽기』. 서울: 세창미디어, 2021.

볼프, 한스 발터/문희석 옮김.『구약성서의 인간학』. 왜관: 분도출판사, 1976.

라캉, 자크/맹정현 옮김.『프로이트의 기술론』자크 라캉 세미나 1. 서울: 새물결, 2016.

_____/맹정현·이수련 옮김.『정신분석의 네 가지 근본 개념』자크 라캉 세미나 11. 서울: 새물결, 2008.

아우구스티누스/정원래·이형기 옮김. "영과 문자(412)."『아우구스티누스: 후기 저서들』. 서울: 두란노아카데미, 2011.

에반스, 딜런 /김종주 외 옮김.『라깡 정신분석 사전』. 고양: 인간사랑, 1998.

이정우.『영혼론 입문』. 서울: 살림, 2003.

이찬수. "영혼에도 몸이 있다 ― 바울로의 부활관."『유일신론의 종말, 이제는 범재신론이다: 종교평화학자 이찬수 교수의 새로운 신학 강의』. 서울: 동연, 2014.

장상. "바울의 인간이해에 대한 연구: 육(σάρξ)과 몸(σωμα)의 개념을 중심으로." 「한국문화연구원 논총」 37권(1981년): 29-49.

Freud, Sigmund. "Drei Abhandlungen Zur Sexualtheorie."(1905) *Gesammelte Werke*. vol. V. London: Imago, 1942.

_____. "Zur Einführung des Narzißmus(1914)." *Gesammelte Werke*. vol. X. London: Imago, 1946.

_____. "Triebe und Triebschicksale(1915)." *Gesammelte Werke*. vol. X. London: Imago, 1946.

_____. "Die Verdrängung(1915)." *Gesammelte Werke*, vol. X. London: Imago, 1946.

_____. "Jenseits des Lustprinzips(1920)." *Gesammelte Werke*. vol. XIII.

London: Imago, 1940.

_____. "Selbstdarstellung(1925)." *Gesammelte Werke*. vol. XIV. London: Imago, 1948.

Lacan, Jacques. *Les écrits techniques de Freud* (1953~54). Paris: Seuil, 1975.

_____. *Le moi dans la théorie de Freud et dans la technique de la psychanalyse*(1954~55). Paris: Seuil, 1978.

_____. *Les quatre concepts fondamentaux de la psychanalyse* (1963~64). Paris: Seuil, 1973/1992.

_____. *Encore* (1972~73). Paris: Seuil, 1975.

_____. *L'identification* (1961~62년, 미출판).

Luther, Martin. "De l'autorité temporelle(1523)." *Œuvres*. tom. IV. Genève: Labor et Fides, 1957.

_____. "Commentaire de l'Epître aux Romains(t.II)(1516)." *Œuvres*. tom. XII. Genève: Labor et Fides, 1985.

기독교 생명미학의 탐구

심광섭

(감리교신학대학교 은퇴 교수, 예술목회연구원 원장)

I. 들어가는 글

진화생물학자 최재천 교수는 『생명이 있는 것은 다 아름답다』[1]에서 개미군단, 꿀벌, 흡혈박쥐, 황소개구리, 고래, 메뚜기, 갈매기, 까치와 기생충(기생생물)에 이르기까지 생명이 있는 것은 각기 고유한 형태와 행동과 적응에서 "아름답지 않은 것이 없다"고 말한다. 사실 이러한 통찰은 생물에 대한 오랜 관찰과 연구 끝에 나온 찰스 다윈의 감탄이기도 했다. "처음에 몇몇 또는 하나의 형태로 숨결이 불어 넣어진 생명이 불변의 중력 법칙에 따라 이 행성이 회전하는 동안 여러 가지 힘을 통해 그토록 단순한 시작에서부터 가장 아름답고 경이로우며 한계가 없는 형태로 전개되어왔고, 지금도 전개되고

---

1 최재천, 『생명이 있는 것은 다 아름답다』 (파주: 효형출판, 2018).

있다는 생명에 대한 이러한 시각에는 장엄함이 깃들어 있다."[2] 어찌 생명체뿐이겠는가, 무기물도 다 아름답다. 창세기 1장의 창조에는 모든 생명의 시간과 공간이 아름다우며 그 안에서 사는 무기물과 유기물이 모두 '좋았다'(טוֹב), '아름답다'(καλόν)고 일곱 차례나 후렴구처럼 반복된다. 하나님은 심미적(ästhetisch) 감각을 가지셨다. 계시록 21장의 '새 하늘과 새 땅', '새 예루살렘'도 매우 감각적인 아름다운 것들의 비유를 통해 묘사되고 있다. 시편 104편의 창조 시편은 생명 세계가 하나님의 지혜와 자비와 영광의 나타남임을 찬양한다. 전도서에 "하나님은 모든 것이 제때에 알맞게(아름답게) 일어나도록 만드셨다." — Alles hat Gott schön gemacht zu seiner Zeit(3:11). 신·구약 성서 곳곳에 생명 세계에 대한 심미적 표현들이 차고 넘친다. 이 표현들은 예수의 산상수훈 중 다음 말씀에서 성서적 '아름다움'의 사건에 내포된 존재의 힘을 말해준다. "공중의 새를 보아라." "들의 백합화가 어떻게 자라는가 살펴보아라." 따라서 서구의 기독교 전통에서 성경은 하나님과 자연, 인간과 자연의 대립을 주장한다[3]는 견해는 잘못이다.

'아름다움'(美)이라는 단어가 성경과 찬송가에 이리 빈번하게 나옴에도 불구하고 한국에 출간된 조직신학 책들의 '찾아보기'에서 그 용어를 찾을 수 없다. '아름다움'이 중요한 신학적, 성서적 개념이라고 생각하지 않기 때문에 색인 작업에서 빠진 것이다. '미학'이란

---

2 찰스 다윈/이민재 역, 『종의 기원』 (서울: 을유문화사, 1972), 479.

3 정판런(曾繁仁), "생태미학: 포스트모던 언어환경에서의 새로운 생태존재론적 미학관," 『생태미학과 동양철학』 (서울: 도서출판 문사철, 2019), 75.

용어는 더더욱 심각하다. 그래서 나는 기독교 신앙생활에서 가장 많이 느끼고 있지만 가장 적게 생각한 것을 기독교 미학의 이름으로 말하고자 한다. 기독교는 문화와 예술 그리고 미학에서 빈곤하다. 이 글은 신앙의 아름다움 상실, 신학의 미학 실종을 되찾고자 한다. 기독교 신학은 기독교 교의학에서 신앙의 진리를 궁리하고 수립하며, 기독교 윤리를 통해 신앙의 진리를 실천하며, 기독교 미학에서 신앙의 참 선한 아름다움을 형상화한다. 기독교 신앙은 미적이기 때문에 윤리적이며, 이성적이기에 앞서 감각적이다.

20세기의 중요한 신학자 폴 틸리히와 위르겐 몰트만 사상의 밑바닥에는 미학적 태도가 흐르고 있고, 특히 성령론에서 생명 사상을 전개한다. 성령 조항이 들어간 381년 콘스탄티노플 신조는 성령 또한 주님이시며 생명을 주시는 분(τό Πνεύμα τό ˝Αγιον, τό Κύριον, τό ζωοποιόν, Spíritum Sanctum, Dóminum et vivificántem)으로 고백한다. 이 글은 이들의 생명 사상을 미학적으로 해석하여 그 공통 지향점을 바탕으로 시인 김지하의 '흰 그늘의 생명미학' 사상을 통해 한국적 기독교 생명미학을 탐구하려고 한다.

II. 폴 틸리히의 존재 표현의 생명미학

폴 틸리히는 철학적 신학과 문화신학뿐 아니라 예술(미술과 건축)에도 관심이 많았던 신학적 미학자이다. 개신교 신학의 역사에서 슐라이어마허 이후 신학의 영역 안에서 미학과 예술에 대한 관심은 틸리히가 최초가 아닌가 생각한다. 그만큼 개신교 신학사는 미학 궁핍의 역사였음을 보여준다. 틸리히는 신학 활동을 하는 동안(40여 년) 내내 예술(건축과 미술)에 관한 신학적 에세이를 썼다.[4]

1. 예술에 대한 관심

칼 바르트의 신학이 문화와 예술에 대하여 침묵하였다면 틸리히 의 삶과 신학의 자리는 처음부터 문화와 예술이다. 틸리히는 성스러 운 문화와 속된 문화를 애초부터 구분하지 않는다. 인간 삶의 모든 영역이 종교와 신학이 관심하는 세계이며, 종교와 문화의 관계는 '실체와 형상'의 불가분의 관계이다. 잘 알려진 틸리히의 문화신학의 명제는 "종교는 문화의 실체이며, 문화는 종교의 형상이다"(Religion is the substance of culture, culture is the form of religion).[5] 틸리히의 예술 에 관한 글들은 문화신학이라는 넓은 맥락 안에 자리 잡은 예술신학 이라고 말할 수 있다. 종교와 신학이 실제적으로 예술에 우선적 관심을 가져야 하는 이유는 예술이 종교와 신학보다 당대의 영적 상황이 무엇인지, 어떤지를 더욱 감각적으로 빠르게 표현하기 때문 이다. 예술은 철학과 과학이 담당해야 하는 객관적 고려라는 부담을 지지 않고 직접적이고 즉각적으로 말한다.[6]

---

4 Paul Tillich, *On Art and Architecture*, ed. by John Dillenberger (New York: Crossroad, 1987).

5 P. Tillich, *Theology of Culture*, ed. by Robert C. Kimball (London Oxford University Press, 1959), 40.

6 P. Tillich, "Excerpt from The Religious Situation," *On Art and Architecture*, 67.

틸리히의 예술에 대한 관심은 역사적으로 개신교 신학자들의 예술에 대한 무관심 속에서 당대의 신학과 종교철학에서 예외적으로 거의 유일하며, 특히 회화와 건축에 집중된다. 그는 자서전적 저술에서 자신의 신학과 예술의 관계를 이렇게 피력한다.

> 예술은 최고의 놀이 형식이며, 본래 환상을 낳는 창조적인 마당이다. 비록 내가 창조적인 예술의 어느 영역에서도 생산적인 활동을 한 바 없지만 예술에 대한 나의 사랑은 나의 신학적이고 철학적인 작업에 매우 중요한 의미를 주었다.[7]

틸리히가 회화에 관심을 갖게 된 계기는 이렇다. 그는 1차 세계대전 시 종군 목사로 참전했는데, 미술사를 공부하고 작품을 수집하면서 얻은 창조적 아름다움은 전쟁 기간에 그의 주위를 엄습해 오는 파괴, 공포, 추함 등을 극복하는 힘이었고, 그는 아름다움이라는 미의 세계가 그의 관심을 온통 사로잡았다고 말한다. 이때부터 회화에 대한 애착은 자아 인식에 이르는 또 다른 길이었다고 회고한다. 그래서 틸리히는 신학교에서 '문화신학'을 필수 과목으로 교육해야 할 뿐만 아니라 '신학적 철학사나 신학적 예술사'도 가르쳐야 한다고 말한다.[8] 왜냐하면 "회화와 시와 음악은 신학의 대상이 될 수 있기 때문이다. 물론 그것들이 가진 미학적 형상의 관점에서가 아니라 그것들이 가진 미학적 형식과 그 형상을 통하여 우리에게

---

7 P. Tillich, *On Art and Architecture*, 4.
8 폴 틸리히/남성민 옮김, 『조직신학 1』 (서울 새물결플러스, 2021), 81.

궁극적 관심을 불러일으키는 어떤 측면을 표현하는 능력이라는 관점에서 신학의 대상 될 수" 있기 때문이다.[9] 표현력은 아름다움에 대한 틸리히의 이해이다. 아름다움은 표현력에 달려 있다. 틸리히의 예술과 미학에 대한 관심은 예술에 대한 개인적 경험이나 신학의 대상을 확장하려는 것 때문만은 아니다. 틸리히는 이성을 비판적이고 기술적인 이성 개념을 넘어 보편적이고 직관적인 이성으로 이해한다.[10] 그래서 틸리히는 "예술가의 이성은 사물들의 의미를 포착"하고 "미학적 영역에서 이성의 깊이는 미학적 직관과 관련이 있는 모든 영역에서 산출되는 창조물들을 통해서 '아름다움 자체', 즉 무한한 의미와 궁극적 의미를 알려주는 이성의 특성을 말한다." 하지만 "이성이 파악할 수 없는 마음의 원리들이 있다"는 파스칼의 말을 인용하면서 "'마음의 원리들'은 미학적이고 공동체적인 경험의 구조를 의미한다(아름다움과 사랑)"고 분석한다.[11] 틸리히의 미학에 대한 관심은 교회의 기능에 다른 신학자에게서 볼 수 없는 '미학적 기능'을 추가하면서 정상에 오른다.[12]

2. 존재 표현의 생명미학

틸리히의 성령론은 창조의 영으로부터 구원론적으로 협소화된

---

9 앞의 책, 39. (단어 일부 수정)

10 폴 틸리히, 『19-20세기 프로테스탄트사상사』 (서울: 한국신학연구소, 1980), 41-47.

11 폴 틸리히, 『조직신학 1』, 139, 142.

12 P. Tillich, *Systematic Theology* Vol.III (Univ. of Chicago Press, 1963), 196-201. (이하 인용은 본문의 괄호 안의 숫자로 표기한다.)

영적 주관주의를 돌파하여 영의 개념을 생명이라는 광범위한 지평 속에서 해석적으로 발전시킨다. 틸리히는 생명을 존재론적 개념으로 이해한다. 생명의 존재론적 개념은 "생명이라는 말을 유기물의 영역에 대한 예속으로부터 해방시켜 주고, 또한 이 말을 신학 체계 안에서 사용할 수 있는 기본적인 용어의 수준까지 높여줄 수 있다"고 본다. 따라서 "별이나 바위의 발생도, 그들의 성장이나 퇴락도 생명 과정으로 일컬어져야만 한다."[13] 생명은 잠재적 존재의 활성화 (actualization)이며, 생명 과정 속에서 그러한 활성화가 일어난다(11, 30). 틸리히는 생명의 다양한 영역, 즉 물질의 영역, 식물의 영역, 동물의 영역, 역사의 영역 등에서 생명의 다 차원성이 발현되는 바, 그것은 무기물의 차원, 유기물의 차원 그리고 영의 차원이다. 그러나 차원은 한정적인 것이 아니기 때문에 모든 차원은 어느 정도는 잠재적으로, 어느 정도는 실제적으로 모든 영역에 현재한다. 가령, 원자에는 무기물적 차원만이 활성화되어 있지만, 다른 모든 차원도 원자에 잠재적으로 현재하고 있다고 보는 것이다. 그래서 틸리히는 흥미 있는 추론을 한다. "우리는 하나님이 그 자신 안에서 원자의 잠재성을 창조했을때 그는 인간의 잠재성을 창조했으며, 그가 인간의 잠재성을 창조했을 때 그는 원자의 잠재성을 창조했다"(16). 틸리히는 영에 의한 생명의 다차원적 통일성을 보여주는 것이 목적이다. 영은 생명의 힘이다. 영은 "생명의 힘과 생명의 의미의 통일성이다"(22).

틸리히는 유기물과 인간뿐만 아니라 전통적으로 신학의 고려

---

13 P. Tillich, *Systematic Theology* Vol.III, 12.

대상이 아니었던 "무기물이 종교적으로 엄청난 중요성을 지니고 있다"고 선언한다. 그는 '무기물의 신학'(theology of the inorganic)이란 말까지 한다. 무기물은 생명 과정들과 그들의 모호성에 대한 현재의 논의에 포함되어야 한다고 주장한다(18). 물질과 영의 대립과 배제는 있을 수 없다. 그러므로 "물질의 부정에 기초한 영성도 있을 수 없다. 창조자 하나님은 물질과 영에 똑같이 가까이 계신다. 물질은 선한 창조에 속하는 것이며, 물질에 대한 인본주의자들의 긍정도 영성과 모순되지 않는다"(210)는 것이 틸리히의 입장이다. 틸리히는 생명의 현실화 과정을 자기-통전(개체화와 중심), 자기-창조(역동성과 성장), 자기-초월(자유와 유한성)로서 전개한다. 무기물과 유기물도 이 생명의 과정에 다 포함된다. 그러나 틸리히는 영의 차원 하에 있는 생명을 인간 정신의 기능으로서 실현하는 도덕과 문화와 종교에 초점을 모은다. 모든 차원의 생명은 위대하다. 우주의 위대성은 언제나 위협을 주는 혼돈을 저지하는 우주의 힘에 있다. 그러나 무기물과 유기물 차원의 생명은 속물화(profanization)됨으로써 위대하기는커녕 사물이 만들어지는 재료나 기술적 사용으로 그 위대성이 손상된다(88ff).

무기물과 유기물 차원의 생명의 모호성은 어떻게 극복되는가? 영의 차원 밖에서 발생하는 생명의 과정 속에서도 회개와 중생, 칭의와 성화가 일어나는가? "무기물, 유기물, 자의식 차원들의 생명에 대한 영의 현존의 직접적인 영향은 있을 수 없다"(275)는 것이 틸리히의 답변이다. 그렇지만 영의 차원도 다른 모든 차원, 즉 우주 전체의 모든 가시적인 것들을 포함하기 때문에 물리학적 영역과 생물학적 영역에 도달할 수 있다. 영은 "인격과 공동체 안에서 (정신과 세계의) 구조들의 역동적 활성화"(63)이기 때문에 가시적인 측면을 가지고 있다(201). 영의 역동적 활성화는 문화의 창조로 나타나고 영의 가시적 측면이 성례전(성사)이다. 빈센트 반 고흐는 한 그루의 나무를 그리면서 역동적인 세계상을 표현했다. 근대의 미학에서 미와 선을 결합하고 있었던 '미와 선'(kalon k'agathon)은 완전히 거부당했으나 이전까지 진리는 미학적 기능의 한 요소였으며 미는 선과 결합되었다. 미학적 기능의 목적은 표현력(expressive power) 혹은 표현성(exppressiveness)이다. 살아 있는 것은 살아 있는 양식으로 표현되어야 한다. 틸리히의 아름다움은 표면을 복사하는 것이 아니라 존재의 깊이를 표현하는 데서 생기며, 예술의 진정성은 창작하는 예술가의 주관성의 표현에 있는 것이 아니라 실재와의 만남에 있다(64).

사물은 영적 현존을 통해 성사가 된다. 틸리히는 성례전의 가장 넓은 의미는 영적 현존이 경험되는 모든 것을 지시한다고 말한다 (121). 성령은 인간의 영 안으로 '들어가기' 위해서 자연 안에 있는 존재의 힘들을 '사용'하기 때문이다(123). 틸리히는 자연의 힘을 재발견해야 한다고 말한다. 자연은 구원사(창조사)와 통합되어야 한다. 신학에서 낭만주의의 위대한 공적 중의 하나는 계몽주의의 도덕주의에 대하여 자연에서 은총을 재발견할 수 있는 성례전적인 감정을 재생시켰다는 데 있다. 틸리히는 성례전적 사고란 "무한이 유한 안에 현존하고, 유한이 무한의 명령을 따를 뿐 아니라, 그 자체 안에 구원의 능력, 즉 신적인 것의 현존 능력을 가질 경우에 한해서만 의미가 있다"라고 말하면서 이것을 낭만주의가 재발견했다고 강조한다.[14] 틸리히가 말하는 생명의 모든 과정의 치유, 곧 '우주적 치유'(282)란 생태적 치유와 같은 것이며 존재 표현의 생명미학의 핵심을 이룬다.

III. 위르겐 몰트만의 성령론적 생명미학

1. 몰트만 신학 사상에 초지일관 흐르는 생명미학의 수맥

위르겐 몰트만의 신학을 놀이 및 생명의 미학이라는 관점에서 조명하고자 한다. 몰트만의 전 신학 사상에는 미학의 지하수가 흐르고 있다. 몰트만 신학의 지상 위에서 자란 것들이 신학과 윤리라면 지하에서 흐르는 생명의 물길이 미학이다. 희망의 신학(종말론), 정치신학, 십자가 신학, 삼위일체 신학, 생태 신학 그리고 생명신학으로 이어지는 넓고 긴 신학의 광맥 깊이에는 신학적 미학의 용암이 끓고 있다.

몰트만은 『희망의 신학』(Theologie der Hoffnung, 1964)을 쓰고 난 후 1970년대 말엽에 『희망의 윤리』(Ethik der Hoffnung)라는 표제의 책을 내고 싶었다고 회상한다. 이 책은 여러 연구 끝에 2010년에 출간되었다. 몰트만은 신학과 윤리에 이어 미학의 표제어가 붙은

---

14 폴 틸리히, 『프로테스탄트시대』, "제7장 자연과 성례전"; 『19-20세기 프로테스탄트 사상사』, 192f.

책을 내지는 않았으나, 만약 그가 그런 생각을 했다면 『희망의 미학』 (Ästhetik der Hoffnung)이 되지 않았을까 생각한다. 실제로 『희망의 윤리』 마지막 5부 "하나님에 대한 기쁨: 미학적인 대조"는 사실상 '희망의 미학'이기 때문이다.[15] 3장 모두 짧은 에세이식의 글이지만, 몰트만의 미학 사상은 작은 책자 『창조의 첫 해방자들』(1971)에서부터 잘 나타난다. "놀이의 신학"이란 부제를 붙였고, 자유에서의 기쁨과 놀이에서의 행복(만족)에 관한 시도라고 부연하여 설명한다. 『희망의 신학』, 『희망의 윤리』 그리고 모든 저술의 기저에 숨어 있는 '희망의 미학'은 몰트만의 빛나는 삼부작이다.

몰트만의 미학 사상은 경건주의 시대 찬송가 작시자로 널리 알려진 1956년의 게르하르트 테어스테겐의 신비주의 연구[16]를 기점으로 미학적 생명 사상은 그의 초기 삼부작에 부분적으로 나타난다. 『희망의 신학』(1964)[17]에서 "그리스도의 부활의 약속 사건의 종말론적 의미는 회상 기대 가운데서 역사에 대한 감각(Sinn für Geschichte)을 일깨운다." 혹은 "부활하여 나타난 자와 십자가에 달렸던 그리스도의 동일성"(제3장, 9)에서 "동일성의 핵심은 예수의 인격 안에 있지 않고 그 자신 밖에, 즉 무로부터 생명과 새로운 존재를 창조하시는 하나님 안에 있다"는 말에도 배어 있다. 『십자가에 달리신 하나님』(1972)[18]에서는 "하나님의 정열과 인간의 삶의

---

15 위르겐 몰트만/곽혜원 옮김, 『희망의 윤리』 (서울: 대한기독교서회, 2012), 403-419.

16 J. Moltmann, *Grundzüge mystischer Theologie bei Gerhard Tersteegen* (EvTh, 1956).

17 위르겐 몰트만/이신건 옮김, 『희망의 신학』 (서울: 대한기독교서회, 2002).

18 위르겐 몰트만/김균진 옮김, 『십자가에 달리신 하나님』 (서울: 한국신학연구소, 1979).

경험"(VII. 9)이라는 부분에서 "하나님의 정열과 인간의 공감"의 상응
관계의 한 짝으로서 '공감적 인간'(homo sympatheticus)을 말하고
"하나님의 삼위일체의 역사와 생명의 충만성"에서 삼위일체 하나님
은 곧 살아계신 하나님이며, 이는 생명의 충만성, 곧 풍성한 생명에
상응함으로 열매 맺게 된다.[19] 『성령의 능력 안에 있는 교회』(1975)[20]
의 "예수의 영광과 끝없는 축제"(III. 5)에서 교회의 미학적 공간을
제시한다. 몰트만은 부활한 그리스도의 미적 의미를 변모(Verklärung)
성화와 연결하여 "부활하신 그리스도는 변모된 사람의 아들이요,
하나님의 아름다움으로 변화된 십자가에 달리신 자이다"(125)라고
말한다. 부활하신 주님에 상응하여 교회는 해방과 자유의 축제적
삶을 누렸고 자유는 기독교 전통 가운데서 우선 미적 범주에 의하여
파악되었고, 노래와 웃음, 기쁨과 유희와 무도 등의 해방하는 축제에
의하여 축하되었다(126f.). 부활하신 분을 보는 것은 생을 축제로
만들기 때문에 부활한 자의 생명(생)은 끝없는 자유와 해방의 축제이
며, 도스토옙스키가 말하는 구원하는 아름다움이란 "은총의 육체적
형태를 의미하는 것이다"(130f.).

　　몰트만의 이러한 미학 사상의 단초(端初)는 '놀이의 신학'으로
알려진 『창조의 첫 해방자들』에 집약적으로 나타난다. 몰트만의
신학은 세계를 단순히 이해하는 것이 아니라 도래할 하나님 나라를
향하여 사회의 흐름을 설정함으로써 실천을 고무하고 세계를 변혁

---

19 위르겐 몰트만/박종화 옮김, 『살아 계신 하나님과 풍성한 생명』 (서울: 대한기독교서회,
　　2017; 독어 2013).
20 위르겐 몰트만/박봉랑 외 역, 『성령의 능력 안에 있는 교회』 (서울: 한국신학연구소, 1980).

하는 신학이다. 그러나 몰트만은 신학을 단순히 실천론으로만 보지 않는다.[21] 선한 것과 정의로운 것은 기쁨이 차고 넘치며 사랑의 정열이 있는 곳에서만 성립될 수 있다. 몰트만은 신학이 윤리적 전체성의 요구에 머무르지 않고 미학의 기쁨과 환희를 불러일으켜야 함을 환기시킨다.[22] 그의 신학은 실천(prxis)과 영송(詠誦)/찬양(doxology)이라는 두 바퀴를 가진 수레로 비유할 수 있다. 그의 신학에는 명상, 축제, 찬양, 놀이 등 미학적 성격이 처음부터 배어 있다. 존재를 즐기고 하나님에 대한 찬양이 없는 실천은 행동주의로 왜곡된다는 것이다. 역사를 만들려는 역사적 투쟁의 도덕적이며 정치적 진지함은 현존재 자체에서 느끼는 자기를 비운 기쁨으로 지양되어야 한다. 무한한 책임은 인간을 고갈시킬 뿐인데, 인간은 신이 아니라 단지 인간이기 때문이다. 책임의 무한성과 능력의 유한성을 중재하는 것이 바로 맑은 웃음이다.[23]

몰트만은 일과 놀이, 진지함과 웃음, 윤리와 미학의 결합을 강조한다. 실천이 새 창조의 종말론적 희망에 의하여 영감받고 요청되는 것이라면, 명상과 관상은 새 창조의 목표를 미리 맛보는 것(선취)이며, 하나님을 즐기는 것(*fruitio Dei*), 즉 창조 안에서 그의 기쁨에 참여하는 것이다. 따라서 예수가 선포한 하나님 나라(하나님의 지배,

---

21 J. Moltmann, *Theology and Joy*, London, 1973; Moltmann, *Die ersten Freigelassenen der Schöpfung. Versuche über die Freude an der Freiheit und das Wohlgefallen am Spiel*(창조의 첫 해방자들. 자유에서 얻는 기쁨과 놀이에서 얻는 희열에 관한 시도) (Chr. Kaiser, 1971).

22 J. Moltmann, *Die ersten Freigelassenen der Schöpfung*, 7.

23 앞의 책, 29f.

Herrschaft Gottes)에 하나님의 지배와 인간의 복종 및 저항만이 강조될 때, 그것은 윤리화되며 인간도 진지한 윤리적 실존이 될 뿐이다. 이러한 하나님의 지배를 보완할 수 있는 성서적 개념은 하나님의 영광(Herrlichkeit Gottes)이다. 하나님의 영광은 그분의 현란함과 아름다움이며, 그분의 권능과 사랑스러움이다. 하나님의 사랑은 윤리적으로 이웃사랑에만 상응하는 것이 아니라 미학적으로 하나님 앞에서의 축제적 놀이에 상응한다.[24]

이렇게 몰트만은 놀이의 신학을 통해 실천에 대한 배타적 요청을 거부한다. 윤리와 미학, 신앙의 삶과 하나님 체험은 분리될 수 없다. 오히려 정치적 저항은 도덕적 요구에서 나오는 것이 아니라 하나님의 자유 자체에 대한 기쁨의 감사에서 나온다. 하나님의 지배는 그분의 영광과 아름다움으로서 동시에 그분의 주권으로 경험되어야 한다. 몰트만의 미학에 기초한 신학적 인식론은 대상에 대한 인식주체의 지배로서의 지식에 대하여 사귐과 놀이와 누림으로 변형되어 나타난다.

2. 안식일의 생명미학

몰트만이 창조의 축제라고 말한 안식일에서 '놀이의 신학'의 발전된 모습을 볼 수 있다. 몰트만의 '놀이의 신학'은 '정치신학'과 '신비적 경험의 신학'의 가교이며, '창조의 축제(안식일)의 신학'은 신비적 경험의 신학이다.[25]

---

24 앞의 책, 44.

안식일은 창조 축제의 시 · 공간이다. 안식일은 하나님과 온 생명이 자유롭게 노는 창조의 영원한 축제의 시간일 뿐 아니라 공간이기도 하다. 몰트만은『희망의 신학』(1964)에서 기독교가 시간과 역사의 종교임을 강조했지만『창조 안에 계신 하나님』(1985)에서는 기독교가 시간과 역사의 종교만이 아니라 공간과 장소, 곧 땅(지구)의 종교임을 강조한다. 기독교의 하나님은 출애굽(Exodos)의 하나님만이 아니라 창조 생명에 거주하시는(Schechina) 하나님이다. 창조론 이후 몰트만의 '놀이의 신학'은 '하나님을 향유함(fruitio Dei)의 신학'으로 발전한다. "우리는 이 세계를 변화시키기 위해 하나님을 필요로 하는 것이 아니라, 오히려 하나님을 향유하기(누리기) 위해 이 세계를 변화시키고자 한다."[26] 몰트만은 시간의 신학(온갖 종류의 역사신학: 희망의 신학, 혁명의 신학, 정치신학, 해방 신학…)에서 공간의 신학으로, 희망의 하나님에서 거주할 수 있는 하나님으로 이동할 것을 주문한다.

시간과 역사 및 약속을 강조하던 몰트만도『창조론』(1985)을 저술하면서 크게 변화한다. 자연에 대한 역사 우위에서 자연과 역사를 신학의 두 초점(두 극)으로 삼을 수 있게 된다. 창조론에서 그는 시간뿐 아니라 공간, 하늘과 땅을 장소적 몸의 중요성 그리고 안식일을 시간적, 역사적 변화와 변혁이 완성된, 이제는 놀이와 향유만이 흐르는 창조의 축제로 노래한다. 몰트만의 교의학의 출발

---

25 몰트만/이신건 · 이석규 · 박영식 옮김,『몰트만 자서전』(Weiter Raum) (서울: 대한기독교서회, 2011), 301-304 참조.
26 몰트만/곽혜원 옮김,『희망의 윤리』(대한기독교서회, 2012), 400.

인 『삼위일체와 하느님 나라』(1981)의 '나라'는 시간적이고 역사적인 것만이 아니라 공간적이고 장소적이며 우주론적이어야 한다. 그래서 그의 삼위일체론도 삼위일체의 역사에서 삼위일체의 '넓은 공간'이라는 말로 하나님의 내주의 공간적 경험으로 수정, 보완된다. 하나님의 시간은 하나님의 공간 안에서 그 구체성을 얻는다. 물론 하나님의 '현현'이 아니라 '내주'와 '현존'이다. 몰트만은 우주적 지혜의 재발견을 강조하면서 "하나님께서 안식하실 처소는 곧 우주이다!"라고까지 전진한다. 그러므로 그리스도의 부활은 시간과 역사의 부활만이 아니라 몸(육체)의 부활, 자연의 부활로 확장되어야 한다.

이것은 『삼위일체론』에서 삼위 송가, 감사와 찬양과 예배를 강조하고,[27] 『창조론』에서 인간이 아니라 안식일을 창조의 정점이며 창조의 축제[28]로 놓는 데서 분명히 드러난다. 몰트만에게 지식은 대상을 지배하기 위한 주체의 힘이 아니라 놀라움과 사랑으로써 타자에게 주체를 개방함으로써 발생하는 사귐과 친교이며, 타자와의 상호 관계와 사귐 속에서 자신을 받아들이고, 따라서 자기-타자의 상호 변혁이 가능하게 된다고 본다. 몰트만이 닛사의 그레고리 (Gregor von Nyssa)가 말한 "개념은 우상을 만들며, 그러나 놀라움은 무엇인가를 이해하기 때문이다"[29]라는 경구를 좋아하는 원인이 여기에 있다. 몰트만은 다음의 문장으로 자서전적 글을 마감한다. "나의 신학은 분명히 하나님 자신 때문에 괴로워하며 기뻐하는

---

27 J. 몰트만/김균진 옮김, 『삼위일체와 하나님의 나라』 (대한기독교출판사, 1982), 185-188.

28 J. 몰트만/김균진 옮김, 『창조 안에 계신 하나님』 (한국신학연구소, 1987), "XI장 안식일: 창조의 축제" 참조.

29 "Die Begriffe schaffen Götzenbilder, allein das Erstaunen erfaßt etwas."

신학, 항상 놀라는 신학이다".[30] 몰트만의 웃음과 노래와 춤과 놀이는 무고한 죽음의 공포 앞에서 웃을 수 없는 전쟁과 억압과 차별로 고통당하는 사람, 가난한 사람들을 해방하고 진정한 자유를 얻기 위하여 외치고 일하면서 얻는 과정에서 터지는 웃음이요 노래요 춤이다.

몰트만의 생명의 미학은 '십자가에 달리신 하나님'에서 '죽음에서 일으키신 하나님'으로, '성령의 능력'에서 '성령의 사귐'으로, '삼위일체와 하나님 나라'에서 '살아 계신 하나님과 풍성한 생명'으로 강조점이 이동하면서 분명해진다. '머물 수 있음', '거할 수 있음', '쉴 수 있음', '놀 수 있음'의 재발견이 필요하다는 것이다. 기쁨과 즐거움은 우리가 찾는 것만이 아니라 우리에게 머무르길 원한다. 몰트만이 놀이를 과소평가하거나 무시하고 일(노동)을 강조하는 청교도적 자본주의 윤리에 대하여 다시 칭의론을 내세움으로써 노동에서 놀이로 방향을 돌린다. 개신교에 놀이의 신학이 부재한 것은 칭의 교리에 대한 망각일 수 있다는 것이다. 기독교인들은 항상 끊임없이 능동적으로 하나님의 사역 속에서 살아가고 있고 쉼 없이 일해야 성실한 기독교인이라고 생각했다. '쉬시는 하나님'(Deus otiosus), '노시는 하나님'(Deus ludens)을 평가절하 함으로써 인간은 여유와 안식이 없는 비인간이 되고, 사회는 '피로사회'가 된다. 몰트만은 안식일의 휴식은 유다교의 칭의론이고, 기독교의 칭의론은 이와 상응하여 그리스도교적인 안식일의 휴식이라고 말

---

30 위르겐 몰트만, "내가 걸어온 신학의 길," 『삼위일체와 하나님의 역사』, 이신건 옮김 (대한기독교서회, 1998), 327-357, 여기서는 356.

한다.[31] 태초에 하나님은 창조하시고, 마지막 날에는 안식하신다. 이것이 바로 경이로운 하나님의 변증법적 놀이이다.[32]

3. 새로운 생명 사랑: 생명미학

"새로운 생명 사랑"은 몰트만이 자서전에서 60세 이후 창조론을 출간할 무렵(1985년)부터 자신의 신학적 변화를 지시한 표제어이다. 새로운 생명 사랑은 신학적으로 새로운 생명신학이며, 그 핵심적 키워드는 하나님의 공간성[33]과 인간의 감각이다. 몰트만은 "창조론" 에서 공간(장소) 사상으로, "성령론"에서 몸과 깨어 있는 감각, "성령 의 감성"[34] 등을 통해 생명미학의 내용을 보다 구체화한다.

서양 철학과 신학에서 감각은 진리를 찾는 길에서 배제되거나 간과되었다. 그러나 영적 감각을 통해 변형된 감각이 수용되었다. 몰트만은 "성령론"에서 신학에서 감각의 중요성을 서술하더니 그 후 "깨어 있는 감각의 영성"이란 이름으로 감각 신학을 전개한다. 전통적인 영적 감각을 수용하고 '생명신학'을 논의하면서는 '깨어 있는 감각의 영성'[35]을 말하기도 한다. 개신교회들은 모든 가치를

---

31 몰트만, 『창조 안에 계신 하나님』, 336.

32 몰트만, 『희망의 윤리』, 405 참조.

33 Jürgen Moltmann/Carmen Rivuzumwami (Hg.), *Wo is Gott? Gottesräume – Lebensräume*, Neukirchener Verlag, 2002.

34 몰트만, 『생명의 샘』, 116.

35 위르겐 몰트만/곽미숙 옮김, 『절망의 끝에 숨어 있는 새로운 시작』(서울: 대한기독교서회, 2006, 독어 2003), 제3장; 위르겐 몰트만, 『몰트만 자서전』, 491-493; 위르겐 몰트만, 『살아계신 하나님과 풍성한 생명』, 제6장.

'말씀의 들음'에 두었고, 예배에서 다른 감각기관들을 마비시켜버렸다(성령론, 353).

'미학'(Ästhetik, aesthetics)의 어원인 고대 그리스어 '아이스테시스'(αἴσθησις, aisthesis)는 '감각적 지각'을 의미한다. 미학의 원래 의미는 오늘날 우리가 생각하는 미와 순수예술에 한정되는 것이 아니라 신체적, 물질적 실제를 탐구 대상으로 함을 말해준다. 그러므로 미학은 본래 지각에 관한 이론(지각론)이며 감각학이다. 구체적으로 말하자면 보기(시각), 듣기(청각), 맛보기(미각), 냄새 맡기(후각), 만지기(촉각) 등 신체의 감각 중추를 통해 촉발되는 느낌, 감정의 발흥과 달성되는 모든 인식과 판단의 형태를 다루는 것이다. 몰트만은 사회적 하나님 경험의 몸 언어에 주목하면서 하나님에 대한 사회적인 하나님 경험을 감각적으로 인식하는 것이라고 말한다. 몰트만은 아우구스티누스의 "내가 하나님을 사랑할 때 나는 무엇을 사랑하는 것입니까?" 이 물음의 대답을 변형시켜 대답하는 과정에서 영혼 안이 아니라 밖의 세계, 오감으로 경험되는 세계를 강조한다.[36]

아름다운 시적인 표현으로 서술된 몰트만의 고백을 통해 영적 감각이 하나님과 하나님이 창조한 세계를 촘촘히 이어주고 서로 교감하고 사귀게 하며, 하나님과 온 피조물이 서로서로 거(居)하게 하는 매개임을 확인한다. 그는 하나님을 사랑한다는 것은 하나님이 창조한 별의별 피조물 속에서 모든 감각들을 가지고 익애(溺愛)하는 것임을 강조한다.

하나님을 사랑하기 위해 내면적 인간 영혼의 비좁고 견고한

---

36 몰트만, 『생명의 영』, 135-137.

달팽이 집 속으로만 들어갈 것이 아니라 인간 영혼 바깥으로 나와 찬란하게 펼쳐지고 끊임없이 생성하는 삼라만상을 보고 듣고 느끼며, 체험하는 감각들 속에서 하나님을 만나고 사랑하는 접촉점을 찾으라는 것이다. 하나님의 사랑을 받는 너는 사랑하는 나(하나님)를 공허 속에서 찾지 못한 채 방황할 것이 아니라 아름다운 삼라만상의 역사 속에서 사랑하라는 것이다. 사랑하는 내가 사랑하는 너를 새롭게 얻는 데서 나 또한 새롭게 되고 삶은 풍성해지며 충만해진다. 아침의 여명에 우리는 밤의 어두움을 감지하면서 깨어난다. 하나님의 임재를 모든 감각으로 경험할 때에야 비로소 우리는 살아 생동하며 죽음의 세력에 대항하여 싸우게 된다. 성령은 개인과 공동체와 역사 속에서만이 아니라 자연 속에서, 식물 속에서, 동물 속에서, 땅의 생태계 속에서 재발견해야 한다. 그러면 온 자연에서 하나님을 느낄 수 있으며, 그의 아름다움의 광채는 우리에 대한 하나님의 물질화된 사랑의 편지들이다.

IV. 김지하의 '흰 그늘'의 생명미학

1991년 5월 한 일간지에 김지하는 "죽음의 굿판을 걷어치우라"라고 호소하고 나서 일탈, 변심, 변절의 비난을 받으며 민심의 표적이 되고, 시인을 도왔던 진보 성향 문인들의 단체였던 민족문학작가회의에서 제명당하였다. 그는 이 글에서 생명은 모든 참된 운동의 출발점이어야 한다고 역설한다. "생명이 신성하다는 금과옥

조를 새삼 되풀이하고 싶지는 않다. 하나 분명한 것은 그 어떤 경우에도 생명은 출발점이요 도착점이라는 것이다. 정치도 경제도 문화도, 심지어 종교까지도 생명의 보위와 양생을 위해서 있는 것이고 그로부터 출발하는 것이지 그 반대는 아니다." 되돌아보면 담시 <五賊>이나 <蜚語> 등은 반생명적인 부정과 부패에 대한 풍자시이며, "1974년 1월을 죽음이라 부르자"로 비장하게 시작되는 <1974년 1월>은 독재와 민주주의의 죽음을 온몸을 흔들어 거절하는 시(詩)다. 서남동 민중신학에 영향을 준 <장일담 이야기>나 희곡 <금관의 예수> 또한 생명의 담지자인 민중과 민중 예수의 이야기이다.[37] 독방 감옥에서 1979년 벽면증(壁面症)에 시달리던 어느 날 계시 체험과 같은 신비적 생명 체험, "그저 '생명'이라는 말 한마디가 그렇게 신선하게, 그렇게 눈부시게 내 마음을 파고들었습니다."[38] 그리고 1980년 3월 1일 감옥에서의 석방 체험, "우선 벽면증이 씻은 듯 사라지고 생명의 에코로부터 시작된 동양의 생생화화(生生化化)의 사상과 서양의 생태학에 대한 관심"[39]이 증폭되었다. 그 이후 시인의 정치적 저항은 『타는 목마름에서 생명의 바다로』(1991)의 책 제목처럼 생명 운동의 바다로 출항한다.

1. 생명 사상

김지하는 새로운 '죽음의 굿판'인 전지구적 생명 죽음의 현실에

---

37 서남동, 『民衆神學의 探求』, (서울: 한길사, 1983), 102-115, 290-294.
38 김지하, 『생명과 자치. 생명 사상·생명 운동이란 무엇인가』, 31.
39 김지하, 『김지하 회고록. 흰 그늘의 길 3』, 23.

서 심혼(心魂)을 다해 생명에 끌려 생명을 선택한다. 대개 현대의 생명 사상가들이 전일성의 생명 사상가인데 반해 김지하의 생명 사상은 역설의 생명 사상이다. 그는 고통과 죽음의 생명 시인이다. 죽음의 굿판은 이원론이다. 영혼과 육체를 분리하듯이 사람과 자연을 분리하고 선과 악을 분리하고 미와 추를 분리하고 인간과 하나님을 분리하는 것이다. 그의 생명 사상의 전개는 분량과 관점에서 광범위하다. 단행본으로 출간된 책만 7권에 이른다.[40] 앞에서 언급한 감옥에서의 생명 체험은 종교적 깨달음의 체험과 같다. "아 생명은 무소부재로구나! 생명은 감옥의 벽도, 교도소의 담장도 얼마든지 넘어서는구나! 쇠창살도, 시멘트와 벽돌담도, 감시하는 교도관도 생명 앞에서는 장애물이 되지 못하는구나! 오히려 생명은 그것들 속에마저도 싹을 틔우고 파랗게 눈부시게 저렇게 자라는구나."[41]

보통 생명이란 말은 유기체에 한정하여 사용되어왔으나 김지하의 생명 이해는 광범위하다. 그는 유기물과 무기물 사이의 구분이 과학적 발견들에 의해 점차 철폐되고, 입자 물리학 등이 밝혀낸 것과 같이 입자 내에 이미 앎이 있으며, 상호 통신하는 시스템을 유지하며 상호 통신으로 비약적 차원 변화를 한다는 점에서 복제 능력이 없다 하더라도 진동, 순환, 팽창, 생성하는 모든 것은 영성적 생명이라고 보아야 하는 것이 옳다고 주장한다(『생명과 자치』, 36).

생명의 이해에서 생명 과학의 논의는 매우 중요하지만, 그것만으

---

40 『생명, 이 찬란한 총체』 (1991), 『생명』 (1992), 『생명과 자치』 (1997), 『생명학 1~2』 (2003), 『생명 평화의 길: 김지하 산문집』 (2005), 『디지털 생태학』 (2009), 『우주생명학』 (2018).

41 김지하, 『생명과 자치』, (서울: 솔, 1996), 31.

로는 부족하다. 왜냐하면 과학은 드러나는 생명 현상을 다루기 때문이다. 생명은 눈에 보이면서 동시에 눈에 보이지 않는 '숨겨진 질서'로서의 전체의 생성 · 유출 · 변화 과정이다. 따라서 그는 생명은 실체가 아니라 생성이라고 말한다. 자기 조직화를 통해 생성하는 생명을 제 몸에 모시고(侍) 살면서 "그 삶 속에서의 삶의 이치를 산 채로 깨우쳐 산 채로 실천하는 길이 차라리 생명 인식과 그 실천을 위한 황금의 길이다. … 생명의 실상이 생활이며, 생명을 그 '숨겨진 질서'대로 고이 '모심' 그리고 그 개성적 '결'대로 '기름', 나아가 그 생명을 활짝 꽃피워 실현함, 이것을 우리말로 '살림'이라고 부른다"(38). 살림의 근본 자세는 조심스러운 모심이며, 여기에는 해월의 삼경, 곧 경천, 경인, 경물에서의 경(敬)이 시(侍)로써 더욱 구체화된 것이 아닌가 생각된다.

김지하는 물질에 생명이 있고, 생명의 특성은 영성에 있다고 보고, 물질로부터 영성에 이르는 전 과정을 우주 생명이라 말로 포괄하면서 그 근저에 진화의 자기 선택과 개별화 발생의 근거로 활동하는 자유의 바탕을 '활동하는 무(無)'라 칭한다. 우주 생명은 동양의 '기'(氣) 또는 '신기'(神氣)와 통하는 개념으로 '기'의 전개 논리는 정반합의 변증법적 논리가 아니라 '아니다'와 '그렇다'의 '불연기연'(不然其然)의 논리라고 말한다. 불연기연은 동양적 무궁 진화론이며 생명 진화의 원리이다. 불연기연의 미학적 표현이 '흰 그늘'이다.

2. '흰 그늘'의 생명미학

짧은 지면에 '흰 그늘'의 생명미학을 소상히 밝히고 논하기에는 역부족이다.[42] 김지하는 자신이 전개하려고 하는 미학에 대한 너른 지평에 관하여 이렇게 말한다. "미학은 복잡하고 까다로운 학문이다. 더욱이 감성과 함께 이성이 인도하는 그 위에 이제는 영성(靈性)과 생명학까지 포함된다면 더 말할 수 없이 미묘하고 섬세하며 어려운 분야가 될 것이 거의 틀림없다."[43]

김지하 생명미학의 핵심 개념은 '흰 그늘'이다. '흰 그늘'은 우주 생명의 논리이면서 동시에 미학적 개념이다. 그는 자신의 회고록을 『흰 그늘의 길』(1~3권)이라 칭했고 미학 강의를 모아 『흰 그늘의 미학을 찾아서』(2005)라고 명명하기도 했다.[44] 흰 그늘의 미학은 우리 민족의 미학이면서 동시에 생명미학이다.

김지하는 두 종류의 그늘 경험을 언급한다. 하나는 외적인 경험으로서 빛과 어둠이 교차하는 저녁 무렵의 그늘 경험이다. 저녁은 완전 어둠이라고 할 수 없는, 빛과 시커먼 어둠이 왔다갔다하거나 또는 공존하거나 교체되는 어떤 전체의 시간이다. 그늘은 어둠이 아니다. 그늘은 빛이면서 어둠이고 어둠이면서 빛이고, 웃음이면서 눈물이고, 한숨과 탄식이면서 환호요 웃음이다. 이 그늘은 마음의 상태일 뿐 아니라 마음의 모순된 양극 사이의 역설적 균형 상태이고, 마음의 차원만이 아니라 생명에 있어서도 "아니다 그렇다, 그렇다

---

42 지금까지 연구자들이 생명학을 중심으로 연구했고 '흰 그늘'의 생명미학의 관점에서 생명학과 미학을 통합한 연구는 찾지 못했다. 이경숙·박재순·차옥숭, 『한국생명사상의 뿌리』, (서울: 이화여자대학교 출판부, 2001); 이기상, 『그로벌 생명학』, (서울: 자음과모음), 2010; 신승환, 『생명철학』, (서울: 이학사, 2023).

43 김지하, 『탈춤의 민족미학』, 9.

44 그 외 미학 관련 저서로 『탈춤의 민족미학』, 『아우라지 미학의 길』, 『흰그늘의 산알소식과 산알의 흰그늘 노래』가 있다.

아니다"가 교차하면서 차원 변화하는, 그 생성하는 전체가 바로 그늘의 상태라는 것이다. 언필칭 이 '불연기연'의 논리는 변증법처럼 이것과 저것이 투쟁하거나 상호 통일되어서 제3의 명제가 나타나는 것이 아니라 보이고 드러나는 차원에서는 이것과 저것, 상호 모순되는 것이 상호 보완적으로, 역설적으로 균형을 이루되 새로운 것이 나타날 때는 숨어 있는 차원이 창조적으로 생성되어 드러나면서 그 숨어 있는 차원과 기왕의 드러난 차원 사이에, 즉 옛날 차원과 새 차원 사이의 관계도 또한 '아니다, 그렇다'의 관계가 된다는 것이다.45 '흰 그늘'로 비유되는 그의 세계관은 역설적인 통일이다. 빛과 어둠, 선악이 공존하는 한 생명으로서 살다 가는 길이다. 주관과 객관, 주체와 타자를 넘나들고 이런 것들을 아우르는 우리나라만의 독특한 미적 개념이다. 그늘은 양극의 살아 생동하는 기우뚱한 균형의 상호 보완 관계이다.

두 번째 그늘의 예를 판소리에서 찾는다. 판소리의 경우에 아무리 소리가 좋고 제스처가 좋고 외모가 좋아도 더 중요한 것은 소리 훈련이다. 소리가 청성, 맑은 소리, 천구성, 태어날 때부터 가지고 있는 배냇소리, 높고 크고 맑은, 이런 소리가 최상품이 아니라 우리 나라에서는 수리성이 으뜸이다. "저 사람 소리엔 그늘이 없어" 하면 그 사람은 끝난 것이다. 왜 그런가? 그의 소리에는 거리를 두게 하는 부정성이 빠져 있다. "가다머는 부정성이 예술의 본질적인 것이라고 보았다. 부정성은 예술의 상처다. 이런 부정성은 매끄러움의 긍정성과 정면으로 대립한다. 거기에는 나를 뒤흔들, 파헤치고,

---

45 김지하, 『예감에 가득 찬 숲 그늘』, (서울: 실천문학사, 1999), 21-22.

나에 대해 의문을 제기하고, 너는 네 삶을 바꾸어야 한다고 경고하는 무언가가 있다."46

수리성은 부정성, 곧 '그늘'을 표현하는 소리다. 인생의 신산고초가 다 '그늘'인데, 그때 소리는 웃으면서 울고 청승을 떨면서 익살스럽게 된다는 것이다.47

> 그런데 그늘이 너무 짙어지고 바닥까지 갈아 앉아 버리면 소리가 넘어갔다구 그런다, 소리가 넘어가 버리면 쓰잘데기없는 소리가 되어 버려. 할 필요두 없구 들을 필요두 없는 소리가 되지. 그럼 어떻게 해야 되나요? 흰 그늘이 되어야 쓰지. 흰 그늘이란 무엇인가요? 그건 그믐밤에 널린 흰 빨래 같은 것이니라. 누군가를 저세상으로 떠나보내고 깊은 슬픔에 겨워 몇 날 몇 밤을 실컷 울고 나서 피시식 하고 저절로 나오는 희미한 웃음 같은 것. 그리고 그 웃음의 시초는 차츰 서슴지 않게 되고, 까짓거 다시 살아내자 하는 신명을 타고 일상으로 자신을 끌어내어 줄 것이다.48

'한'(恨)이란 어떤 마음의 지향이 장애에 부딪혔을 때, 침전되었을 때, 억압되었을 때 발생하는 심리상태를 말한다. 그런데 한을 풀어버리면 까만 어둠의 복수가 되지만, 한을 삭이면 윤리적 · 미적으로 성취되는 높은 경지, 곧 생명을 살리는 '흰' 예술이 된다. 김지하는

---

46 한병철, 『아름다움의 구원』, (서울: 문학과지성사, 2016), 17.

47 김지하 · 홍용희, 『김지하 마지막 대담』, (서울: 도서출판 작가, 2023), 93.

48 황석영, "여기까지 다들 애썼다," 『타는 목마름으로 생명을 열다. 김지하 시인 추모문집』, (서울: 모시는사람들, 2022), 43.

'흰 그늘'의 '흰'은 체(體)를 성취 · 체현하는 우주 리듬의 독특한 용(用), 즉 '신명성'의 완성이라고 말한다.[49] 김지하의 생명미학은 인식론적인 것이 아니라 에너지적이다. 신령한 힘, 신명의 힘에 대한 체험적 확신이다. 세포 하나하나에도 신명이 있다. 무기물 안에도 신명이 있다. 그래서 김지하의 우주 생명미학은 "종교, 철학, 도덕, 교육, 윤리 따위가 아닌, 위로부터의 가르침과 훈육이 아닌, 아름답게 느끼고, 여성과 아이들이 스스로 아름답게 느끼고 옆에 스스로 전달하고 합의하고 깨달아 가는 우주 생명의 깊은 그리고 새로운, 동서양 공히 공통하는 비밀을 억압 없이, 그래서 노리개 장난감이나 롤리타 따위 왜곡된 개념이 필요 없는, 참으로 스스럼 없는 그러한 깨달음, 그것이 모심이고 화엄개벽의 미학"[50]이다.

V. 나가는 말: '흰 그늘'의 논리로 읽는 십자가와 부활의 생명미학

기독교 신학에서 생명을 주는 영은 그리스도의 십자가와 부활을 통해 구체적 형상을 취하게 된다. 십자가와 부활의 관계는 십자가에 달린 자의 부활이며, 부활한 자의 십자가로서 불일불이(不一不二)적 실재라고 볼 때 십자가와 부활을 변증법적 논리가 아니라 불연기연의 논리로 이해할 수 있겠다. 드러난 질서 속에서는 서로 상극이지만

---

49 김지하, 『예감에 가득 찬 숲 그늘』, 37.
50 김지하 · 홍용희, 『김지하 마지막 대담』, 171.

보이지 않는 질서 속에서는 서로 의존관계에 있다. 십자가에 못 박힌 예수가 이에 상응하는 십자가에 못 박힌 민중을 위로하고 해방할 수 있는 힘은 성토요일의 죽음의 세계 체험을 통해 민중들의 응어리를 짊어지고 그 한을 삭히는 동력을 얻었기 때문이다. 보이는 질서 속에서의 죽음은 신적인 조작을 통해 생명으로 전환되는 것 같지만 숨은 질서의 동력을 봉인하는 결과를 초래한다. 보이지 않는 질서 속에서는 십자가와 부활, 정반(正反)에 숨어 있던 차원이 살아 생동하며 올라온다. 이것이 우주 생명의 보이지 않는 질서 속에서 새로운 생명의 차원이 열려 새로운 생명을 배태하는 것이고, 부활절의 무덤은 '빈 무덤'이 아니라 '흰 무덤'이 되는 것이다.

"그(예수)는 지옥의 자물쇠와 빗장을 산산이 부수고, 그가 오기 전에 죽음과 스올에 의해 감금되어 있던 모든 사람을 해방시킨다"[51] 라고 부활절 사건을 서술하는 보그와 크로산은 이원론적 정·반이라는 적대적 표상을 사용한다. 그러나 십자가와 부활은 우주 생명진화의 시간의 차원에서 볼 때 과거 역사의 일회적 사건이 아니라 죽음의 질서 속에서 감추어진 생명의 질서가 분출하는 곳에서 발화한다. 그러므로 죽음의 문을 밖에서 여는 것이 아니라 죽음의 문이 안에서 열린다. "죽음의 문이 안에서 열린다" 함은 꼭 절망과 죽음의 죽임을 통한 극복만이 희망과 생명이 아니라 절망과 죽음이 오히려 그가 살아내야 할 삶일 수밖에 없을 때 절망과 죽음의 삶조차, 벼랑 끝 절망의 삶까지도 그에게 삶으로 차원 전이하여 새로운 생명이 생성되고 옛 생명이 극복되는 여정으로 전환되기 때문이다. 반대의

---

51 보그/크로산, 『예수의 마지막 일주일』, 254.

배척이 아니라 반대의 일치다. 삶이 침몰하여 절망과 죽음에 빠질 때 무궁한 우주 생명의 활동인 영(무의 활동)은 절망과 죽음 안에서 새로운 생명의 차원을 열어 보이는 것이다. 부정성은 생명을 활성화시키는 힘이다. 생명 속에 감추어진 어둠을 온전히 체험한 자만이 밝음을 말할 수 있다. "오 밤이여! 그대가 나를 인도하였구나, 오 밤이여! 새벽보다 더 사랑스럽구나,"(십자가의 성 요한) 이것이 "네가 죽어서도 / 변함없이 변화하는 / 덧없고 꿋꿋한 / 살아있음 // 그것 // 한"(김지하, 〈한〉 중에서)이다.

하나님은 생명의 하나님이다.[52] 몰트만은 삼위일체와 하나님 나라의 상응, 살아 계신 하나님과 풍성한 생명과의 상응을 논했는데, 그렇다면 삼위일체 하나님의 아름다움은 생명의 아름다움과 상응한다. 기독교 생명미학은 십자가와 부활로 아름답게 생성되는 생명, 생명의 아름다움 속에서 하나님의 창조 사역이 활성화되는 과정을 성찰한다. 아름다움은 생명이신 하나님의 감응이다. 아름다움이 생명력을 강화하는 파토스라면, 아름다움은 생명의 생성과 변화가 이루어지는 과정에서, 곧 생명 있는 존재들 간의 만남 혹은 어울림이 이루어지는 순간 출현한다. 신학책들의 색인에 '아름다움'과 '미학'을 꼭 새겨넣자.

---

52 구스타브 구티에레스/황종렬 옮김, 『생명이신 하나님』(분도출판사, 1994).

An Exploration of Christian Aesthetics of Life
: Focusing on Tillich, Moltmann, and Chi-Ha Kim

Shim, Kwangseop, Dr. Theol.

Retired Professor, Methodist Theological University

Paul Tillich and Jürgen Moltmann, two important 20th century theologians, expose an aesthetic attitude, especially in their theology of the Holy Spirit. Based on their common orientation by interpreting their life ideas aesthetically, this paper attempts to explore the Korean Christian life aesthetics through the poet Chi-Ha Kim's idea of 'white-shade life aesthetics'. This article seeks to recover the loss of beauty in Christian faith and the disappearance of aesthetics in theology. Tillich can be said to be the founder of 20th century Protestant art theology. His aesthetic is a vital aesthetic of existential expression. I read Moltmann's entire body of work from the perspective that there is an aesthetic undercurrent running through his entire theological thought. Moltmann's entire theology can be summarized in a trilogy: The

Theology of Hope, The Ethics of Hope, and The Aesthetics of Hope. Moltmann's contribution is to bring the senses back to the forefront of theology. Finally, aesthetics of life is uniquely developed by Chi-Ha Kim, a Korean Minjung poet and great thinker who synthesized Christianity, Tonghak, I Ching and Huayan Buddhism. He calls his aesthetic "the aesthetic of the shade of white". The resurrection of the cross, the cross of the resurrection, can be solved not by the logic of Western dialectic, but by the logic of creation and overcoming.

참고문헌

김지하. 『민족의 노래 민중의 노래』. 서울: 동광, 1984.

_____. 『예감에 가득찬 숲그늘: 김지하 미학강의』. 서울: 실천문학, 1999.

_____. 『흰 그늘의 길: 김지하 회고록 1-3』. 서울: 학고재, 2003.

_____. 『생명학 1-2』. 서울: 화남, 2003.

_____. 『흰 그늘의 미학을 찾아서: 미학강의』, 서울: 실천문학, 2005.

_____. 『아우라지 美學의 길』. 서울: 다락방, 2014.

_____. 『김지하 마지막 대담』. 서울: 작가, 2023.

김지하시인 추모문화제 추진위원회(편). 『타는 목마름으로 생명을 열다. 김지하 시인 추모문집』. 서울: 모시는사람들, 2022.

몰트만, 위르겐/이신건 옮김. 『희망의 신학』. 서울: 대한기독교서회, 2002.

_____/김균진 옮김. 『십자가에 달리신 하나님』. 서울: 한국신학연구소, 1979.

_____/박봉랑 외 4인 옮김. 『성령의 능력 안에 있는 교회』, 서울: 한국신학연구소, 1980.

_____/김균진 옮김. 『삼위일체와 하나님 나라』. 서울: 대한기독교출판사, 1982.

_____/김균진 옮김. 『창조 안에 계신 하나님』. 서울: 한국신학연구소, 1987.

_____/김균진 옮김. 『생명의 영』. 서울: 대한기독교서회, 1992.

_____/김균진 옮김. 『오시는 하나님』. 서울: 대한기독교서회, 1997.

_____/곽혜원 옮김. 『희망의 윤리』. 서울: 대한기독교서회, 2012.

_____/김균진 옮김. 『신학의 방법과 형식』. 서울: 대한기독교서회, 2001.

_____/박종화 옮김. 『살아 계신 하나님과 풍성한 생명』. 서울: 대한기독교서회, 2017.

_____/이신건·이석규·박영식 옮김. 『몰트만 자서전(Weiter Raum)』. 서울: 대한기독교서회, 2011.

_____. *Die ersten Freigelassenen der Schöpfung. Versuche über die Freude* an der Freiheit und das Wohlgefallen am Spiel. Chr.Kaiser Verlag, 1971.

심광섭.『예술신학』, 서울: 대한기독교서회, 2010.

_____.『기독교 미학의 향연』, 서울: 동연, 2018.

이종건.『아름다움』, 서울: 서광사, 2019.

최재천.『생명이 있는 것은 다 아름답다』. 파주: 효형출판, 2018.

틸리히,폴/남성민 옮김.『조직신학 1』. 서울: 새물결플러스, 2021.

_____/이정순 옮김.『프로테스탄트시대』 서울: 대한기독교서회, 2011.

_____/송기득 옮김.『19-20세기 프로테스탄트 사상사』. 서울: 한국신학연구소, 1980.

_____. On Art and Architecture, ed. by John Dillenberger, New York: Crossroad Publishing, 1987.

한병철.『아름다움의 구원』, 서울: 문학과지성사, 2016.

하나님의 형상인 인간의 생명에 대한 교부신학적 이해
— 오리게네스, 니사의 그레고리우스, 히포의 아우구스티누스를 중심으로

(고려신학대학원, 조직신학 조교수)

I. 기독교 신앙과 인간 생명

고대 교회의 정통적인 가르침을 변호하며 정립해야 했던 교부들의 신학에서 생명의 기원에 대한 성서의 가르침은 중요했다. 어떻게 어떤 존재가 있을 수 있는가? 과연 물체적 질료도 하나님께서 창조하신 것인가? 창조된 피조물은 어떻게 구분되며, 그 각각의 유(genus)와 종(species)과 하나님은 어떤 관계성을 지니고 있는가? 선하시고 전능하신 하나님께서 창조하신 세계 안에 악은 어떻게 존재할 수 있는가? 이런 질문들에 대해 교부들은 플라톤주의, 아리스토텔레스

이충만·하나님의 형상인 인간의 생명에 대한 교부신학적 이해 | 115

주의, 스토아 사상 그리고 무엇보다 다양한 종류의 영지주의 이단들과 싸워야 했다. 이뿐만 아니라 3~4세기 삼위일체론 논쟁이 한창일 때, 고대 교회는 말씀과 영을 통해 창조하신 하나님이 영원한 삼위일체 하나님이심을 바르게 고백해야 했다. 더욱이 교부들의 신학에서 창조론은 구원론이자 종말론이었기에 창조에 대한 그들의 이해에는 고대 교회의 기독교 신앙 전반이 집약되어 있다고 하겠다.

그렇다면 기독교 신앙을 정립하고자 노력한 교부들의 신학에서 인간의 생명은 어떻게 이해되고 있는가? 이 질문은 '하나님의 형상'(창 1:26-27)에 대한 교부들의 이해를 탐구함으로써 대답할 수 있다. 왜냐하면 창세기의 창조 기사가 하나님께서 창조하신 다양한 생명 중 인간만을 '하나님의 형상'이라 부르고 있기 때문이다.

이 글은 교부들이 하나님의 형상으로 창조된 인간의 생명을 어떻게 이해했는지 살펴보고자 한다. 이를 위해 동·서방 교회의 교부 혹은 교회 저술가[1] 중 인간 창조와 관련하여 탁월한 이해를 남긴 오리게네스(Origen, 185경~254), 니사의 그레고리우스(Gregory of Nyssa, c.335~c.395) 그리고 히포의 아우구스티누스(Augustine of Hippo, 354~430)의 인간론이 논의의 대상이 된다. 세 명의 교부의 인간 창조 이해로부터 이 글은 삼위일체 하나님의 은혜를 통해 '하나님의 형상답게 존재함' 자체가 '하나님의 형상'으로 창조된 인간의 참된 생명임을 보이고자 한다.

---

1 '교부'와 '교회 저술가'의 구분에 대해서는 다음을 참고하라. Hubertus R. Drobner, *Lehrbuch der Patrologie*, 2nd ed. (Frankfurt am Main: Lang, 2004), 59-61.

II. 오리게네스

1. 영지주의 비판과 이중 창조

오리게네스의 신학은 영지주의에 대한 가톨릭교회의 가르침을 변호하는 것이다. 특히 그의 창조 신학이 그러하다. 존재론적 이원론과 함께 운명론적 가르침으로 기독교 정통 신앙을 혼란스럽게 하던 영지주의에 대해 알렉산드리아의 신학자는 창세기 기사를 이중 창조로 이해함으로써 가톨릭교회 신앙을 변호하였다. 곧 오리게네스는 본래 지성적으로 존재하도록 창조된 존재들(νόες; λογικοί)과 가시적이고 물질적인 창조를 구분한다.[2] 이때 후자는 가시적이고 물질적인 현실 세계이다. 이 두 세계를 창조하시는 분은 영지주의자들이 주장하듯이 상이한 두 신 혹은 선과 악의 원리가 아니라 한 분 하나님이시다. 하나님께서 두 세계를 창조하신 것은 첫 창조 세계의 지성적 존재들의 도덕적 타락 때문이다.[3] 영지주의자들에 따르면 인간은 태어날 때부터 영적(πνευματικός) 인간, 혼적(ψυχικός) 인간 그리고 육체적(σαρκικός) 인간으로 태어난다. 그들의 도덕적, 종교적 가능성은 선과 악의 존재론적 이원론에 의해 도출된 숙명이다. 그러나 오리게네스는 현실 세계에서의 지성적 존재들의 상태는

---

2 *Prin.* 1.2.2. 이 글에서 사용하는 오리게네스의 작품명, 축약어 그리고 각 작품의 장과 절의 구분은 Adele Monaci Castagno, ed., *Origene dizionario* (Roma: Città Nuova, 2000)을 따른다.

3 *Prin.* 2.3.1.; Ugo Bianchi, "Péché originel et péché 'antécédent,'" *Revue de l'histoire des religions* 170 (1966): 117–126.

그들의 의지적인 도덕적 타락에 대한 한 분 창조주 하나님의 공의로운 배치(καταβολή; 마24:21; 엡 1:4)임을 강조하였다.[4]

2. 지성적 피조물의 창조에 나타난 삼위일체론적 구조와 자유 의지

하나님께서 지성적 피조물들을 창조하셨다. 이때, 후자의 존재 능력은 본성에 의해서(*naturaliter*)가 아니라 창조주의 호의(*beneficio*) 때문이다.[5] 하나님은 실체적으로(*subsistantialiter*) 선(*bonitas*)이시고,[6] 본성적으로 악이 없으시다.[7] 이에 반해 지성적 피조물들은 무에서 존재로 옮겨졌기에 필연적으로 변화를 겪을(*convertibiles, mutabiles*) 수밖에 없다.[8] 선에 대해서도 마찬가지이다. 모든 것의 창조주이신 삼위일체 하나님 안에는 선이 실체적으로 있고, 지성적 피조물들을 우유적으로 선을 지니고 있기에 그 선을 잃어버릴 수 있다.[9] 이때 선을 소유하는 것은 참여를 통해서이다. 실체적으로 지혜, 의, 말씀 또는 이성 그리고 빛이신 그리스도에게 그리고 실체적으로 거룩하신 성령에게 참여할 때 이것이 가능하다.[10] 모든

---

4 *Prin.* 3.5.4.
5 *Prin.* 2.9.2.
6 *Prin.* 1.6.2.
7 *Prin.* 1.8.3.
8 *Prin.* 2.9.2.
9 *Prin.* 1.6.2.
10 *Prin.* 1.8.3.

존재하는 것은 성부 하나님에 의해 존재하고, 이성적 존재는 로고스이신 성자 하나님께 참여함으로써 악습(*malitia*)을 피하고 덕(*virtus*)을 행할 능력을 갖추고, 실체에서 거룩하지 않은 자들이 성령 하나님께 참여함으로써 거룩하여진다.[11]

하나님의 호의를 강조하면서 오리게네스는 영지주의에 대한 비판을 위해 자유의지(τὸ αὐτεξ3τίον, *liberum arbitrium*)와 악을 이야기한다. 자유의지를 통해 지성적 실재들은 자발적이고 자유롭게 움직인다.[12] 그러나 지성적 실재들의 움직임이 "올바로 그리고 칭찬할 만한 방식"으로 이루어져야 하지만, 그렇지 않을 수도 있다.[13] 여기에서 악은 선의 결핍으로 기생한다. 나태, 게으름, 무시로 선이신 하나님에게서 멀어질 때, 선에서 떨어져 나가는 그만큼 악이 선의 결핍으로 존재한다.[14]

자유의지로 인해 지성적 실재들의 다양성이 발생한다. 존재론적 이원론에 기초하여 본성의 차이에 이성적 존재들의 다양성이 기인한다는 영지주의자들의 주장과 달리, 오리게네스는 본성의 차이가 아니라 자유의지의 차이임을 강조하였다.[15] 하나님을 닮음으로써 진보할 것인지 게으름으로 퇴보할 것인지를 자기의 의지에 따라 지성적 실재들은 자유롭게 선택할 수 있다. 다양성은 창조주의 불의도, 이원론적 본성적 차이도 아니며, 자유의지에 대한 창조주의

---

11 *Prin.* 1.3.8.
12 *Prin.* 1.6.2.
13 *Prin.* 2.9.2.
14 *Prin.* 1.6.2; 2.9.2.
15 *Prin.* 2.9.5.

공의로운 형벌이다.[16]

천사들은 "그 시작의 상태에 계속 머물러" 있다.[17] 인간은 치유할수 없는 정도는 아니지만 최초의 복된 상태에서 떨어졌기에 계명과구원을 위한 가르침을 따라 개선됨으로써 본디의 복된 상태로 회복되어야 한다.[18] 악마(*diabolus*)는 덕이나 악을 받아들일 능력을 자기안에 지니고 있었지만, 덕에서 벗어나 온 정신을 다해 악으로 돌아섰다.[19] 계속되고 고질화된 사악이 습관으로부터 마치 본성처럼 굳어진 것이다.[20] 가시적이고 물질적인 세계는 지성적 존재들이 죄로인해 강등된 장소이면서도 동시에 구원의 장소로서 하나님의 교육장소이다.[21]

3. 하나님 형상의 회복으로서의 인간 생명과 삼위일체 하나님

인간의 영혼은 선재하는 지성적 실재들 중에 포함되어 있었으나,자유의지로 선을 결핍시켰기에 정화와 회복을 위해 가시적이고물질적인 세계로 던져졌다(καταβολή). 인간 영혼의 이중 창조와관련하여 오리게네스는 영혼에 해당하는 그리스어 ψυχή에 대한어원적 설명을 보탠다.[22] 오리게네스는 이 단어가 차가움을 의미하

---

16 *Prin.* 2.9.6.
17 *Prin.* 1.6.2.
18 *Prin.* 1.6.2.
19 *Prin.* 1.8.3.
20 *Prin.* 1.6.3.
21 *Prin.* 2.1.2.

는 단어(ψῦχος; ψῦξις)로부터 유래하였다고 설명한다. 이 설명에는 성서에 나타나는 불과 차가움의 대조에 대한 그의 이해가 전제되어 있다. 하나님은 불(히 12:29; 신 4:24; 9:3)이시며, 하나님의 말씀도 불(롬 12:11; 렘 5:14)이다. 이와 대조적으로 성서는 하나님께 적대적인 세력에 대해 차가움을 의미하는 표현들을 사용한다(계 12:9; 20:2; 겔 29:3; 겔 32:2; 사 27:1; 암 9:3; 욥 41:26; 렘 1:14; 집회서 43:20). 이런 불과 차가움의 성서적 대조로부터 오리게네스는 "하나님의 사랑에서 떨어져 나간 자들은 의심할 나위 없이 그분에 대한 사랑이 식고 차가워졌다"고 말한다.[23] 가시적 세계에 떨어진 영혼이 ψυχή로 불리는 것은 당연하다. 이 단어가 의미하는 바는 '더 거룩하고 더 나은 상태로부터 변화된 차가움'이며, '신적인 열기가 식어 버린 상태'이다.

영혼이 본래 차가웠던 것은 아니다. "자신의 상태와 품위에서 추락한 정신은 영혼이 되거나 영혼이라 불리지만, 고치고 바로잡으면 원래의 정신으로 되돌아온다"고 말한다.[24] 곧 선재했던 영혼은 정신(νοῦς)으로서 하나님에 대한 사랑으로 뜨거웠지만, 자유의지로 인한 선의 결핍으로 차가워져서 가시적 세계에서 영혼(ψυχή)으로 존재하게 되었다. 인간 영혼은 다시 본래의 상태로 회복되어야 한다.

창세기 1:26-27이 의미하는 바는 이 회복과 관련된다. 오리게네스에게 이 구절은 창세기 2:7과 비교될 때, 이중 창조 중 첫 번째

---

22 *Prin.* 2.8.3.

23 *Prin.* 2.8.3.

24 *Prin.* 2.8.3.

창조에 해당한다.[25] 하나님의 모상(*imago*)과 비슷함(*similitudo*)으로 창조된 인간은 본성적으로 비물체적이었다. 이때 모상과 비슷함은 구분된다. 창조 시 모상의 품위를 받았고, 비슷해지는 완전함은 완성 때까지 유보되었다.[26] 그러나 차가워진 인간은 자유의지에 의한 선의 결핍에 대한 공의로운 결과로 육체를 지니도록 창조되었다.[27] 이것이 창세기 2:7의 가르침이다. 이로써 인간의 영혼은 최고 선이신 하나님을 향해 있기보다 육체를 향해 있다.[28] 이 두 번째 창조에서 인간 영혼은 정화되어 첫 번째 창조의 상태, 곧 하나님의 모상으로서 하나님을 닮는 완전성으로 나아가도록 회복되어야 한다. 이것이 하나님의 모상으로 창조된 인간의 참된 생명이다.

이 참된 생명은 삼위일체 하나님의 은혜이다. 인간 영혼이 하나님의 모상으로서 하나님을 닮는 완전성으로 진보할 수 있는 것은 삼위일체 하나님께 참여함으로써만 가능하기 때문이다. 오리게네스는 존재를 주시는 하나님의 활동이 더 찬란하고 위대해지는 것은 성부 하나님께서 인간의 영혼에 존재를 주시면서 가능하게 하셨던 바, 곧 순수하고 완전하게 존재하게 하신 하나님께 합당한 존재가 되는 것이다(*deo dignum est*). 이것은 그리스도에게 참여함으로써

---

25 창 1:26-27과 2:7을 이중 창조를 설명하는 상징(*figura*)으로 사용하는 것은 오리게네스가 필로의 해석을 차용하면서도 발전시킨 것이다. Giulia Sfameni Gasparro, "Doppia creazione e peccato di Adamo nel Peri Archon di Origene," in *La "doppia creazione" dell'uomo negli Alessandrini, nei Cappadoci e nella Gnosi*, ed. Ugo Bianchi, Nuovi Saggi 70 (Roma: Ateneo & Bizzarri, 1978), 49.

26 *Prin.* 3.6.1.

27 *Prin.* 2.2.2.

28 *Prin.* 3.4.2.-3.4.4.

진보하여 지혜와 지식에서 더 높은 차원에 이르게 되고, 성령에 참여함으로써 거룩하게 되어 더욱더 순수하고 맑아짐으로써, 불결과 무지의 모든 얼룩을 없애고 깨끗하여짐으로써 가능하다.[29] 삼위일체 하나님의 은혜로 하나님께 합당한 존재가 되는 것이 하나님을 닮아가는 것이다. 그리스도와 성령 하나님께 참여함으로써 인간 영혼은 더욱 선해지고, 이로써 선 자체이신 하나님께 더욱 참여한다.

삼위일체 하나님의 은혜에 기인한 하나님 형상의 회복은 기독론에 대한 오리게네스의 이해로 더욱 풍성해진다. 오리게네스는 인간 영혼이 하나님의 형상으로 회복되어 하나님을 닮는 완전성으로 상승하는 유일한 길은 그리스도이심을 강조하였다. 선과 악 사이에서 요동할 수밖에 없는 허약하고 나약한 인간 영혼을 위해 중개자가 필요하다.[30] 이 중개자는 '보이지 않는 하나님'(*deus invisibilis*)의 '보이지 않는 형상'(*imago invisibilis*, cf. 골 1:15)이신 하나님의 외아들이시다.[31] 성부로부터 태어나신 성자가 성부의 본성(*natura*)과 본질(*substantia*)에 일치하시기에 성부의 형상이시다.[32] 이때 본성과 본질의 일치는 오리게네스에게 의지와 사랑의 일치이다.[33] 하나님의 형상이신 성자께서 성육신하시어 하나님을 보여주시고, 자신에게 참여함을 통하여 하나님께 참여하도록 이끄신다.

이런 기독론적 이해는 성육신에 대한 오리게네스의 독특한 이해

---

29 *Prin.* 1.3.8.

30 *Prin.* 2.6.1.

31 *Prin.* 1.2.6.

32 *Prin.* 1.2.6; 4.4.9.

33 *Prin.* 1.2.10; 1.2.12; *C. Cels.* 8.12; *Co. Io.* 13.36.

를 전제한다. 성육신은 로고스와 연합한 그리스도의 영혼이 몸을 입은 것이다(요 10:18; 고전 6:17). 그리스도의 영혼은 본성에서 다른 이성적 실재들과 동일하지만, 확고한 의지와 꺼지지 않는 사랑으로 로고스와 결합하였다. 그리스도의 영혼은 "창조의 시작부터 그 이후에도 그분, 곧 지혜이시며 하나님의 말씀이시고 진리이시고 참된 빛이신 분과 떨어지거나 분리될 수 없는 방식으로 결합하여 있으며, 전체를 온전히 받아들이고 그분의 빛과 광채 안으로 자신이 변화되어 들어감으로써 그분과 더불어 근본적인 한 영이" 되었다.[34] 그리스도의 영혼과 로고스의 연합은 자유의지에 의한 것이지만, 오리게네스에게 이 연합은 우유적이지 않고 실체적이다.

자유의지를 통해 로고스와 연합한 그리스도의 영혼은 보이지 않는 성부의 보이지 않는 형상이신 로고스의 형상이다.[35] 이로써 그리스도의 영혼이 육신을 입어 성부 하나님을 보여준다. 또한 그리스도의 영혼은 성부 하나님께 참여하도록 인간 영혼을 이끈다. 그리스도의 영혼이 성부 하나님께 참여하는 모범이다. 창조의 시작부터 사랑과 의지로 로고스에 결합된 그리스도의 영혼은 인간 영혼도 자신을 본받아 자유의지로 하나님께 참여하도록 부추긴다.[36] 따라서 창세기 1:26-27절은 요한일서 3:2절을 통해서 이해되어야 한다. 후자가 말하는 그리스도와의 닮음의 완성이 곧 전자가 말하는 하나님과의 닮음의 완성의 길이다.

---

34 *Prin.* 2.6.3.
35 *Prin.* 2.6.7.
36 *Prin.* 3.5.7.

III. 니사의 그레고리우스[37]

1. 창세기 1:26과 하나님의 형상

니사의 그레고리우스는 카이사레아의 주교 바실리우스(Basil of Caesarea, 329/30경~379)의 작품인 『육일 창조에 대한 강설』[38]을 보충하기 위해 『인간 창조에 관하여』를 적었다.[39] 이 작품은 그레고리우스의 인간론을 집약적으로 보여준다. 또한 그레고리우스의 시대까지 첫 신학적 인간론 작품이라 할 수 있다.[40]

『인간 창조에 관하여』에서 그레고리우스는 모세가 전하는 창조 순서(ἀκολουθία)에서의 인간의 위치는 인간 영혼이 가지는 세 가지 능력(선택의 경향)을 가르쳐 준다고 해석한다. 첫째는 생장하고 발육

---

37 니사의 그레고리우스에 대한 이 글의 연구는 다음의 논문에 기초하고 있다. 이충만, "'오직 성서'에 대한 교부신학적 변론: 니사의 그레고리우스의 상승의 해석학을 중심으로,"「한국 조직신학논총」 70 (2023): 165-202; Chungman Lee, "Beyond the Realistic-Ethical Distinction in Deification: Reconsidering Norman Russell's Assessment of Gregory of Nyssa," *International Journal of Systematic Theology* 24 (2022): 140-155; 이충만, "Deification and Covenant: Gregory of Nyssa's Thought on Deification,"「한국기독 교신학논총」 117 (2020): 103-124.

38 Basil of Caesarea, *Homiliae in Hexaemeron* (PG [= *Patrologia Graeca*] 29).

39 *Op hom* (PG 44). 다른 한 작품은 『육일 창조에 관하여』 (*Hex* [GNO 4/1])이다. *Hex* (GNO 4/1, 84)을 참고할 때, 그레고리우스는 『인간 창조에 관하여』를 먼저 작성하고, 이후 『육일 창조에 관하여』를 작성하였다. Robin Orton, trans., *Gregory of Nyssa On the Six Days of Creation*, The Fathers of the Church Shorter Works 1 (Washington, D.C.: The Catholic University of America Press, 2021), 3-38. 본고에 사용되는 그레고리 우스의 작품명과 그것의 축약은 Friedhelm Mann ed., *Lexicon Gregorianum: Wörterbuch zu den Schriften Gregors von Nyssa* (Leiden: Brill, 1999-2014)를 따른다.

40 Jean Daniélou, "Introduction," in *La création de l'homme*, trans. Jean Laplace, Sources Chrétiennes 6 (Paris: Cerf, 2016), 6.

하는 생명의 능력으로서 식물에서 발견되는 본성적 능력이다. 여기에 감각적 능력은 없다.[41] 둘째는 감각의 능력으로 비이성적인(αλογος) 생물, 곧 동물의 본성에서 발견되는 것이다. 동물은 생육하고 발육할 수 있을 뿐만 아니라 감각적 활동(αἰσθητική ἐνέργεια)을 통해 지각(ἀντίληψις)할 수 있다.[42] 셋째는 지성적 능력이다. 인간은 생육하고 감각이 있으며 이성에 참여하고 지성으로 인도된다.[43]

창조의 순서가 보여주는 인간됨을 설명한 그레고리우스는 창세기 1:26을 주석하면서 하나님의 형상으로서 인간을 설명한다.[44] 하나님께서 인간을 하나님의 형상으로 창조하신 것은 원형이신 하나님을 향해 닮아감으로써 하나님의 아름다움과 선하심에 참여하기 위함이다. 마치 거울이 사물을 반영하는 것과 유사하게 인간은 하나님을 반영하는 존재로 창조되었다.[45] 가장 중요한 것은 자유롭게 선택할 수 있는 의지(προαίρεσις)이다. 왜냐하면 창조하시고 다스리시는 하나님을 닮은 하나님의 형상은 다른 무엇에 의존하거나 지배받지 않고 자신의 의지로 행동할 수 있는 덕을 갖춘 영혼이기 때문이다.[46] 그레고리우스에게 하나님 형상은 지성이고 그리고 이 지성의 자유의지 혹은 자유로운 선택(προαίρεσις)이다.[47]

---

41 *Op hom* (PG 44, 144D).
42 *Op hom* (PG 44, 145A).
43 *Op hom* (PG 44, 145A).
44 *Op hom* (PG 44, 133D).
45 *Op hom* (PG 44, 161C).
46 *Op hom* (PG 44, 136B-C).
47 *Op hom* (PG 44, 136C).

그레고리우스는 형상과 원형의 차이를 강조하면서 인간이 하나님의 형상이라는 것의 의미를 확인한다. 그는 지성적 실재와 물질적 실재를 구분하는 플라톤주의적 이원론에 더하여 지성적 실재를 창조주와 그분의 피조물로 구분하는 성경적 이원론을 강조하면서, 창조되지 않고 창조하신 하나님과 그분의 지성적이고 물질적인 피조물 간의 구분을 더욱 강조하였다.[48] 이 구분에 기초하여 원형과 형상의 차이는 원형이신 하나님은 창조되지 않으신 분이시지만 형상은 창조되었다는 점이다. 전자는 불변하시고 언제나 동일하시지만, 후자는 하나님의 능력에 의해 무에서 유로 변화되었다.[49] 하나님은 영원히 동일하시지만, 인간은 변화하는 존재이다.[50] 하나님은 시간의 간극과 무관하시어 영원하시고, 인간은 시간의 간극 안에 있다.[51] 이러한 차이는 형상의 의미를 드러낸다. 형상은 원형이 아니라 원형을 닮음(ὁμοιότης)으로서만 존재한다.

또한 그레고리우스는 비물체적인 인간 영혼(지성)이 하나님의 형상으로서 물질적인 창조 세계를 다스리기 위해서는 물체적 기관이 필요함도 강조하였다.[52] 비물체적이기에 단순한 지성적 영혼은

---

48 *Cant* 6 (GNO 6, 173,7–9; 174,1-6). 그레고리우스의 플라톤적 이원론의 기독교적 수정이 에우노미우스와의 논쟁에 끼친 영향에 대해서는 Chungman Lee, *Gregory of Nyssa, Augustine of Hippo, and the Filioque*, Supplements to Vigiliae Christianae 169 (Leiden; Boston: Brill, 2021), 84-89를 참조하라. Cf. Andrew Louth, *The Origins of the Christian Mystical Tradition: From Plato to Denys*, 2nd ed. (Oxford: Clarendon Press, 2007), 78.

49 *Op hom* (PG 44, 184C).

50 *Op hom* (PG 44, 184D).

51 *An et res* (Krabinger, 90); *Or cat* 8.65.

52 *Op hom* (PG 44, 149C).

몸과 다양한 감각들 전체에 퍼져 있으며, 그것들을 지성적 활동에 적합하게 만들고, 몸의 본성에 맞는 움직임($\dot{\epsilon}\nu\dot{\epsilon}\rho\gamma\epsilon\iota\alpha$)을 부여한다.[53] 지성의 지배를 받는 몸은 거울의 거울이다. 하나님의 형상인 영혼이 거울이고, 이 거울의 거울로서 몸이 존재한다. 이 순서를 따라 더 뛰어난 본성을 통해 더 열등한 본성이 아름다워진다. 최고의 아름다움과 참된 선이 하나님 한 분일 때, 지성은 하나님의 형상을 따라 존재함으로써 선할 수 있고, 지성에 의해서 다스려질 때 육체도 형상의 형상일 수 있다.[54]

이 순서가 뒤바뀌는 것이 악이다. 악은 그 자체로 실체가 아니라 선을 부재시킬 때 생겨난다. 지성이 참된 선이신 하나님을 향하지 않고, 오히려 지성보다 열등한 것을 향할 때 선의 결핍으로서의 악이 생겨난다. 그레고리우스는 악의 기원을 존재론적 차원에서 하나님의 창조에 돌리지 않는다. 창조된 인간의 변화 가능성은 하나님의 형상으로 창조되어 하나님을 닮아가는 인간의 본성에 속한다.[55] 악의 원인은 인간의 자유로운 선택($\pi\rho o\alpha\acute{\iota}\rho\epsilon\sigma\iota\varsigma$)에 있다.[56]

만약 인간이 자유로운 선택($\pi\rho o\alpha\acute{\iota}\rho\epsilon\sigma\iota\varsigma$)으로 하나님을 부재시킴으로써 악을 행하고, 이로써 하나님의 형상을 훼손하였다면, 인간은 다시 하나님께 동화되어 원형이신 그분을 닮음으로써 하나님의 형상을 회복해야 한다. 그레고리우스에게 하나님의 형상의 회복은 '신성에 참여'($\theta\epsilon\acute{o}\tau\eta\tau o\varsigma$ $\kappa o\iota\nu\omega\nu\acute{\iota}\alpha$)를 의미하는 신격화($\theta\epsilon o\pi o\iota\epsilon\widetilde{\iota}\nu$)

---

53 *Op hom* (PG 44, 161B, 173D).
54 *Op hom* (PG 44, 164A-B).
55 *Perf* (GNO 8/1, 213-214).
56 *Op hom* (PG 44, 185A).

이다.

2. 하나님 형상의 회복과 삼위일체 하나님

　그레고리우스의 하나님 형상의 회복은 신격화를 의미한다. 이것은 하나님의 본성(φύσις)과 에네르게이아(ἐνέργεια)에 대한 구분에 기초해 있다. 신성에 참여로서의 신격화를 이야기할 때, 그레고리우스는 하나님의 본성이 아니라 그분의 '에네르게이아'에 대해 말한다. 에네르게이아는 '본성의 운동'(φύσεως κίνησις)으로서 '하나님이심에 둘러 있는'(περὶ τὸν θεὸν) 것이다. 에네르게이아는 비실체적(ἀνυπόστατόν)이지 않지만, 그 자체로 존재하지 않고 본성에 의해서 존재한다.[57] 본성에 있어 인간을 절대적으로 초월하는 하나님이 경륜에서 그분의 에네르게이아로 자신을 계시하신다. 신성의 운동인 에네르게이아를 경험한다는 것은 하나님을 경험하는 것이다.

　신격화와 관련하여 에네르게이아는 신적인 덕을 의미한다. '선한 에네르게이아들,' 곧 성서 안에 계시된 신적인 덕을 가능한 한 우리의 삶에서 모방하기를 성서는 명령한다.[58] 신적인 덕을 모방하는 것이 "하늘에 계신 하나님의 신성과 완전함을 참으로 모방"하는 것이다.[59] 이때 그레고리우스의 신격화는 하나님 본성의 관점에서가 아니라 신성의 본성적 운동이며 신적인 덕인 에네르게이아의 관점

---

57 *Eun* 1.250-251 (GNO 1, 99-100).

58 *Prof* (GNO 8/1, 138).

59 *Prof* (GNO 8/1, 138).

에서 이해된다. 신격화는 신성과 인성의 혼합이 아니다.[60] 그레고리우스는 인간의 본성이 신성과 혼합될 그 어떤 가능성도 분명하게 거부한다.[61]

그레고리우스의 신격화는 기독론적이다. 타락으로 인해 상실된 하나님의 형상은 오직 성부의 형상이신 그리스도에 의해 회복되고 실현되기에 그리스도가 신격화의 원인이시다. 성육신이 신격화 자체로서 '그리스도 안에서' 인간은 하나님께로 상승한다.[62] 이런 생각은 라오디케아의 아폴리나리스에 대한 그레고리우스의 비판에서 분명하다. 아폴리나리스를 비판하면서 그레고리우스가 예수 그리스도의 인성을 강조해야 하는 이유는 그리스도의 성육신 없이 인성의 신격화가 이루어질 수 없기 때문이다.[63] 또한 '그리스도 안에서' 인간이 하나님과 연합되기 때문에 그리스도가 신격화의 중개자이시다.[64] 인성을 취하신 그리스도는 자신 안에서 불멸하시는 성부께 인성을 이끄셨다. 이 중개자 안에서 성부는 자격을 상실한 자들을 양자 삼으시고, 적들을 하나님께 참여하게 만드신다.[65] 그리스도는 모범이시기도 하다. 하나님의 형상인 인간이 하나님께 참여하도록 보이지 않는 하나님의 그 형상이신 그리스도가 모범을 제공하신다.[66] 신성의 본성적 운동인 에네르게이아는 그리스도를 통해

---

60 *Cant* (GNO 6, 98).

61 *Prof* (GNO 8/1, 138).

62 *Or cat* 25 (GNO 3/4, 64).

63 *Antirrh* (GNO 3/1, 169-170).

64 *Perf* (GNO 8/1, 204-206).

65 *Perf* (GNO 8/1, 206).

계시된 덕이다. "하늘의 하나님의 신성과 완전하심의 참된 모방"은 그리스도의 덕을 모방하는 것이다.[67]

기독론적 신격화는 영속적인 과정(ἐπέκτασις)이다. 신격화의 과정은 인간이 하나님을 닮아가면서도 어떠한 간극(διάστημα) 없이 존재하시는 원형과 시간의 간극 안에 존재하는 모형의 차이가 분명해지는 과정이다. 이 과정은 끝없이 창조주를 모방하고 반영하도록 창조된 인간의 본질이다. 그리스도는 영속적인 신격화 과정(ἐπέκτασις)의 추동력이자 목표이시다.[68]

---

66 *Perf* (GNO 8/1, 194-195).

67 *Prof* (GNO 8/1, 135, 138).

68 Simonetti, *La vita di Mosè*, 327; *Vit Moys* 2.244 (GNO 7/1, 118,13-24); cf. 빌 3:12-13. 정지련 교수는 그레고리우스의 『모세의 생애』에 대한 연구와 앤드루 라우스(Louth, *The Origins of the Christian Mystical Tradition*, 2007)의 주장을 따라 플라톤적 의미의 관상이 그레고리우스에게 목표가 아니라 중간 단계임을 강조하면서 니사의 교부가 추구하는 영성과 신학의 마지막 단계는 관상을 초월하는 것이라고 말한다. 정지련, "이충만 교수의 '하나님의 형상인 인간의 생명'에 대한 논찬" (제18회 한국조직신학자 전국대회 "생명과 신학", April 22, 2023).
이런 정 교수의 주장은 이 글이 설명하고 있는 그레고리우스의 ἐπέκτασις와 밀접하게 연결돼 있다. 영속적 과정으로서의 ἐπέκτασις는 단순히 지성적 관상에 국한되지 않는다. 오히려 이것은 유한한 인간이 무한하시어 영원히 초월하시는 하나님을 천상에서도 영원히 만족되지 않는 갈망으로 사랑하면서 그분께 더욱 참여함을 의미한다. 라우스는 이 영속적인 과정이 도덕적 의미를 넘어서 하나님의 불가해성을 더욱 깊이 체험하는 것으로 이해한다. 이러한 이해에 더하여 그레고리우스가 『모세의 생애』 전반에 걸쳐 하나님의 형상인 인간이 원형인 하나님을 닮아가는 것과 이를 위한 덕의 모방을 강조하고 있다는 것도 언급해야 한다. 이러한 강조와 관련하여 그레고리우스가 하나님의 형상을 온전히 닮음이라는 주제로 이 작품을 마무리하면서 모세의 삶을 모방함으로써 우리도 모세와 같이 아름다움의 형상을 모방하기를 권하고, 이것을 덕스러운 삶의 목표와 이를 위한 영적인 성서 해석에 대한 강조로 연결하고 있음도 언급해야 한다. (*Vit Moys* 2.317-321) 『모세의 생애』의 핵심 사상인 ἐπέκτασις에 대하여는 다음을 참고하라. Jean Daniélou, *Platonisme et théologie mystique: Essai sur la doctrine spirituelle de saint Grégoire de Nysse* (Paris: Aubier, 1944). 291-307; Simonetti, *La vita di Mosè*, xxx-xxxvi. 『모세의 생애』에 나타난 신비주의에 대한 다양한 이해에 대해서는 Abraham J. Malherbe and

이 신격화는 성령 하나님의 사역이기도 하다. 성령 하나님께서 성육신하신 하나님의 에네르게이아를 모방하기를 사랑하도록 타락한 인간의 영혼에 사랑을 지피신다. 그레고리우스는 아가서 1:15-2:7을 주해하면서[69] 신부, 곧 인간 지성은 사랑이신 성부 하나님께서 쏜 사랑이신 성자 하나님의 화살을 맞게 되는데, 이때 가장 먼저 신부의 심장에 부딪혀 심장을 열고 들어가는 부분은 성령 하나님이시다. 성령 하나님께서 신랑을 향한 신부의 사랑을 불 지피는 것이다. 성령 하나님에 의해서 신부는 신랑을 향한 사랑으로 뜨겁게 되며 (ἐρωτικῶς),[70] 이로써 신랑이신 성자 하나님의 덕을 모방하여 그분에게 참여하게 된다. 그러므로 성자 하나님의 에네르게이아를 모방하여 하나님께 참여하는 신격화는 성령 하나님의 사역이다.

IV. 아우구스티누스

1. 하나님의 형상의 두 가지 측면

아우구스티누스는 창세기 1:26-27절을 따라 인간을 하나님의 형상으로 정의하면서 무엇보다 인간의 지성(mens)이 하나님의 형상임을 강조하였다.[71] 이때 아우구스티누스에게 인간 지성이 하나님

Everett Ferguson, trans., *The Life of Moses*, The Classics of Western Spirituality (New York: Paulist Press, 1978), 146 (미주 57과 59)이 열거하는 연구를 참고하라.

69 *Cant* 4 (GNO 6, 127-129).

70 *Cant* 1 (GNO 6, 27).

의 형상이라는 것은 크게 두 가지를 의미한다. 첫째, 인간 지성이 삼위일체적 구조로 되어 있는 것이다.[72] 지성은 자기 자신을 인식하고 자기 자신을 사랑할 때 지성, 지성의 자기 이해 그리고 자기 사랑이라는 삼위일체성이 나타난다. 이런 구조적 측면 외에 인간 지성이 하나님의 형상이라는 것이 의미하는 역동적 측면이 있다. 지성이 하나님의 형상이라는 것은 하나님을 수용할 수 있고, 하나님께 참여할 수 있음을 의미한다.[73]

이 두 가지 측면 중 아우구스티누스는 두 번째 측면이야말로 지성이 하나님의 모상으로서 위대함을 드러낸다고 강조하였다.[74] 이것은 이 두 측면 사이의 관계성에 대한 그의 설명에서 드러난다. 아우구스티누스는 지성이 자기 자신을 기억하고 이해하고 사랑하기 때문이 아니라 지성이 그것의 모상으로 창조된 하나님을 기억하고 이해하고 사랑하기 때문에 하나님의 형상이라고 말하였다.[75] 더욱이 아우구스티누스는 지성이 하나님을 사랑할 때 자신을 비뚤어지지 않고 제대로 사랑하게 되고, 하나님의 모상이 되는 것을 그치지 않고 새로워지고 쇄신되며 불행에서 행복으로 옮긴다고 말한다.[76] 만약 지성이 원형이신 하나님께 참여하지 않는다면, 지성은 참된 자기 자신보다 더 못해지고 참된 자기 자신을 이해하고

---

71 *trin.* 15.11 (CCSL 50A, 475). 본고에 사용되는 아우구스티누스의 작품명과 그것의 축약은 *Augustinus Lexikon* (Basel: Schwabe, 1986)을 따른다.

72 *trin.* 15.11.

73 *trin.* 14.6, 11 (CCSL 50A, 429, 436).

74 *trin.* 14.11 (CCSL 50A, 436).

75 *trin.* 14.15 (CCSL 50A, 442).

76 *trin.* 14.18 (CCSL 50A, 446).

사랑하는 것이 아니기에 구조적 측면 또한 온전하지 못하다.[77]

　외적 인간(*homo exterior*)과 내적 인간(*homo interior*)에 대한 아우구스티누스의 설명에서도 하나님의 형상의 구조적 측면이 역동적 측면에 의존함을 보여준다. 아우구스티누스는 몸에 해당하는 외적 인간과 지성에 해당하는 내적 인간을 구분하고 각각에 나타나는 구조적인 삼위일체성을 설명한다. 첫째는 외부적 인간인 몸과 관련된 것으로서 물체의 상(*species*)과 감각 안에서의 상 그리고 이 둘을 묶는 의지이다. 두 번째 삼위일체성은 내적 인간인 지성 안에 발생하는 것으로서 기억 안에 있는 상(*species*)과 지성의 시야 안에 있는 상 그리고 이 둘을 묶는 의지이다. 이 두 삼위일체성을 아우구스티누스는 봄(*uisio*)으로 설명한다. 곧 감각의 봄과 지성의 봄이다. 외적 인간의 삼위일체성은 육체적 감각인 시각이 외적 사물의 상을 봄과 관련되어 있다. 마찬가지로 내적 인간의 삼위일체성은 지성의 눈이 기억의 상을 봄으로써 발생한다.[78]

　두 가지 삼위일체성과 두 단계의 봄을 통해 정신은 형성(*formatio*)된다. 아우구스티누스에 따르면 인간 지성은 지성의 눈이 기억 안에 수용된 상을 주시할 때 지성이 그 상을 따라 형성된다. 비록 지성은 비물체적이지만, 지성의 눈이 외적 인간을 통해 기억 안에 들어온 외부적 물체의 상을 주시할 때 지성은 그 물질적 상을 따라 형성된다. 이것은 지성의 비물체성의 훼손이며, 지성이 자기 자신답지 않게 변형(*deformatio*)됨을 의미한다.[79] 인간 지성이 하나님의

---

77 *s.* 96.2, 330.3; *en. Ps.* 118.8.2.
78 *trin.* 11.16 (CCSL 50, 353).

형상답기 위해서 지성의 시야는 하나님께 정향 되어야 한다. 하나님께 정향 되는 지성의 시야 없이는 지성의 자기 이해와 자기 사랑은 온전할 수 없다.

그러기에 하나님의 형상은 아우구스티누스에게 정태적이지 않고 역동적이다. 인간은 하나님의 형상으로서의 삶을 살도록 창조되었다. 인간은 선과 지복이신 하나님께 참여함으로써 더욱 선해져야 하는 하나님의 형상이다.[80]

2. 하나님의 형상과 삼위일체 하나님

하나님의 형상인 지성의 역동성은 삼위일체 하나님의 은혜에 기인한다. 이 측면은 먼저 천사들에 대한 아우구스티누스의 생각에서 뚜렷하게 드러난다. 천사들은 하나님을 직관하는 삶을 산다. 이로써 그들은 본성적으로 불변하는 것은 아니지만, 하나님을 향유함으로써 하나님의 영원성을 누린다. 여기에 기독론적이고 성령론적 함의가 있다. 아우구스티누스에 따르면 천사들은 하나님의 빛이신 성자 하나님에 의하여 조명을 받아 빛이 된 존재들이다.[81] 특히 창세기 1장 3절에 대한 아우구스티누스의 주석은 이 점에서 흥미롭다. 그는 이 구절을 빛이신 성자 하나님을 주시함으로써 빛으로 존재하는 천사들을 가리키고 있다고 해석한다.[82]

---

79 *trin.* 11.6 (CCSL 50, 339).

80 *trin.* 6.9 (CCSL 50, 238).

81 *conf.* 12.20 (CCSL 27, 225-226); 13.3 (CCSL 27, 243).

82 *conf.* 13.11 (CCSL 27, 247); *ciu.* 11.9 (CCSL 48, 329-330); 11.24; *Gn. litt.* 1.4.9; 2.8.16

그렇다면 왜 빛으로부터 어둠이 생겨났는가? 창세기 1:3을 주석하면서 아우구스티누스는 성령의 사역을 이야기한다. 기독론적 창조는 성령론적 측면에서 유지된다. 그에 따르면 빛이신 말씀으로부터 떨어지지 않을 수 있는 것은 모든 변화되는 것 위에 운행하시는 하나님의 선물(행 2:38)인 성령이 천사들을 말씀과 하나님을 향하도록 이끄시기 때문이다.[83] 성령은 심연을 향하는 욕망(cupiditas)이 아닌 하나님을 향한 사랑을 불러일으키는 사랑이시다(롬 5:5).[84]

하나님의 형상인 인간 지성도 하나님께 정향하는 것은 삼위일체 하나님의 은혜에 기인한다. 이것은 자유의지의 왜곡으로 최고선이신 하나님을 결핍시키는 악을 행하는 인간 정신에 더욱 타당하다. 인간은 육신적 감각을 통해 들어오는 물체적 형상에 지성의 봄(uisio)을 집중함으로써 물화된다. 이것은 하나님의 형상의 훼손이다. 영혼이 영혼보다 못한 것들을 향한 욕망으로부터 정화되어 하나님의 형상으로의 회복을 위해 하나님은 인간이 되셨다. 지성이 바라보아야 할 보이지 않는 하나님이 보이는 인간으로 오신 것이다. 성자 하나님은 말씀으로서 성부 하나님과 동일한 본성을 가지신 성부 하나님의 그 형상(Imago dei)이신데, 그분께서 인간이 되시어 육체적 감각을 통해 시간과 공간 안에 있는 물질을 통해서 지각하고 인식해야 하는 인간의 시야를 자신을 통해 하나님께로 돌리게 하신다.[85]

여기에는 지성의 정화를 위한 그리스도의 두 본성의 위격적

(CSEL 28/1, 7, 43).

83 conf. 13.11 (CCSL 27, 247).

84 conf. 13.8 (CCSL 27, 245); ciu. 12.9 (CCSL 48, 364).

85 trin. 7.5 (CCSL 50, 253-253).

연합에 대한 아우구스티누스의 강조가 전제된다. 앞서 언급했듯이 내적 인간인 지성은 외적 인간인 감각을 통해서 외부적 물체에 대한 상을 얻고 그 상을 바라봄으로써 인식한다. 그런데 지성은 감각을 통해 들어온 시간적이고 물질적인 대상을 인식하는 것으로 그치지 않아야 한다. 왜냐하면 지성은 하나님의 형상으로 하나님을 향해 정향되어 있도록 창조되었기 때문이다. 그러기에 아우구스티누스에 따르면 시간적이고 물질적인 사물에 대한 인식인 지식(scientia)에서 영원한 것에 대한 앎인 지혜(sapientia)로 진보하는 것이 지성의 올바른 움직임이다.[86] 지성이 지식(scientia)을 통해 지혜(sapientia)로 진보하지 않고 시간적이고 물질적인 사물에 대한 애착에 머물러 있는 것이 지성의 변형(deformatio)이며 하나님의 형상의 훼손이다.

지성이 하나님의 형상으로 회복되기 위해서는 지식(scientia)으로부터 지혜(sapientia)로 진보할 수 있어야 한다. 이를 위해 인성과 신성의 위격적 연합을 이룬 성육신이 필요함을 요한복음 1장 1-14절이 가르친다. 요한복음의 첫 장의 첫 다섯 구절은 하나님이신 영원하신 말씀(Logos)에 대한 묘사로서 지혜의 대상이다. 이어서 14절까지 이어지는 구절들은 그 영원하신 말씀이 시간 안에 들어오신 인간에 대한 묘사로서 지식의 대상이다. 이러한 구성을 통해 요한은 성육신하신 그리스도에 대한 지식(scientia)을 통해 하나님이신 영원하신 말씀에 대한 지혜(sapientia)로 나아가야 함을 가르쳤다.[87] 성육신이

---

86 *trin.* 12.4, 25; 14.3 (CCSL 50, 358, 379; 50A, 423).

87 *trin.* 13.2 (CCSL 50A, 381-382); *f. et symb.* 8 (CSEL 41, 11-12); Goulven Madec,

지성의 병에 적합한 치료제이다.[88]

　정화와 치료의 시작은 성령 하나님의 사역에 있다. 창세기 1장 3절에서 빛과 어둠으로 나눠진 것은 마니교의 주장처럼 존재론적 이원론에 기인하지 않는다.[89] 모든 천사는 본성에서 동일하나 의지의 바름과 비뚤어짐에서 다르다.[90] 창세기 1:3의 빛은 하나님을 향한 거룩한 사랑으로 불타오르기에 하나님의 빛을 받으며 하나님을 향유하는 천사들이다. 반면 어두움은 하나님을 향한 사랑이 왜곡되어 자기 자기를 사랑하며 교만(superbia)으로 부풀어 오른 천사들이다. 빛과 어두움이 의지의 문제이듯이 인간 지성에도 의지와 사랑이 하나님의 형상으로서의 삶에 중요하다. 인간이 자유의지에 의해 하나님을 의지적으로 떠나기에 사랑이신 성령은 인간 지성이 자신을 말씀의 빛으로 전향하고 그 빛을 사랑하도록 만드셔야 한다. 빛이시며 하나님의 그 형상이신 그리스도로 향하게 하고 사랑하게 하는 것은 성령 하나님의 사역이다.[91] 성령 하나님께서 그리스도를 지식(scientia)임과 동시에 지혜(sapientia)로 사랑하고 믿게 하심으로써 지성은 물질적 몸을 통해 영원한 하나님을 바라보며 정화된다.[92] 빛의 자녀와 어둠의 자녀를 구분하는 것은 성령 하나님께서 선물로 주시는 사랑이다.[93]

La patrie et la voie: Le Christ dans la vie et la pensée de Saint Augustin (Paris: Desclée, 1989), 217–222.

88 *trin.* 4.24 (CCSL 50, 191); *uera rel.* 45.

89 *ciu.* 11.22.

90 *ciu.* 11.24.

91 *trin.* 7.5-6; 15.32 (CCSL 50, 253-254; 50A, 507).

92 *trin.* 4.24-25.

V. 분석 및 결론

지금까지 오리게네스, 니사의 그레고리우스 그리고 아우구스티누스의 인간론을 살펴보았다. 이들의 인간론에는 몇 가지 차이점이 있다. 무엇보다 오리게네스의 영혼선재설을 그레고리우스와 아우구스티누스는 수용하고 있지 않다. 또한 창세기 1장 26절의 형상과 닮음을 구분하고 있는 오리게네스에 비해 다른 두 교부는 이 두 개념을 뚜렷하게 구분하지 않는다. 하나님의 형상의 회복과 관련되어 논의되는 기독론에 대한 이해에도 차이가 있다. 오리게네스는 그리스도 영혼의 선재를 주장하면서 이 영혼과 로고스의 의지적 연합을 강조한다. 그에게 이 연합은 첫 번째 창조 때부터이다. 그러나 오리게네스식의 이중 창조를 거부하는 그레고리우스와 아우구스티누스는 그리스도의 영혼의 선재를 부정하고, 그리스도의 인격 안에 두 본성의 연합이 의지적인 것이 아니라 위격적임을 강조한다. 그레고리우스의 본성과 에네르게이아의 구분에 대한 고민은 오리게네스와 아우구스티누스에게 뚜렷하게 나타나지 않는다. 덕을 하나님의 에네르게이아로 보면서 그 덕에 참여하는 것이 하나님을 닮아가는 것임을 그레고리우스는 주장하였다. 이를 위해 그레고리우스에게 지성뿐만 아니라 몸도 중요하다. 그는 몸이 형상의 형상이 되어야 함을 강조하면서 덕을 행하는 몸도 강조하였다. 하나님께 참여하여 그분을 닮아가는 것이 영속적인 과정(ἐπέκτασις)임을 강조한 것도 그레고리우스이다. 이 영속적인 과정은 천상에서

---

93 *trin.* 15.32 (CCSL 50A, 507).

도 마찬가지이다. 무한한 하나님을 관상하는 것은 그레고리우스에게 영원히 초월적인 과정이다. 또한 아우구스티누스의 인간론의 특이성도 있다. 외적 인간과 내적 인간의 관계성에 대한 고민과 지성의 정화를 위한 지식(*scientia*)과 지혜(*sapientia*)이신 그리스도에 대한 깊은 숙고는 오리게네스와 그레고리우스에게 뚜렷하게 나타나지 않는 아우구스티누스의 신학적 숙고이다.

이런 차이에도 불구하고 세 명의 고대 교회의 신학자들은 인간의 창조에 대해 다음과 같은 공통점을 보인다.

첫째, 인간은 하나님의 형상으로서 하나님을 닮아가도록 창조되었다. 하나님의 형상은 역동적이다.

둘째, 하나님 형상의 역동성은 하나님과 인간의 존재론적 차이에 기인한다. 실체적으로 최고선이신 하나님께 참여하여 닮아갈 때만 인간은 우유적으로 선을 소유하게 된다. 이것이 창조의 목적이다.

셋째, 형상으로서 하나님을 닮아가는 것은 삼위일체 하나님의 호의이다. 하나님의 형상인 인간 영혼은 성령 하나님의 사랑 안에서 보이지 않는 하나님의 형상이신 그리스도를 통해 존재를 주신 성부 하나님께로 정향한다.

넷째, 악은 자유의지에 의한 선의 결핍이다. 이때 선은 최고선이신 하나님이시다.

다섯째, 하나님 형상의 회복 역시 삼위일체 하나님의 은혜이다.

이 다섯 가지 공통적 의견은 창세기 1장에서 말하는 인간 생명이 무엇인지를 답한다. 인간의 생명은 식물과 같이 생장하는 것만도, 동물과 같이 감각적 능력을 발휘하는 것만도 아니다. 인간의 생명은 지성적 활동에 있다. 이때 지성적 활동은 하나님의 형상으로서 삼위일체 하나님의 은혜를 통해 하나님을 닮아가는 것이다. 하나님을 향한 참여와 닮음의 역동성 안에 있는 인간이야말로 참된 생명을 누리고 있다. 삼위일체 하나님의 은혜를 통해 하나님의 형상답게 존재함으로써 하나님을 닮아감이 하나님의 형상으로 창조된 인간의 참된 생명이다.

A Patristic Theological Understanding of the Image of God
: Thoughts of Origen, Gregory of Nyssa, and Augustine of Hippo

Lee, Chungman, Dr. Theol.

Assistant Professor, Korea Theological Seminary

The biblical teaching on the origin of life was important in the theology of the Church Fathers, who had to defend and establish the orthodox doctrines of the Ancient Church. In order to establish the correct confession of faith on the relationship between God the Creator and His creatures, the Church Fathers had to argue against ideas and argumentations of diverse philosophies such as Platonism, Aristotelianism, and the Stoics, and against various kinds of Gnostic heresies. In addition, they had to confess that God who created through the Word and the Spirit is the Triune God during the Trinitarian controversy in the 3rd and 4th centuries. Moreover, since the doctrine of creation in their theological works was intrinsically connected to soteriology and eschatology, it can be said that the entire Christian faith of the Ancient Church was integrated in their understanding of creation. Then, how did the Church Fathers understand human life? This question can be answered by exploring the Church Fathers' understanding of the 'image of God' (Gen 1:26-27). This paper addresses thoughts of Origen (c. 185-254), Gregory of Nyssa (c.335-c.395), and Augustine of Hippo (354-430) on the image of God. A comparative study of these theologians will show that the true life of human beings created as the image of God is to exist as the image of God by participating in and becoming likeness to the divinity through the grace of the Triune God.

참고문헌

이충만. "'오직 성서'에 대한 교부신학적 변론: 니사의 그레고리우스의 상승의 해석학을 중심으로." 「한국조직신학논총」 70 (2023): 165-202.

정지련. "이충만 교수의 '하나님의 형상인 인간의 생명'에 대한 논찬." 제18회 한국조직신학자 전국대회 "생명과 신학" (2023년 4월 22일), 166-168.

Augustine of Hippo. *De Ciuitate Dei* (= *ciu.*, CCSL 47, 1-314; 48, 321-866). Edited by Bernardus Dombart and Alphonsus Kalb. Turnhout: Brepols, 2014.

_____. *Confessiones* (= *conf.*, CCSL 27, 1-273). Edited by Lucas Verheijen. Turnhout: Brepols, 1981.

_____. *De trinitate* (= *trin.*, CCSL 50, 25-380; 50A, 381-535). Edited by W. J. Mountain. Turnhout: Brepols, 1968.

_____. *De uera religione* (= *uera rel.*, CCSL 32, 187-260). Edited by Klaus Detklef Daur. Turnhout: Brepols, 1962.

_____. *De fide et symbolo* (= *f. et symb.*, CSEL 41, 3-32). Edited by Josephus Zycha. Leipzig: G. Freytag, 1900.

_____. *De Genesi ad litteram* (= *Gn. litt.*, CSEL 28/1, 3-435). Edited by Josephus Zycha. Leipzig: G. Freytag, 1894.

Bianchi, Ugo, ed. *La "doppia Creazione" Dell'uomo negli Alessandrini, nei Cappadoci e nella Gnosi*. Nuovi Saggi 70. Roma: Ateneo & Bizzarri, 1978.

_____. "Péché originel et péché 'antécédent.'" *Revue de l'histoire des religions* 170 (1966): 117–126.

Brugarolas, Miguel. ed. *Gregory of Nyssa: Contra Eunomium* I. Supplements to Vigiliae Christianae 148. Leiden: Brill, 2018.

Callahan, Woods. *Ascetical Works*. Fathers of the Church 58. Washington:

Catholic university of America press, 1999.

Carrozzi, Luigi. trans. *La Genesi alla lettera*. Nuova Biblioteca Agostiniana 9/2. Roma: Città Nuova, 1989.

Daniélou, Jean. "Introduction." In *La création de l'homme*, translated by Jean Laplace, 5–77. Sources Chrétiennes 6. Paris: Cerf, 2016.

_____. *Platonisme et théologie mystique: Essai sur la doctrine spirituelle de saint Grégoire de Nysse*. Paris: Aubier, 1944.

Drobner, Hubertus R. *Lehrbuch Der Patrologie*. 2nd ed. Frankfurt am Main: Lang, 2004.

Gasparro, Giulia Sfameni. "Doppia creazione e peccato di Adamo nel Peri Archon di Origene." In *La "doppia creazione" dell'uomo negli Alessandrini, nei Cappadoci e nella Gnosi*, edited by Ugo Bianchi, 43–82. Nuovi Saggi 70. Roma: Ateneo & Bizzarri, 1978.

Gregory of Nyssa. *In Hexaemeron* (= *Hex*, GNO 4/1, 1-86). Edited by Hubertus R. Drobner. Leiden: Brill, 2009.

_____. *De beatitudinibus* (= *Beat*, GNO 7/2, 75-170). Edited by Johannes F. Callahan. Leiden: Brill, 1992.

_____. *De vita Moysis* (= *Vit Moys*, GNO 7/1). Edited by Herbertus Musurillo. Leiden: Brill, 1991.

_____. *De perfectione* (= *Perf*, GNO 8/1, 173-214). Edited by Werner Jaeger. Leiden: Brill, 1986.

_____. *De professione christiana* (= *Prof*, GNO 8/1, 129-142). Edited by Werner Jaeger. Leiden: Brill, 1986.

_____. *Contra Eunomium libri* I (= *Eun* 1, GNO 1.22-225). Edited by Werner Jaeger. Leiden: Brill, 1960.

_____. *Contra Eunomium libri* III (= *Eun* 3, GNO 2.3-311). Edited by Werner Jaeger. Leiden: Brill, 1960.

_____. *In canticum canticorum* (= *Cant*, GNO 6). Edited by Hermann

Langerbeck. Leiden: Brill, 1960.

_____. *Ad Ablabium, Quod non sint tres dei* (= *Abl,* GNO 3/1, 37-57). Edited by Fridericus Müller. Leiden: Brill, 1958.

_____. *Antirreticus adversus Apolinarium* (= *Antirrh* ,GNO 3/1, 131-233). Edited by Fridericus Müller. Leiden: Brill, 1958.

_____. *Gregorii Nysseni Opera* (= *GNO*). Edited by Werner Jaeger et al. Leiden: Brill, 1952.

_____. *De hominis opificio* (= *Op hom* ,PG 44, 125-256). Edited by Jacques P. Migne. Paris, 1857-1866.

Laplace, Jean. trans. *La création de l'homme*. Sources Chrétiennes 6. Paris: Cerf, 2016.

Lee, Chungman. "Beyond the Realistic-Ethical Distinction in Deification: Reconsidering Norman Russell's Assessment of Gregory of Nyssa." *International Journal of Systematic Theology* 24 (2022): 140-155.

_____. *Gregory of Nyssa, Augustine of Hippo, and the Filioque*. Supplements to Vigiliae Christianae 169. Leiden; Boston: Brill. 2021.

Louth, Andrew. *The Origins of the Christian Mystical Tradition : From Plato to Denys*. 2nd ed. Oxford: Clarendon Press, 2007.

Madec, Goulven. *La patrie et la voie: Le Christ dans la vie et la pensée de saint Augustin*. Jésus et Jésus-Christ 36. Paris: Desclée, 1989.

Origen. *Traité des principes* (= *Prin.*, Sources Chrétiennes 252-253, 268-269, 312). Edited by Manlio Simonetti and Henri Crouzel. Paris: Cerf, 1978-1984.

Orton, Robin. trans. *Gregory of Nyssa On the Six Days of Creation*. The Fathers of the Church Shorter Works 1. Washington, D.C.: The Catholic University of America Press, 2021.

Simonetti, Manlio. ed. and trans. *Gregorio di Nissa: La vita di Mosè*. Scrittori Greci e Latini. Roma: Fondazione Lorenzo Valla, 2011.

2부

생태적 위기 속
생명신학

생명을 지향하는 한국적 생태여성신학을 위한 제언[*]

정미현

(연세대학교 연합신학대학원, 교수)

I. 생태여성신학의 태동과 그 배경

생태여성신학은 언제 누구에 의하여 시작되었을까? 이에 대한 접근 방식과 해석은 다양할 수 있겠다. 흔히 기독교의 역사 안에서 생태주의적 영성에 대하여 언급할 때 가장 많이 인용되는 인물은 성자 프란시스(St. Francis 1181~1226)라고 할 수 있겠다. 그런데 힐데 가르트 폰 빙엔(Hildegard von Bingen 1098~1179)은 프란시스보다 한 세기 앞서서 이러한 생태 친화적 사상을 전개하였던 바 있다. 빙엔의 힐데가르트는 넓은 의미에서 여성이 신학적 글쓰기에 참여했던

---

[*] 이 논문은 다음의 논문을 일부 수정하여 다시 게재하는 것임을 밝힌다. 정미현, "생태여성신학의 전개와 생태학적 여성주의 담론," 「신학과 교회」 19(2023), 295-332.

중세 여성 신비주의의 대가이며, 여성 글쓰기의 원형이 되어 주었다.[1] 또한 하나님과 인간, 자연과의 삼중적 관계성의 의미에 착안하여 일찍이 녹색의 힘(viriditas)과 녹색의 가치를 강조하였던 빙엔의 힐데가르트는 가히 생태여성신학의 선구자라고 불리기에도 손색이 없는 독보적인 존재였다. 물론 여성신학이 이론적으로 발전된 현대적 관점에서 그녀의 신학을 생태여성신학의 범주에 넣는 것에 한계가 있음을 인정하여야 한다. 21세기를 살아가는 우리의 시점과 그녀가 살고 활동했던 시기 사이의 900여 년의 시간적 간극이 그리 쉽게 극복될 수 있는 것은 아니기 때문이다. 그러한 한계가 있음을 감안해야 하지만, 하나님과 인간과 자연을 향한 그녀의 신학적 감수성은 이미 그 시기에 우주적 그리스도론의 차원을 열어 놓았고, 이러한 신학적 배경 위에 창조와 구원의 내적 연결성과 통일성을 설명하였다. 그리고 대우주와 소우주의 내적 연결성을 포함하여 생태신학과 생태여성주의적 토대를 놓았다. 그녀가 제시하는 생태적 지혜는 우주를 포괄하는 신성이 성육신으로 자기 계시한 것에 기초하였다.

본래 푸르도록 의도되었던 사람들에게는 이제
여하한 종류의 더 나은 삶이란 없습니다.
단지 무력한 불모만이 있을 뿐입니다.
바람이 극도로 무시무시한 악취
곧 이기적인 행실들로 시달림을 받고 있습니다.

---

1 정미현, "생태여성신학의 선구자: 힐데가르트 폰 빙엔,"; 정미현, "창조-중심적 영성: 힐데가르트 폰 빙엔," 『또 하나의 여성신학 이야기』 (서울: 한들, 2007), 57-108.

··· 때때로 기층은

피조물들의 근원인 대지를 파괴하고 손상시키는 먼지,

대지로 하여금 인간을 부양할 수 없게 만드는

파괴적이고 메마른

먼지로 꽉 차 있습니다.

하나님께서는

그분이 보시는 앞에서

온 세계가 순수해지기를 원하십니다.

지구는 상처를 입어서는 안 됩니다.

지구는 파괴되어서는 안 됩니다. ···2

이처럼 힐데가르트의 신학적 언어에는(물론 이 부분은 힐데가르트의 언어를 편역자가 현대어로 각색한 표현임을 감안해야 함) 이미 오늘날 기후 위기의 시대에 필요한 각성의 소리를 담아내고 있으며, 수백 년의 시간을 넘어서는 예언자적 소리가 담겨 있다.

20세기에 미국에서 본격적으로 발전했던 여성신학은 점차 진보하게 되면서 유색인 여성들을 중심으로 백인 중산층 여성들의 신학화의 한계를 넘어서고자 하였다. 그래서 1960년대 이후 흑인 여성, 남미의 여성, 미국 원주민, 아시아 여성들의 그룹들은 각기 우머니스트 신학, 무헤리스타 신학, 퍼스트 내이션 신학, 아시아 여성신학을

---

2 Hildegard of Bingen · Gabriele Uhlein (tr.), *Meditations with Hildegard of Bingen*, (New Mexico: Santa Fe, 1982), 77. 이 책은 "빙엔의 힐데가르트와 함께 떠나는 영적 오솔길"이라는 제목으로 한들에서 출판될 예정이었으나 간행되지 못했고 이 부분 인용은 역자 김순현의 초고를 사용한 것임을 밝힌다.

전개해서 계급과 인종차별의 입체적 문제성을 고발하는 신학화 작업을 발전시켰다. 그렇지만 인종과 계급 차별의 문제성을 가시화했으나 이러한 여성주의 운동도 여전히 인간 중심주의의 관점에 머물렀던 한계를 지녔다.

1980년대 이후 신학에서 인간 중심주의적 경향은 변화되면서 인간 사이의 관계성뿐만 아니라 인간과 자연과의 관계성에 주목하기 시작했고, 여성신학에서도 생태여성주의적 시각을 구체적으로 도입하였다. 기독교 주류 전통에서 오랫동안 자연, 생태의 문제에 대한 관계성을 간과했으나 비주류 교회 전통에서는 이러한 관심은 오히려 이어져 왔었다. 동양적인 것, 여성적인 것, 자연에 대한 것은 기독교 전통에서 이단시 되었던 경향이 있었다. 예를 들면 성서에 요한의 전통과 펠라기우스, 켈트 기독교로 이어지는 그 흐름이 대표적인 사례이다. 근대에 들어와서는 온 우주의 내적 연관성을 강조했던 체코의 종교개혁자 얀 아모스 코메니우스의 사상보다는 르네 데카르트의 기계론적 이원론이 더 부각되었다.[3] 계몽주의 이후 주객 도식의 데카르트 사상은 신학과 철학의 주류 사상으로 자리매김되어 지대한 영향을 끼쳐왔다.

이처럼 주류 신학의 담론에서 간과되었던 생명, 생태에 대한 자각은 과정신학, 해방 신학의 발전에 힘입어 생태여성주의적 시각으로 새롭게 발전되기 시작했다. 북미의 여성신학 1세대가 성차별의

---

3 비주류 기독교 전통과 생태신학적 요소에 대해서는 다음의 논문을 참조하라. 정미현, "기독교 신학의 비주류 전통 다시보기: 생태여성신학적 함의," 「한국조직신학논총」 41(2015): 159-192.

문제를 언급하였으나 계급과 인종차별의 문제를 간과했었던 한계가 있었다면, 이후 여성신학도 인간에 의한 인간의 억압 문제에만 관심하던 것에서 탈피하여 인간에 의한 자연의 억압 문제와 구원의 우주적 차원으로 지평을 확대한 것이다. 즉, 인간 중심적, 백인 남성 중심적, 지구 북반구 중심적, 위계질서적 사고방식의 해체와 자연과 인간의 유기체적 연관성과 대안적 사회-경제체제의 모색과 신학의 패러다임 전환이 핵심이다.

II. 생태여성신학의 다양한 유형4

생태여성신학은 전 세계적으로 대표적인 여성신학자들에 의하여 1980년대 이후 본격적으로 발전되었는데, 대표적인 인물들만 언급하자면 로즈마리 류터, 도로테 죌레, 앤 프리마베시, 엘리사벳 존슨, 샐리 맥페이그, 이본 게바라 등에 의하여 주도되었다. 이 가운데에서 이 글의 한정된 지면 안에서의 논리 전개로 인해 지구 북반구에서 북미의 샐리 맥페이그(Sallie McFague, 1933~2019)를, 지구 남반구에서 남미의 이본 게바라(Ivone Gebara, 1944~)의 사상을 간략히 소개하고자 한다. 그리고 1세대 북미 생태여성신학자들과 견줄 수 있으나 그 결을 달리하는 한국 여성신학의 선구자인 박순경

---

4 이하의 부분 가운데 특히 샐리 맥페이그와 이본 게바라를 소개하는 부분은 다음의 논문에 많은 내용을 중복 사용하거나 수정, 보완한 것임을 밝혀둔다. 정미현, "기본소득 담론에 대한 생태여성신학적 접근," 12-15.

(1923~2020)을 중점적으로 살펴보고자 한다. 생태여성신학의 깊이와 다양성 그리고 남성 신학자들에 의해서 주도된 생태신학과의 차별성과 연속성을 이 글에서 포괄적으로 짚어볼 수 없는 한계가 있다. 이 세 명의 여성신학자를 중심으로 정리하고자 하는 것은 이들이 여성신학 전반뿐 아니라 생태여성신학적 사상을 이끌어 갔던 1세대 여성신학자들로서의 대표성을 지닐 뿐 아니라 생태 정의를 경제 정의의 연관성 속에서 살피며, 전 지구적 경제 구조의 불평등성의 문제를 고발한 점에서 그 공통적인 접점을 찾아볼 수 있다.

1. 샐리 맥페이그의 북미 중산층 생태여성신학

생태여성신학을 주도했던 샐리 맥페이그는 지구 북반구에서 인간이 살아가는 생산과 소비 활동에서 절제 없는 삶의 양식이 지구 남반구에 사는 사람들과 자연에 커다란 피해를 야기한다고 보았다. 지구 북반구 사람들이 살아가는 데 필요 이상으로 자연을 갈취하고 훼손하고 낭비하며, 또한 다른 사람의 노동을 착취하는 문제성을 신랄하게 비판하였다.

먹이사슬의 최정상에 있는 인간은 현재 일어나고 있는 지구의 훼손과 죽음에 대해 많은 책임이 있습니다. 다른 식물과 동물에 비해 인간, 인간 중에서도 가난한 사람들보다 제1세계 특권층들에게 더 많은 책임이 있습니다. 우리는 자연으로부터 에너지를 흡수하여 다른 사람들의 희생을 대가로 그 에너지를 우리에 맞게 변형시켜 우리가 원하는 '풍성한

삶' 다시 말해 고도의 소비중심적 삶을 살아가고 있습니다.[5]

맥페이그는 그동안의 신학이 인간 중심적이었고 인간의 행복에만 관심을 집중시켜 왔기 때문에 철저하게 재구성되어야 함을 역설하였다.[6] 그리스도의 제자직을 이어가고자 하는 사람들은 이기적인 인간의 삶의 방식을 내려놓고 떨쳐 일어나 방향 전환하고 예수 그리스도가 십자가에서 보여준 케노시스적인 새로운 삶의 방식을 이웃 피조물과의 관계성 안에서도 실천해야 한다.[7] 십자가는 "인간이 하나님의 모든 피조물에 선한 방식으로 살아가도록 부르는 초대장"[8]이다. 기독교 신앙은 바로 창조의 아름다움을 회복하도록 십자가에서 화해의 사건을 이루어 내신 예수 그리스도의 초대에 응답하여 그 제자직을 수행하는 것이며, 이제는 그 관계망을 인간에게뿐 아니라, 자연으로 철저히 확대하여야 할 것이다.[9] 맥페이그는 나를 중심으로 다른 계층, 다른 생각을 가진 사람, 다른 인종, 이웃 종교의 사상, 인간이 아닌 다른 피조물 등을 객체화하고 대상화하여

---

5 샐리 맥페이그, "이 마른 뼈들이 능히 살 수 있겠느냐 ― 본문: 에스겔 37:3-5, 마태복음 16:24, 로마서 6:3," 「기독교 사상」 614(2010/2), 104.

6 샐리 맥페이그/김준우 옮김, 『기후 변화와 신학의 재구성』(서울: 한국기독교연구소, 2008), 53.

7 Sallie McFague, "Jesus the Christ and climate change," E. M. Conradie& H. P. Koster(eds.), T&T Clark Handbook of Christian Theology and Climate Change (London: T&T Clark, 2020), 518-523.

8 샐리 맥페이그, "이 마른 뼈들이 능히 살 수 있겠느냐 ― 본문: 에스겔 37:3-5, 마태복음 16:24, 로마서 6:3," 「기독교 사상」 614(2010/2), 106.

9 Sallie McFague, Super, Natural Christians. How we should love nature?(Minneapolis: Fortress Press, 1997), 32-36.

'오만한 눈'으로 바라보고 대할 것이 아니라 다른 피조물을 대할 때 주체와 주체로서 '사랑 어린 눈'으로 마주해야 함을 역설하였다.[10] 주객도식의 이원론에 사로잡혀 남성, 백인, 인간을 우위로 하고 여성, 유색인, 자연을 대상화하면서 생겨난 수많은 문제점을 조속히 고쳐야 함을 주장한 것이다. 이러한 패러다임 전환의 지평에서 신학화 작업이 이루어져야 한다.

자연을 대상화, 객체화하면서 발전된 근대 이후의 문명사적 주객도식의 이원론은 생명 죽임의 결과를 초래했으므로 생명 살림의 문명사적 전환을 시도하고 상생 정신을 회복하기 위해서는 철저한 변화가 필요하다. 이를 실행하기 위해서 맥페이그는 특별히 신학 사상에서 군주론적 시각을 내려놓고 사회적 관계망을 강화할 것을 제안한다.[11] 맥페이그는 '생명의 그물코' 개념을 도입하면서 인간의 과학과 기술의 진보로 인해 산업혁명 이후 기계화와 자동화가 진행되면서 이산화탄소 배출의 증가로 지구를 뒤덮은 '생명의 그물코'가 망가지고 이것이 지구의 피조물의 생태계에 부정적 영향을 끼쳤음을 설명했다.

자연은 죽어가고 있습니다. 우리는 죽어가는 자연에 대한 책임이 있습니다. 도도새는 이미 마지막 숨을 거두고 있습니다. 거대한 미국 삼나무가 죽었다는 소식이 들려옵니다. 동남아시아의 숲은 온몸에 피부병이

---

10 Sallie McFague, "The Loving Eye vs the Arrogant Eye," *The Ecumenical Review* 49(1997): 185-193.

11 Sallie McFague, "Jesus the Christ and climate change," 513.

난 강아지처럼 상처투성이입니다. 우리는 또한 '소멸', 즉 자연의 소멸을 경험하고 있습니다.[12]

맥페이그는 지구 전체의 건강한 체계가 무너져 내린 현상을 그냥 외면하면 안 되는 지경에 이르렀기 때문에 타인과 자연에 부정적 결과를 초래하는 모든 일을 가급적 줄이거나 속도를 늦추도록 해야 하며 적극적으로 개입해야 한다고 보았다.[13] 이러한 목표를 달성하기 위해서 맥페이그는 생태적 경제학을 주장하면서 소수의 독점과 경쟁, 탐욕만을 부추기는 시장자본주의의 문제점에서 탈피하여 다수의 공익을 추구하도록 했다.

생태적 경제학은 지구를 유기체나 공동체로 보며, 지구의 모든 부분들이 상호의존함으로써 생존하고 번창하는 것으로 이해한다. … 생태적 경제학은 포스트모던 과학적 세계관, 즉 인간은 지구의 의식이며 철저하게 지구에 의존해 있는 부분이며, 세계는 그 부분들이 서로 내적으로 관계를 맺고 있는 공동체이거나 유기체라고 보는 세계관에 기초해 있다.[14]

맥페이그는 지구와 그 안의 모든 생명체를 위해 이러한 경제

---

12 샐리 맥페이그, "이 마른 뼈들이 능히 살 수 있겠느냐"― 본문: 에스겔 37:3-5, 마태복음 16:24, 로마서 6:3," 103.

13 샐리 맥페이그/김준우 옮김, 『기후 변화와 신학의 재구성』 (서울: 한국기독교연구소, 2008), 144.

14 샐리 맥페이그/김준우 옮김, 앞의 책, 135-136.

모델의 도입이 시급한 것임을 역설한다. 지금 필요한 것은 기존의 신학뿐 아니라 경제학 이론의 재구성을 촉구하는 것이다. 소비, 물질만능주의에 종속된 오늘날의 기독인들은 성서 정신을 따르지 않고 오히려 가난한 사람들, 게으른 사람들, 낙오자들과 자원을 공정하고 지속가능하게 나누는 것을 배우지 않았다고 지적했다. 하나님 나라의 풍성한 삶을 위한 큰 잔치(마 22: 1-13; 눅 14:15-24)에 우리 모두가 초대되었다는 것은 이러한 장벽을 허물라는 것과 맞물려 있다. 하나님의 포용성과 은혜로 주어진 공기, 물, 토지 등 하나님이 공짜로 우리에게 허락하신 것을 배타적으로 소수만이 향유하는 독점물로 대체시키면 안 될 것이며, 공유재를 빌려 쓴다는 의식을 강화해야 할 것이다.[15] 인간은 자연을 지배하거나 보존할 수 있는 것이 아니라 "자연이 없이는 우리가 존재하지 않게 될 것"[16]이기 때문이다.

2. 이본 게바라의 남미 상황에서의 생태여성신학

해방 신학은 남미의 가톨릭 사제들이 성서를 남미의 상황성에서 맑스주의적 시각을 결합하여 해석하며 전개한 결과물이다. 남성 가톨릭 신학자들에 의하여 주도된 1960년대 해방 신학은 계급의 문제에 주안점을 두고 발전되었으나 성차별의 문제에는 둔감했다. 이후 여성주의적 시각이 결여된 한계를 교정하면서 해방신학자들

---

15 샐리 맥페이그/김준우 옮김, 앞의 책, 145-150.
16 샐리 맥페이그/김준우 옮김, 앞의 책, 200.

가운데에서도 여성신학적 사유에 주목하는 이들이 있었다.

이본 게바라는 유럽 식민주의 정책과 가톨릭 선교의 문제성 위에 생겨난 사회, 경제 문제의 구조적 죄악의 상황을 여성주의적 시각으로 풀어내는 대표적인 가톨릭 여성해방신학자이다. 해방 신학을 주도적으로 이끌어갔던 많은 가톨릭 사제처럼 그녀 자신도 빈민가에서 민중 여성들과 같이 살아가던 경험에서 기존 신학의 문제성과 한계를 짚어내고 신학화하였다.[17] 게바라의 대표적 저서 가운데 하나인 *Longing for Running Water. Ecofeminism and Liberation*[18]에서 그녀는 생태여성신학을 본격적으로 전개하고 있으며 다수의 고통을 야기하는 경제 질서의 문제성을 비판적으로 성찰하였다. 또한 가난한 자들에 대한 착취와 억압은 전 지구적 자연환경의 붕괴로 이어짐을 경고하면서 신학적 대안을 제시하였다. 사람들 사이에서 분배의 정의뿐 아니라 이웃 피조물에 대한 착취와 불의의 문제를 인식하도록 강조하는 것이다. 자연에 대한 억압과 착취는 곧 인간의 삶을 위협하게 된다는 의식을 갖고 인간 중심주의적 시각에서 벗어나지 못한 전통 신학을 비판하고 재구성 하는 것이다.

게바라는 무엇보다도 도시화의 문제성에 주목하면서 그 원인을 열대 우림의 파괴, 다국적 기업에 의하여 사람들이 그들의 삶의 터전과 최소한의 삶을 유지하기 위한 기본권을 상실함을 직시한다.

---

17 김혜령, "이본 게바라의 라틴 아메리카 여성해방신학과 생태여성신학 연구," 「한국기독교 신학논총」 92(2014), 199-205.

18 Ivone Gebara, *Longing for Running Water, Ecofeminism and Liberation* (Minneapolis: Fortress Press, 1999).

그 때문에 수많은 사람이 도시로 몰려오면서 도시는 과밀화와 함께 빈민화되는 현상과 빈곤의 악순환 문제를 보아내는 것이다. 당장 눈앞에 보이는 이득과 현실 타개를 위해서 자연 재원인 땅과 물을 기업에 팔아 버리고 원래 그 지역의 주민들은 기본권을 상실하여 소비자로서 더욱 큰 부담을 안고 살아가야 할 뿐 아니라 경제 격차는 더욱 커져 버려서 종국에는 희생자가 되고, 자연 또한 이러한 구조에서 희생을 당하게 된다는 것이다. 게바라는 지구 북반구 사람들의 소비패턴으로 인하여 지구 남반구, 특히 브라질 열대 우림을 기반으로 했던 사람들과 자연의 삶이 망가지게 되었다고 본다. 그러나 전통 신학은 이러한 사회경제적 체제의 문제에 대한 아무런 해법도 제시하지 못하였다. 기존의 주류 전통 신학이 놓치고 있던 계급 차별의 문제들을 해방 신학이 주목했다면, 게바라는 여기서 더 나아가 계급 차별과 성차별의 문제성, 자연에 대한 착취가 현대인의 삶을 뒷받침하는 도구로 전락된 전 지구적 문제 상황과 교차성에 주목하였다.

자연에 맞서는 어떤 침략적 행태에서 실제 목표물이 되는 것은 그 일대에 사는 원주민들이다. 그 특정 지역의 동물, 식물 혹은 강의 물고기를 파괴하려는 직접적 의도가 있던 것은 아니다. 그럼에도 불구하고 인간에 맞선 공격성은 동시에 모든 자연에 대한 공격이 되며, 결국 자연에 대한 공격성은 인간을 향한 무기가 된다. 우리는 모든 삶을 망가트리기 위해 자연을 오염시킨다. 바로 그 때문에 이러한 방식으로 우리는 인간의 삶도 망가트릴 수 있다. … 우리는 자연을 희생자로서 그리고 또한 무기로 사용한다.[19]

게바라는 자연이 파괴되는 것은 결국 인간의 삶을 파괴하는 것으로 이어질 것이기 때문에 하나님의 몸으로 정의되는 지구에 사는 모든 피조물에 대한 상호연결성, 의존성과 관계성을 회복하기 위한 노력이 시급함을 강조했다. 종래의 신학이 인간 중심주의에 갇혀 있었고, 가부장적 체계의 틀 안에서 작동하였다면 여성 생태주의는 여성에 대한 폭력의 패턴과 자연에 대한 인간 폭력의 잔혹성의 패턴이 유사함에 착안하여 인간의 진정한 해방을 위한 신학이 피조물의 해방을 염두에 두도록 하는 것이다. 게바라는 억압의 구조와 위계질서가 아니라 상호 연관성을 생명을 위한 필수적인 조건이라 본다.

> 유대관계(relatedness)란 상호의존적 정의, 생태 정의를 위한 길을 열어 준다. 그것은 정의가 유기체적 생태체계를 포함한다는 것을 뜻한다.[20]

기존의 신학 이론은 계급에 기반한 차별을 끊임없이 확대, 재생산하였고, 억압과 지배의 기존 체제를 정당화하는 시녀 노릇을 한 것이다. 따라서 이러한 신학적 이해와 사상은 피조물 상호 간에 관계성과 연관성, 유기체적 우주 이해에 도움이 되지 못하였다. 기존의 신학이 하나님의 전지전능성과 그 하나님을 대리하는 백인 남성 위주의 인식론을 포함한 인간 중심주의적 구원론의 시각에

19 Ivone Gebara, Op.cit., 27-28.

20 Ivone Gebara, *Out of the Depths. Women's Experience of Evial and Salvation* (Minneapolis: Fortress Press, 2002), 143.

머물렀기 때문에 생태여성주의적 신학은 피조물을 포함한 이웃에 대한 감수성과 입체적인 시선으로 재구성, 재탄생되어야 한다. 게바라가 추구하는 것은 기독교 신학의 가부장주의와 이원론주의로부터의 급진적 선회이다.[21]

또한 게바라는 종래의 가톨릭교회의 입장이 과학과 적대적 관계에 있었다고 보고 이를 수정하고자 했으며 과학 이론을 적극적으로 수용하였다. 진화론을 거부, 타부시했던 이전의 가톨릭 신학으로부터 선회하여 인간과 우주의 온 생명들과의 유기체적 연관성을 말하며, 그 안에서 생태적 감수성을 찾아내고자 한 것이다. 이러한 방법으로 지성과 영성의 조화를 추구하던 그녀는 선과 악의 근원에 대한 신학적 해답을 찾기 위해 고민하며, 병, 죽음, 자연재해 등 창조 세계 안에 드러나는 우주적 악이 지니는 파괴적 힘 가운데에서도 생명의 진화 과정을 발전시키는 선한 힘의 존재를 증언하고 악의 문제에 접근하였다.

> 우리는 단순히 인간 중심적 기독교 이해를 버리고 우리 자신을 열어서 구원을 더욱 생명중심적으로 이해하여야 한다. 예수의 인류애에 우리는 생태적 관점을 덧붙여야 한다. … 여성생태주의의 관점을 이용하여 말해 본다면 예수는 모든 존재의 생명을 향한 경외와 모두를 위한 풍성한 삶을 선포하였다. 예수의 태도와 행동은 기독인들이 항상 새로운 관계

---

21 Ivone Gebara, "The Christian story of God's work-a Brazilian response," E.M. Conradie& H.P. Koster(eds.), *T&T Clark Handbook of Christian Theology and Climate Change*, (London: T&T Clark, 2020), 467.

를 형성하도록 가리키고 있다고 말할 수 있겠다. 그것은 오늘날 우리가 인간과 땅 사이에 긍정적 관계를 형성하도록 돕는 것이다.[22]

지구 북반구와 남반구의 다른 지역적 상황 속에 있던 맥페이그와 게바라는 각자의 삶의 자리에 따라 다양한 접근을 시도하고 있었다. 이들에게서 공통적인 것은 종래의 신학이 생태 감수성을 간과한 인간 중심의 구원론을 강조한 것에 분명히 한계가 있음을 지적하고 구원의 우주적 지평을 열어두었다. 북미, 유럽의 소비자의 생활 패턴을 위한 다국적 기업의 공장식 생산 방식과 보편화된 소비지상주의에 의한 전 지구적 문제 상황도 맥페이그와 게바라의 시각에서 공통적으로 포착된다.

3. 박순경의 통일을 지향하는 생태여성신학

서구 백인 중산층 여성들에 의하여 주도되고 발전되던 여성신학의 이론을 단순히 수입하고 번역, 번안하던 작업에서 벗어나 한국적 분단 상황에서 독자적으로 여성주의적 담론을 신학화하였던 독보적인 인물이 박순경이다. 본격적인 조직신학적 기초 위에 여성신학을 접목한 박순경은 스위스의 신학자 칼 바르트(1886~1968)의 신학과 사상이 여성신학 논의에 긍정적, 적극적으로 적용될 수 있음을 통찰한 신학자이다.[23] 바르트는 예수 탄생에 대한 해석에서 남성의

---

22 Ivone Gebara, *Longing for Running Water, Ecofeminism and Liberation*, 183-184.
23 박순경, 『통일신학의 여정』 (서울: 한울, 1992), 245-257; 박순경, 『민족통일과 기독교』

개입이 배제된 마리아의 예수 출산의 의미를 부각시켰고, 이 새로운 역사의 시작을 강조한 바 있다. 이러한 해석에 근거하여 박순경은 여성신학의 기반으로 남성 지배의 이데올로기로부터 자유로운 신학적 해석을 추구하였다. 한국의 상황신학을 전개했던 박순경의 신학은 한반도의 상황에 대한 인식으로부터 출발하여 민족의 문제, 분단의 현실에 열정적으로 주목했다.

박순경은 한국 여성신학이 남성 중심의 이데올로기에 대항하는 여성 이데올로기를 구축하고자 하는 것이 아니라 분단 국가의 현실 속에서 군사주의와 사회경제적 불의에 대항하는 외침이 될 것과 파수꾼의 역할을 감당해야 함을 역설하였다. 북한 주체사상에 대한 이해를 시도하고 남한 반공주의 기독교의 문제를 비판하다가 옥고를 치루기도 했던 박순경은 민중과 여성보다 큰 단위체로서의 민족 개념에 집중하였다.

> 민족은 민중과 여성보다 더 포괄적인 말이다. 그러나 민족은 눌린 자 민중과 여성의 시각에서부터 보아져야 한다. 그렇게 볼 때에 민족 내의 모순, 불평등, 불의가 드러나게 된다.[24]

특히 박순경은 70년대 민중신학의 민중 개념이 1920년대에 세계적으로 태동한 사회주의적 민중 개념과 피식민지의 한민족과

(서울: 한길사, 1986), 232ff.

24 박순경, "이화여대 은퇴강연: 회고와 전망," 『통일신학의 고통과 승리』 (서울: 한울, 1992), 25.

세계 혁명의 영향 속에서 등장한 민족 해방, 민중 해방을 지향한 민중 개념에 의해서 보충되어야 한다고 주장했다. 신학적으로는 사회주의적 해방 이론을 신학에 접목시켰던 바르트 좌파 해석을 옹호하였다.[25] 자본에 의하여 많은 것이 잠식되고 조종되는 현실 속에서 소수에 의한 다수의 지배 현실, 빈부격차의 극대화의 문제, 이윤추구만을 우선시해서 생겨나는 환경 문제 등 생명의 가치를 경시하는 사회경제 체제의 문제성을 고발하고, 신학적으로 새로운 방향성을 지향해야 함을 강조한 것이다. 박순경은 양적 성장 위주의 한국교회와 이를 뒷받침하는 개신교 승리주의적 이념을 동조하는 신학의 한계에 대해 예리한 비판과 함께 예언자적 정신을 회복하고 이를 위하여 통일 운동에 능동적으로 동참하여 이론적 신학과 실천적 행위의 조화를 추구하였다. 박순경에게서 "민족, 민중의 어머니 여성은 민족사와 사회에 내포된 남성 지배 의식과 구조를 극복하도록 하면서 동시에 통일된 평등사회 창출을 위해서 민족, 민중을 대변해야 하는 힘겨운 멍에를 짊어지고"[26] 있는 존재이다. 그러한 여성들이 주체가 되는 "여성신학은 여성들만의 신학이 아니라 특히 남성들에게도 필요한 것이다."[27]

박순경은 한국 여성신학이 다루어야 하는 많은 과제와 주제들 가운데에서도 특히 종말론적 급진적 희망 가운데 한반도를 둘러싼 주변의 정치적 상황을 냉철히 바라보고, 자본에 의해 조종되는

---

25 특별히 헬무트 골비쳐의 신학에 대하여 주목하였던 바 있다. 이에 대해서는 박순경, "헬무트 골비쳐, 자본주의 혁명의 의의," 『통일신학의 미래』 (서울: 사계절, 1997), 218-229.
26 박순경, "이화여대 은퇴강연: 회고와 전망," 『통일신학의 고통과 승리』, 25.
27 박순경, "이화여대 은퇴강연: 회고와 전망," 25.

경제 구조와 군비 경쟁을 통해 야기되는 문제성을 인식하도록 노력하였다. 즉 계층, 인종, 성차별을 포함한 교차성의 문제뿐 아니라 분단과 군사적 대치의 상황을 냉철하고 입체적으로 바라보게 한 것이다.

박순경이 추구한 생명을 담지하는 생태여성신학은 기존의 북미 생태여성신학의 주창자들과 그 결이 전적으로 달랐다. 왜냐하면 수적으로 우세를 보인 주류 북미 여성신학자들과 이들에게서 영향받고 서양적 오리엔탈리즘을 극복한다고 하면서 동양의 사상적 우위를 말하는 옥시덴탈리즘에 젖은 국내의 여성신학자들은 원시 신화들에서 보여지는 자연과 여성의 출산력이나 자연의 위력을 신격화하며 우주와 인간의 기원을 상징화하거나, 동양 종교에서 사용되는 물, 바람 등의 도가적 이미지를 기독론으로 대체하는 시도, 혹은 출산과 다산에 연관된 여성 신화의 이야기를 되살려내는 작업에 천착하기 때문이다.[28] 박순경은 한국 여성신학을 전개하는 데 있어서 민족과 어머니성의 모델을 강조하는 민족의 어머니 시원을 원시 모권 시대나 원시 모신상들, 여신상들에게 찾지 않았다. 출산력에 집중하는 그러한 적용을 오히려 신랄하게 비판하였다.

그러한 접근 방식에 대해 박순경은:

출산력의 신격화이며, 여성됨의 신적 근원을 상징적으로 암시해 줄 뿐이며, 우리는 어머니됨의 시원과 패러다임을 역사에서 찾아야 한다. 그

---

28 이러한 유형의 여성신학자들에 대한 비판은 다음의 책을 참조: 김애영, 『여성신학의 비판적 탐구』 (오산: 한신대학교 출판부, 2010), 133-159; 195-228.

패러다임을 우리는 어머니들 혹은 딸들이 민족의 멸망 위기에서 민족의 운명과 명맥을 짊어지고 투쟁한 남편들과 자식들을 뒷바라지하기도 하고 직접 역사 현장에서 투쟁하기도 한 항일 민족운동의 역사에서 인지한다. … 가족의 울타리를 넘어서 여성들이 민족의 운명과 명맥의 담지자들이 된 것이다. … 민족의 어머니는 통일모국과 통일 민족 공동체의 산출을 미래 목표로 삼고 역사 현장에서 투쟁하고 노동하는 여성들을 총칭하는 상징이다. 민족의 어머니는 남성 지배 이데올로기의 신비화가 아니라 민족사의 과거, 현재, 미래를 포괄하는 인류 관계성의 시원을 의미한다.[29]

박순경은 창조신앙을 동양 철학자들이 생각하는 주역의 자연 철학에서의 태극이나 음양의 원리와 동일시하지도 않았다. 태극이나 음양의 원리가 동양인들의 심오한 자연 철학 사상을 담고 있지만, 이것이 역사에 오시는 창조자 하나님을 드러내는 것이 아니며, 하나님을 자연 원리로 축소해 버릴 수 없음을 강조했기 때문이다. 박순경은 도교의 도나, 스토아 철학에서 말하는 자연법, 우주의 로고스 등 자연의 신적 근원을 추종하는 그러한 암시를 인간 정신의 차원이라고 보았다. 반면 자연 세계가 하나님의 피조물이며 모든 땅이 하나님의 땅이라는 출애굽기와 레위기 전통에 따른 희년법의 선포가 역사에 오시는 구원자 하나님에 대한 신앙임을 강조한다.[30]

---

29 박순경, "민족, 가족, 여성: 통일민족공동체를 위한 여성의 역할," 『통일신학의 미래』, 275-276.
30 박순경, "역사에 오시는 하나님," 『통일신학의 미래』, 138-139.

이러한 맥락에서 박순경은 생태여성주의 신학이 희년의 정신에 근거를 둘 수 있어야 하며, 범신론으로 귀결되지 않도록 경계했는데, "삼위일체 하나님을 긍정할 때 우리는 범신론에 귀착할 수"[31] 없기 때문이다.

> 하나님은 자연을 창조하시고 그 안에서 역사하시되, 또 역사 안에서 역사하시되, 자연과 혹은 역사적 정신이라는 것과 동일화될 수 없다. 자연이 무궁무진하게 산출하는 것… 같아도, 자연은 창조자 하나님, 삼위일체 하나님이 아니다.[32]

박순경은 로마제국 시대의 남성 지배의 교의적 산물이라고 국내외 여성신학자들이 거부하는 삼위일체론을 포기하지도 않았으며, 더욱이 성령 운동이나 영성 이해를 강조할 때 땅과 물질 구조에 깔려 있는 불의와 죄악을 외면하지 않도록 했으며, 환각 상태에 빠지거나 정신 수양 혹은 사후 천당 가는 일에만 몰입하는 것을 경계했다. 그와 같은 탈사회적, 비역사적 영성 추구의 방향성을 땅, 물질 구조의 문제, 민족의 문제로 전향시키고자 했던 것이기 때문에 박순경이 추구한 생태여성신학적 내용도 이러한 거시적 관점에서 고찰되어야 한다. 박순경의 신학적 표현에 굳이 그 단어들이 문자적으로 많이 등장하지는 않지만, 내용적으로 해석해 낼

---

31 박순경, "통일신학의 여정을 위한 홍근수 목사의 비평에 대하여," 『통일신학의 미래』, 216.

32 박순경, 앞의 글, 216.

수 있다는 뜻이다. 생태여성신학을 추구하는 다수의 여성신학자들과 달리 박순경이 동양 종교의 이미지를 극대화하거나, 여신 탐구와 숭배가 이상적인 생태여성신학이 아니라고 본 이유는 예수의 하나님 나라 선포와 그의 메시아 됨의 종말적 의미를 몰각해서는 안 된다는 데 있다. 여성신학, 여성교회의 "기초와 궁극적 미래는 메시아, 그리스도와 그의 나라이지 여신들이 아니다."[33]

남성 지배 구조의 문제성을 말한다는 것은 성폭력, 성인지감수성의 차원에서만이 아니라 사회경제적 지배 구조와 맞물려 고찰되어야 하며, 그것은 정치, 경제, 군사적 지배 구조와도 연결되므로 민족과 세계의 문제들을 몰인식한 상태로 성평등과 여성주의 의식만을 부각시킬 수는 없는 것이다. 박순경은 군산 복합체의 문제성과 한반도에서의 위험성을 말하는데, 그것이 구체적으로 한국적 생태여성주의 신학의 상황이며 주제이다. 따라서 박순경은 남한이 세계자본주의 체제에 편입되어 한국전쟁 재난 복구 사업의 추동력에 힘입어 급속도로 경제 성장했으나, 그 결과 미국 의존도가 높은 경제 구조가 편성되었고, 남북 전체가 미국 지배의 세계 질서에 흡수되어 버리는 문제에 직면해 있음을 일찍이 경고하였다. 탈냉전, 탈이념으로 변화된 세계에서 여전히 미국의 이익에만 부합하는 세계 질서 형성에 기여하는 것이다. 한반도 전체가 미-일의 군사 경제 세력권에 편입되냐 아니면 남북의 민족 대단결에 의한 자주 민족 국가 수립과 자주적 평화 통일을 이룰 수 있느냐가 관건이다.

---

33 박순경, "하나님 나라와 여성교회," 『통일신학의 미래』, 247.

통일의 과제는 1920년대 이래의 좌우 연합 전선이라는 민족사적 주제를 계승하는 것이며, 이 주제는 좌우의 대립 분열을 넘어서서 양자를 상호 보완하고 제3의 새 민족 사회 창출을 외치는 민족의 소리다.[34]

결국 박순경이 지향했던 것은 자본주의와 사회주의의 병폐를 고쳐서 한반도에 제3의 길을 모색하는 것이다. 그것은 이미 7.4 남북 공동성명의 3대 원칙인 자주, 평화, 민족 대단결에 의한 통일, 연방제 통일 방안, 남북 기본 합의서에 함축되어 있는 의미를 실현하는 것이었다.

한반도와 그 주변을 둘러싼 군사적 우위를 점유하고자 하는 군비 경쟁, 무기, 군사적 기지 건설로 인한 자연과 환경 파괴의 현상은 우리의 일상이 되어 버렸다. 또한 자연의 이치를 역행하고 지속성을 담보하지 못하는 무분별한 국토 개발과 소수의 오락을 위한 레저시설로 인하여 자연 훼손형 개발이 이루어지는 것은 공정과 상식의 파괴 현상의 극히 일부일 것이다.

오늘날 한국의 경제력 지표는 OECD 관련, 여러 도표에서 보여주듯이 상당히 향상되었다. 그러나 자살률, 이혼율, 행복지수와 불평등 지수 등은 이러한 경제 지표와 동반 상승하지 않는 경향을 보여준다. 독일의 사회학자 울리히 벡이 말했던 『위험사회』[35]의 징후들이 우리 사회 곳곳에서 그대로 드러난다. 사회적 안전망이 제대로

---

34 박순경, "북미 핵공방과 한반도 위기를 넘어서는 통일의 전망," 『통일신학의 미래』, 320-321, 326-327.
35 울리히 벡/홍성태 옮김, 『위험사회』 (서울: 새물결, 2014).

구축되지 않은 상태로 부의 편중 현상은 더욱 가속화되었고 사회 저변에 청년실업, 노인 빈곤, 돌봄과 위험 노동의 외주화 등 많은 부작용이 교정되지 못하고 있다. 자본에 의해 모든 것이 지배되고 이윤추구만이 극대화되어 여러 유형의 문제성이 팽배한 한국 상황에서 위험에 대한 막연한 낙관론이나 일시적 도피책, 망각 증상만 가중시킬 것이 아니라 생명을 중시하는 근본적인 신학적 방향 전환과 아울러 사상적 전환, 정치, 경제적 구조 전환을 촉구하는 시각은 매우 시급하고 필요하다.

특별히 한국적 상황에서의 생태여성주의 신학은 박순경이 그 기초를 다져 놓은 것처럼 한반도의 평화적 공존과 상생, 통일을 목표로 설정되고 전개하여야 할 것이다. 한국의 비무장지대(Demilitarized Zone)는 남한과 북한의 이분법적 적대적 관계의 표상이며, 단절의 상징이다. 한국적 생태여성주의 신학의 과제로 한반도의 평화적 공존과 통일을 지향하면서 우선적으로 분단의 상징인 비무장지대를 꿈과 소망의 공간(Dream Making Zone)으로 바꾸어야 할 것이다.[36] 그렇게 될 때 이사야의 종말론적 비전(사 11:6-9)을 이 땅에 구현할 수 있는 하나의 가능성을 보여주게 될 것이며, 그것이 구체화될 수 있도록 신학은 불가능을 가능하게 하시는 하나님의 궁극적 빛에서 그 소명을 다해야 할 것이다.[37]

---

36 Meehyun Chung, "Seeking the Lost Three fold Thoughts: Relationships with God, Earth and Human Beings," *Madang. International Journal of Contextual Theology*, 22(2014/12): 131-132.

37 Meehyun Chung, "Salvation for All! Cosmic Salvation for an Age of Climate Injustice: A Korean Perspective," Grace Kim(eds), *Planetary Solidarity: Global Women's Voices on Christian Doctrine and Climate Justice* (Fortress Press, 2017), 234-235.

III. 개혁신학적 생태여성신학 담론

이상에서 살펴본 것처럼 그동안의 기존의 신학은 기후 재앙의 시대에 여러 가지 한계와 문제성을 드러내었다. 그러나 전통 신학의 문법과 사상은 독소 신학이고 생태여성신학은 그에 대한 대안이며 이상적 해법이라고 단순히 이항대립적 체계로 간주하기보다는, 전통 신학과의 연속성과 비연속성 가운데 비판적 성찰과 상보적 결합이 필요하다. 이 단락에서는 생태여성신학적 담론을 전개하는 데 있어서 박순경이 신학적으로 기대어 있던 칼 바르트의 신학적 요소를 창조와 구원의 큰 틀 가운데 생태여성신학적 차원에서 다루어 보고자 한다.

바르트의 신학은 미국 여성신학자들로부터 여성 혐오주의 신학이라고 폄훼되거나 부정되었다. 이러한 입장을 대표하는 여성신학자들 가운데 몇 명의 예를 들면 개신교 신학자들 가운데 로즈마리 류터, 캐서린 캘러, 가톨릭 신학자인 메리 데일리 등이 있다.[38] 이에 비해 바르트의 신학 사상을 여성신학에 접목하는 여성신학자들도 존재하는데, 그 대표적인 인물은 개신교 신학자 가운데 샐리 맥페이그, 레티 러셀, 신시아 리그비, 세레네 존스 등이 있고, 가톨릭 신학자에는 엘리사벳 존슨 등이 있다.

1930년대 히틀러주의가 등장하고 파괴적인 1, 2차대전을 경험한

---

38 Rosemary Radford Ruether, *Sexism and God-Talk. Toward A feminist Theology* (Boston: Beacon Press, 1983), 95, 98; Catherine Keller, *Apocalypse Now and Then* (Boston: Beacon Press, 1996), 69, 301ff.; Mary Daly, *Beyond God the Father. Toward a Philosophy of Women's Liberation* (Boston: Beacon Press, 1973), 3, 19, 22, 70.

172 | 2부 생태적 위기 속 생명신학

상황에서 바르트는 인간의 자의적인 주장이나 이념을 절대시하지 않아야 한다는 점에서 하나님의 전적 타자성, 초월성을 강조하였다. 그의 시대에는 기후 위기나 인공지능의 기술의 문제성이 신학적 주제가 되지 않았다. 그의 사상을 모든 상황에 적용해서 해법을 찾는 것은 당연히 가능하지 않다. 그러나 그가 살았던 당시 상황 분석 능력과 상황 신학화 작업의 원리는 오늘의 시점에도 적용해 볼 수 있을 것이다. "한 손에는 성경, 다른 한 손에는 신문"[39]을 들고 "오늘의 신학적 실존"(Theologische Existenz Heute!)의 의미와 상황신학적 긴박성에 주목했던 바르트가 예수 그리스도의 복음의 우선성을 강조한다는 것은 하나님 나라를 향한 비전 가운데 우리는 이 땅에서의 정치-경제적 실재성과 상황에 연결되어 있음을 역설하는 것이다.

> 당신은 정치적인 인간이 되지 않고 하나님의 나라에 대하여 믿을 수 없습니다. 모든 기독인은 정치가이며, 예수 그리스도의 나라에 대하여 선포하는 교회는 그 자체가 정치적 현실인 것입니다.[40]

오늘날의 정치적 현실과 상황은 기후 재앙에 대해 구체적으로 응전하는 것이다. 이하의 단락에서는 바르트 신학과 바르트 신학의 문법에서 생태여성주의적 담론에 적용할 수 있는 요소를 다음과

---

39 Cf. Karl Barth, "Interview von Freddy Kloppenstein, 1966," Karl Barth, *Gespräche 1964-1968. Gesamtausgabe IV*, hrsg. von E. Busch, (Zürich: Theologischer Verlag Zürich, 1997), 242-243.

40 K. Barth, "A Theological Dialogue," *Theology Today* 19(1962/2), 176.

같이 간추려 보고자 한다.

1. 창조와 계약의 상호성

칼 바르트 신학에 있어서 계약과 창조의 관계는 밀접하게 상호 연관되어 있다. 계약의 역사가 창조의 목적이며, 창조 자체는 계약 역사의 시작이다. 그의 명제에 따르면 창조와 계약은 상호 간에 내적, 외적 근거가 된다. 창조는 '계약의 외적 근거'이고, 계약은 '창조의 내적 근거'이다.[41] 창조는 계약이 외적으로 가시화되어 드러난 형태이며, 계약은 창조의 비가시화된 내적 토대를 마련한 것이다. 우주의 창조는 하나님의 자기 계시의 증거이며 지속성을 지닌다. 그 창조는 구원 사건과 별개의 것이 아니라 이어져 있다. "창조는 구속을 위한 자연적 근거이며, 구속은 창조를 위한 영적 근거이다."[42] 바르트는 하나님과 인간 그리고 피조물 사이의 사랑의 계약관계로 드러난 창조 안에서 남성과 여성의 관계가 상호 협력적임을 말하고 있다.[43]

창조와 계약이 긴밀한 연관성 속에서 상호작용한다는 것은 하나님의 긍정이 이 창조 안에 드러나 있다는 것이며, 창조는 하나님의

---

41 칼 바르트/신준호 옮김, "창조에 관한 교의," 『교회 교의학』 III/1, (서울: 대한 기독교서회, 2015), 129-425.

42 K. Barth, "A Theological Dialogue," 172.

43 여성의 종속성 관련 논란이 되는 부분에 대해서는 다음의 논문을 참조. 정미현, "한국여성 신학자로서 나는 바르트 신학을 어떻게 이해하는가?" 『또 하나의 여성신학 이야기』, (서울: 한들, 2007), 336-342.

선하신 행위의 결과물이다. 즉, 창조는 구속사적 관점에서 보일 수 있다. "인간이 자신의 현존재 및 존재 형식을 하나님으로부터 구분되는 모든 현실성과 함께 하나님의 창조에 힘입고 있다는 사실의 통찰은 오직 하나님의 자기 증거의 수용 및 대답 안에서만, 다시 말하여 오직 예수 그리스도에 대한 믿음 안에서만 성취될 수 있으며, 예수 그리스도 안에서 실현된 창조자와 피조물의 합일의 인식 안에서만 그리고 그분을 통하여 매개된(창조자 하나님의 현재 안에 있는, 그분의 의로우심 아래 있는, 피조물에 대한 그분의 선하심의 경험 안에 있는) 삶 안에서만 성취될 수 있다."[44]

바르트의 창조론은 사도신조 1항에서 언급된 것 같이 신앙의 조항이며, 믿음의 교의라는 것으로부터 출발한다. 하나님께서는 현실적으로 홀로 계시지 않으며, 인간도 마찬가지로 홀로 존재하지 않는다.[45] 인간이 존재하는 것과 존재 자체가 하나님의 은혜 사역이다. 하나님의 존재와 함께 그 신적 의지와 실행이 창조 안에 드러나는 것이다. 이것은 고대 교부와 중세 스콜라신학을 거쳐 가톨릭 전통뿐 아니라 종교개혁자들에게도 이어지는 하나님의 선의 충만함에 기초한 창조에 대한 이해이다. 곧 우리의 믿음의 근간을 이루는 것은 창조에 깃들여진 하나님의 선에 대한 인식이며, 그것이 하나님에 대한 신앙으로 귀결된다. 창조는 은혜의 결과물이며, 그것을 이해하는 통찰력은 믿음과 연결되고 하나님의 구원 신비를 이해하는 도구이며 열쇠가 된다.

---

44 칼 바르트/신준호 옮김, "창조에 관한 교의," 『교회 교의학』 III/1, 13.
45 칼 바르트/신준호 옮김, "창조에 관한 교의," 『교회 교의학』 III/1, 42-43.

창조의 의도와 목적은 인간과 맺은 하나님의 계약 역사와 연관되고, 이 역사의 정점에 예수 그리스도의 화해 사건이 있다. 창조 자체와 계약 역사의 상관관계가 성립된다.[46] 이러한 창조를 섭리 신앙의 관점에서 볼 때 창조와 계약은 인간 중심주의가 아니라 우주론적 지평에서 보아야 한다. 창조 안에는 인간만이 등장하는 것이 아니기 때문이다. 땅으로 상징되는 자연은 객체화, 대상화될 것이 아니며, 소유가 아닌 공유의 개념으로 자연을 주체로 마주하는 접근이 필요하다. 인간은 청지기 사상을 내세워 자연을 관리한다고 쉽게 말하지만, 자연은 인간 없이 더 잘 살 수 있으나 인간은 자연의 혜택을 받고 존재하며 그 자연 없이 독자적으로 살 수가 없다. 자연이 인간에 의존하는 것이 아니라 인간이 자연에 의존한다. 그러므로 인간이 자연의 관리자나 청지기가 될 수 없으며, 지배자가 된다는 오만은 더욱 내려놓아야 한다. 하나님의 선의 실현인 이 창조의 훼손은 모두 인간에 기인하며, 인간이 아닌 비인간으로서의 피조물 또한 하나님과의 계약관계 안에서 존재함을 인정해야 할 것이다.

2. 관계의 유비[47]

하나님과 피조물의 관계를 관계의 유비(*analogia relationis*)로 풀고자 한 바르트의 시도와 그의 존재의 유비(*analogia entis*)에 대한

---

46 칼 바르트/신준호 옮김, "창조에 관한 교의," 『교회 교의학』 III/1, 63.
47 이 부분은 다음의 논문을 수정, 보완한 것이다. 정미현, "한국여성신학자로서 나는 바르트 신학을 어떻게 이해하는가?" 『또 하나의 여성신학 이야기』, (서울: 한들, 2007), 348-350.

거부는 하나님을 생물학적 성으로 규정하고 이미지화하는 남성성 지배 이데올로기에 맞서는 좋은 근거가 될 수 있다. 왜냐하면 존재의 유비 관점은 하나님을 특정 성에 국한하여 축소해 버리는 일반적 견해를 오히려 뒷받침할 수 있기 때문이다. 하나님, 인간과 피조물의 관계 유비는 범신론의 위험을 경계하면서도 여성신학에서 주목하는 피조물의 내적 연결성, 상호의존성과 상호종속성의 기반이 될 수 있다.

또한 존재의 유비에 대한 바르트의 거부는 제1 바티칸공의회와 자연신학에 대한 거부와 맞물려 있는데, 이러한 내용은 19세기에 본격적으로 등장했던 문화개신교주의(Kultur Protestantismus)와도 연결되어 있었다. 즉, 존재의 유비에 대한 바르트의 거부는 하나님을 이 세상의 한 객체로 인식하고 세계 내적 대상으로 축소시키는 것을 비판하는 것이다. 바르트는 문화개신교주의자들이 이러한 인간의 자의적 이념을 신격화하고 오히려 복음의 내용은 문화 현상으로 남아있게 만드는 것을 지적한 것이다. 즉, 기독교는 관혼상제를 위한 형식적 껍데기로만 작용하는 것을 경계하였다.

여성신학이 존재유비가 초래한 신학의 문제성을 인식한다면, 방법론적으로 자유주의신학의 한계 또한 포착할 수 있을 것이며, 그러한 점에서 바르트의 신학은 상대적으로 여성신학에도 시사하는 바가 크다. 존재유비에서 가장 문제적인 것 가운데 한 가지는 하나님과 인간 존재의 내적 연속성을 말하는 것이다. 존재유비에 근거한 신학은 끊임없이 하나님의 남성적 이미지를 강화시키는 이념으로 사용될 수가 있다. 이러한 편협한 남성주의적 신 이해를 거부하며 등장한 여성신학은 하나님의 여성성, 여성적 이미지의 하나님을 강조하였다. 물론 이러한 교정 작업은 무척 시급하고 중요하다. 그러나 여성신학이 이 여성성 이미지에만 집중하다 보면 여성신학은 하나님의 실재성(Gottes Wirklichkeit)을 강조하기보다는 인간의 실재성에 더욱 비중을 두었던 문화개신교주의를 다른 방향에서 반복하고 재현하게 될 수 있다.

반면 존재유비를 거부한다는 것이 세상의 문제를 외면한 채 추상적이며 비현실적 하나님을 말한다는 뜻은 결코 아니다. 인간의 고유한 특성과 가치를 부정하는 것도 아니다. 오히려 하나님과 인간의 존재적 연관성을 거부함으로써 하나님을 인간의 사고와 인식의 객체로 대상화하는 것이나 특정한 성에 가두어 두는 것을 경계할 수 있겠다. 왜냐하면 하나님은 인간의 사고와 인식에 국한되거나 동일시될 수 있는 존재가 아니라 그것을 뛰어넘는 자유로운 존재이기 때문이다.

문화개신교주의는 이념적으로 19세기에 자본주의의 팽창과 식민주의와 서구 중심의 민족주의와 정복적, 제국주의적 개신교 선교의 이론적 근거를 뒷받침하였던 유럽 기독교의 산물이다. 문화개신교주의를 표방한 19세기의 자유주의신학은 하나님을 세계와 밀접하게 관련되어 있는 존재이자 세계 내적 존재로 축소하였고, 인간의 내면, 인간의 제한된 사상 안에 하나님을 가두어 두었다. 물론 하나님과 세계와의 관련성 그것 자체가 문제는 아니다. 핵심은 하나님의 존재가 세계 내적 대상으로 환원되었다는 것인데, 그것은 곧 인간의 의도, 관념, 사상 자체를 신적인 것으로 절대화시켜

버렸기 때문이다. 그 결과 인간 자신이 신격화되었고, 상대화되어져야 하는 것들이 절대화되면서 인간의 사상, 이념이 절대적 우위에 놓이게 되었다.[48]

하나님의 비밀인 그리스도 안에는 모든 지혜와 지식의 보화가 감추어져 있는 것이다(골 3:2). 이 그리스도 안에서 자연, 역사와 사회에 대한 관심을 새롭게 해석하자는 것인데 그것은 하나님, 인간과 피조물의 관계성 안에서의 신학의 토대를 단단히 다진 것이다. 과정신학자들 뿐 아니라 여성신학자들도 하나님을 관계성 안에 계신 존재자로서 파악한다.[49] 홀로 격리된 하나님이 아니라는 것을 강조하기 위해서이다. 그런 점에서 관계의 유비를 통한 신학화의 언어를 제시한 바르트의 신학과도 충분히 접점이 있다.

'전적 타자'라는 바르트의 개념이 상대화되어야 하는 것을 절대

---

[48] 바르트는 문화개신교주의의 결과물로 등장한 1, 2차 세계대전을 겪으면서 다시 기독론에 집중했다. 그러나 그것은 배타주의적 유형의 기독론이 아니라, 내재적 초월성을 강조한 포용적, 역설적 기독론인 것이다. 그리고 그 기독론이 추구하는 궁극적 목적은 인간의 진정한 해방이었다. 바르트는 그의 기독론을 화해론에서 "빛의 이론"으로 재구성하였다. 독일 나치즘에 대한 저항의 물꼬를 텄던 바르멘 선언의 제 1항을 냉전시대를 겪으면서 화해론 IV/3 §69에서 다시 주요 명제로 다룬 것이다. 1933년도의 바르멘 1항의 해석이 자연신학에 대한 전적 부정의 언어로 등장했다면, 1959년에서는 계시 경험을 보다 더 긍정적인 관계 안에서 설정하는 것이었다. 이 "빛의 이론"은 이웃 종교와의 대화의 모델을 모색하는 것이며 세계의 사건들에서 보여지는 참된 말씀들과 진리들, 비유에 대한 접근, 자연신학의 재해석의 가능성을 말한 것인데, 그렇다고 해서 자연신학으로 그가 무턱대고 회귀한 것이 아니라, 긍정적 접근과 보완을 모색한 것이라 볼 수 있겠다. 참조: 정미현, "바르멘 선언 제1항과의 관련성 속에서 본 자연신학의 문제," 「한국 조직신학 논총」 1(1995), 85-101.

[49] 이를 대표하는 여성신학자들은 다음과 같다. Isabel Carter Heyward, *The Redemption of God: A Theology of Mutual Relation* (Washington, D.C.: University Press of America, 1982); Rita Nakashima Brock, *Journeys by Heart: A Christology of Erotic Power* (New York, Crossroad, 1988).

화하는 것을 경계하는 하나님의 초월성을 강조하기 위함이었다면, '관계의 유비'는 하나님과 사랑의 계약관계 안에서의 피조물과의 상호연결성과 상호의존성을 보완해 주는 신학적 문법이라고 볼 수 있겠다. 이러한 상호연결성, 상호의존성은 자연과 인간, 인간과 인간, 인간과 하나님과의 관계성을 강조하는 여성생태주의적 담론에서도 주목하는 가장 중요한 화두이다. 이 점에서 개혁주의 신학을 20세기에 가장 구체적으로 드러낸 바르트의 신학과 생태여성주의적 신학과의 '접촉점'을 제시할 수 있으며 교차적 읽기가 가능함을 뜻한다.

IV. 나가는 말을 대신하여: 복음에서 율법으로

온 피조물의 상호 연관성, 내적 의존성에 대한 강조는 맥페이그나 게바라에게서 보편적인 공통분모로 등장하고 있을 뿐 아니라 박순경의 신학화 작업에도 그대로 녹아져 있다. 이러한 신학적 교집합의 핵심은 미래 사회로 나아가기 위한 전 지구적 사회안전망 구축과 삶의 방식의 전환을 촉구하는 신학 사상, 정치-경제적 사상의 패러다임 전환이 시급하다는 것이다. 기존의 사회-경제적 체제가 야기하는 상황을 수동적으로 받아들이게 하는 것이 아니라 피조물의 탄식 소리를 들으시는 성령의 도우심에 힘입어(롬 8:26) 우리도 피조물의 고통스러운 울부짖음에 귀 기울이면서 사회-경제적 생산과 소비의 삶의 양태의 변화를 촉구하며 세상의 상태를 변화시키는 기독교적 영성을 강화하도록 해야 할 것이다.

하나님의 선한 창조를 주제로 삼는 생태여성주의 신학이라면 그 본래의 선함을 회복하기 위한 화해 사건의 중심에 있는 그리스도의 사건에 주목하지 않을 수 없다. 파괴와 죽음을 넘어서는 부활의 메시지를 전하는 복음이 생태여성주의 신학에 주어가 된다. 인간의 책임적 노력과 행동은 그 복음에 응답하는 술어이다. 이 복음에 근거하여 인간이 감당해야 할 책임 윤리의 이정표를 제시하는 것이 율법이며, 그 가운데 가장 대표적인 것은 십계명이라고 볼 수 있겠다.[50] 복음과 율법의 관계성은 교의학적 관점에서 여러 상이한 방법으로 설명될 수 있겠지만 개혁주의적 사상에 따르면 이는 복음으로부터 율법으로 이어지는 교훈적 상호작용이다.

십계명의 중심축을 이루는 제4계명은 노동과 쉼의 긴장 관계를 표현하고 있으며, 생태여성주의적 담론의 토대가 될 수 있는 가장 중요한 계명이다.[51] 복음을 받아들이고 칭의를 위하여 선행되는 수단이나 전제조건으로서의 율법이 아니라 복음을 접하고 난 뒤에 성화의 과정에서 지키게 되는 규범으로 십계명을 준수하는 것이다. 또한 그 계명을 지키지 않으면 보복받을 두려움에 얽매여서 계명을 준수하는 것이 아니라 복음을 통한 출애굽의 공동체의 일원으로서 그 감사를 윤리적 책임으로 표현하는 것이다. 출애굽기와 신명기

---

50 구약성서에서 말하는 율법은 크게 세가지로 분류되는데 제의법, 형법과 심판법, 도덕법이 그것이다. 시대적, 상황적, 지리적, 종교적 경계를 넘어서 오늘날에도 여전히 우리에게 가장 밀접한 것은 세 번째 도덕법의 차원인데 그것은 곧 십계명으로 압축된다. 참고 홀스트 G. 푈만/이신건 옮김, 『교의학』 (서울: 한국신학연구소, 1989), 50.
51 정미현, "제4계명과 아시아 생태여성신학," 『또 하나의 여성신학 이야기』, 445-458.

전승에 근거한 이 안식일 계명은 하나님과 인간의 계약에 기초하고 억압적 구조 속에서 인간과 피조물의 해방을 제시한 대표적인 율법이며 희년 정신으로 우리에게 계승되었다. 궁극적으로 이 계명과 정신은 종말론적 비전을 지니면서도 이 땅 위에서 나침판의 역할을 하는데, 그 안에는 하나님과 인간, 인간과 인간, 인간과 자연과의 교차적 관계성을 내포한다. 노동과 안식의 관계성에서도 이러한 성차별, 계급차별, 인종차별의 문제성을 경계하고 극복하게 하는 길라잡이 역할을 하는 것이다. 이 안식일과 희년 정신은 생명을 경시하고 자본을 우선시하는 경제 체제를 지탱하거나 유지하도록 돕는 모든 행위를 지양하게 한다.

복음의 우선성은 창조자, 구속자, 보존자가 되시는 하나님 은혜에 대한 전적인 신뢰로부터 비롯된다. 이러한 접근법은 하나님의 자유함에 근거한 은혜의 차원을 앞세우며 인간이 자율적으로 책임 있게 응답하도록 초대하는 것이다. 그 전적인 은혜에 기초하여 우리가 우리를 둘러싼 피조 세계를 '애정 어린 눈으로' 대하게 된다면 생태여성주의 신학을 더욱 구체적이며 창의적, 실용적으로 적용할 수 있는 해법도 찾을 수 있을 것이다.[52]

---

52 생태여성주의 신학은 공유부 이론과 많은 공통분모를 지니고 있다. 그러한 점에서 공유부 이론에 근거하고 생태여성신학적 입장에서 탄소세 도입과 이를 기본소득과 연관하여 본 내용은 다음의 논문 참조. 정미현, "기본소득 담론에 대한 생태여성신학적 접근," 1-26.

Suggestions for Life-oriented Korean Eco-Feminist Theology

Chung, Meehyun, Dr. Theol.

Professor, United Graduate School of Theology

Yonsei University

Although it cannot be regarded as feminist theology in the modern sense, ecological consciousness had already been in incorporated into Christian tradition by figures such as Hildegard of Bingen, the master of female mysticism in the medieval period. However, these theological ideas were incorporated into alternative theology rather than main-stream Christianity.

At the end of the 19th century, the "Women's Bible's Movement" began to lay the foundation for feminist theology, but it was not until the 1960s that a complex approach to classism and racism was attempted. Since the 1970s, human-centeredness has gradually changed to an ecological-centered perspective, and eco-feminist theology has also been elaborately refined. To introduce such an example, this article elaborates Sally McFague and Ivone Gebara, representing North and South American eco-feminist theology, and deals with Park Soon-Kyung's ideas in the divided Korean situation. In addition, the reformed theological elements necessary for eco-feminist discourse are cross-read from Karl Barth's theological grammar and considered in terms of the connection between creation and covenant and in the light of *analogia relationis*. At the end of the article, the spirit of the Sabbath of the Old Testament is presented in relation to eco-feminist theology.

Overall, it is a reflection on eco-feminist ideas throughout the development of Christianity and illuminates eco-feminist discourse globally in the contemporary era.

참고문헌

김애영. 『여성신학의 비판적 탐구』. 오산: 한신대학교 출판부, 2010.

김혜령. "이본 게바라의 라틴 아메리카 여성해방신학과 생태여성신학 연구." 「한국 기독교신학논총」 92(2014): 197-235.

맥페이그, 샐리. "이 마른 뼈들이 능히 살 수 있겠느냐 — 본문: 에스겔 37:3-5, 마태복음 16:24, 로마서 6:3." 「기독교 사상」 614(2010/2): 102-108.

_____/김준우 옮김. 『기후 변화와 신학의 재구성』. 서울: 한국기독교연구소, 2008.

바르트, 칼/신준호 옮김. 『교회 교의학』 III/1. 서울: 대한기독교서회, 2015.

박순경. 『민족통일과 기독교』. 서울: 한길사, 1986.

_____. 『통일신학의 여정』. 서울: 한울, 1992.

_____. 『통일신학의 고통과 승리』. 서울: 한울, 1992.

_____. 『통일신학의 미래』. 서울: 사계절, 1997.

벡, 울리히/홍성태 옮김. 『위험사회』. 서울: 새물결, 2014.

정미현. "기본소득 담론에 대한 생태여성신학적 접근." 「생명연구」 61(2021): 1-26.

_____. "기독교 신학의 비주류 전통 다시보기: 생태여성신학적 함의." 「한국조직신학논총」 41(2015): 159-192.

_____. 『또 하나의 여성신학 이야기』. 서울: 한들, 2007.

_____. "바르멘 선언 제1항과의 관련성 속에서 본 자연신학의 문제." 「한국 조직신학 논총」 1(1995): 85-101.

Barth, Karl. Gespräche 1964-1968. *Gesamtausgabe* IV. hrsg. von E. Busch. Zürich: Theologischer Verlag Zürich, 1997.

_____. "A Theological Dialogue." *Theology Today* 19(1962/2): 171-177.

Bingen, Hildegard of/Gabriele Uhlein (tr.). *Meditations with Hildegard of Bingen*. New Mexico: Santa Fe, 1982.

Brock, Rita Nakashima. *Journeys by Heart: A Christology of Erotic Power*. New

York: Crossroad, 1988.

Chung, Meehyun. "Salvation for All! Cosmic Salvation for an Age of Climate Injustice: A Korean Perspective." Kim Grace Kim(eds). *Planetary Solidarity: Global Women's Voices on Christian Doctrine and Climate Justice*. Fortress Press, 2017.

_____. "Seeking the Lost Three fold Thoughts: Relationships with God, Earth and Human Beings." *Madang. International Journal of Contextual Theology* 22(2014, 12): 115-135.

Conradie, E.M. & Koster H.P. (eds.). *T&T Clark Handbook of Christian Theology and Climate Change*. London: T&T Clark, 2020.

Daly, Mary. *Beyond God the Father. Toward a Philosophy of Women's Liberation*. Boston: Beacon Press, 1973.

Gebara, Ivone. *Longing for Running Water, Ecofeminism and Liberation*. Minneapolis: Fortress Press, 1999.

_____. *Out of the Depths. Women's Experience of Evial and Salvation*. Minneapolis: Fortress Press, 2002.

Heyward, Isabel Carter. *The Redemption of God: A Theology of Mutual Relation*. Washington, D.C.: University Press of America, 1982.

Keller, Catherine. *Apocalypse Now and Then*. Boston: Beacon Press, 1996.

McFague, Sallie. *Super, Natural Christians. How we should love nature?* Minneapolis: Fortress Press, 1997.

_____. "The Loving Eye vs the Arrogant Eye." *The Ecumenical Review* 49(1997): 185-193.

Ruether, Rosemary Radford. *Sexism and God-Talk. Toward A feminist Theology*. Boston: Beacon Press, 1983.

생태학적 생명의 위기 극복
― 예수의 부활

김재진

(케리그마신학연구원, 원장)

I. 생태학적 생명의 위기

50, 60년 전부터 인류는 급격하게 생태학적 위기를 맞고 있다. 그뿐만 아니라 최근 몇 년 전부터 온 인류는 코로나 팬데믹(Corona Pandemic)으로 생명의 위기를 경험하고 있다. 그리고 최근에는 지진, 대홍수, 오랜 가뭄, 산불, 화산 등으로 인류는 생태학적 위기에 노출되어 있다. 그래서 지난 2020년 독일 보쿰(Bochum)대학교의 조직신학 교수, 균터 토마스(Günther Thomas) 교수는 '자연 악'이라는 신조어까지 만들어 내었다.[1] 그런데 최근의 전자공학, 생명공학

---

[1] Günter Thomas, "Theology in the Shadow of the Corona Crisis," 2020 (회람논문, Kerygma Theology Academy, Conference, 2020).

그리고 자연과학의 발달로 인한 AI, 로봇인, 생명복제 등의 등장으로
인류의 생명은 새로운 위기에 직면하게 되었다.[2]

이상의 인간 생명의 생태학적 위기를 극복하기 위해서 요셉
지틀러(Joseph Sittler)는 세계교회협의회(WCC) 뉴델리(New Delhi) 제
3차 총회(1961)에서 "생태학적 생명신학"을 새롭게 제기하였다.[3]
지틀러의 '자연과 우주 만물'에 대한 관심을 수용하여 세계교회협의
회는 제5차 나이로비(Nairobi) 총회(1975. 11. 23. ~ 12. 10.)부터 '생명의
생태계'에 관심을 가지게 되었다. 그래서 제5차 총회의 슬로건은
"창조 · 질서 · 보전"이었다. 그래서 생명 생태계에 관한 관심은
제5차 나이로비 총회(1975)에서는 JPSS로 그리고 제6차 캐나다 벤쿠
버(Vancouver) 총회(1983. 7. 24. ~ 8. 10.)에서는 'JPIC: Justice, Peace
and Integrity of Chreation'(정의 · 평화 그리고 창조 질서의 보전) 운동으로
발전하였다. 그 결과 1990년 대한민국 서울에서 JPIC 세계 대회를
개최하게 되었다. 이처럼 제4차 웁살라(Uppsala) 총회(1968. 7. 4 ~
7. 20.) 이후 1970년대부터 세계교회협의회의 신학적 관심은 '창조
세계 보전'에 집중되었다.[4]

---

2 참조 이형기, "삶과 봉사 운동: 스톡홀름대회(1925)에서 오늘날까지," 『21세기 한국교회의
에큐메니칼 운동』(서울: 대한기독교서회, 2008), 217-218. 이형기 교수에 의하면, 1970년
제네바Geneva에서 "기술, 신앙 그리고 미래 사회"라는 제목으로 자연과학자들과 신학자들
은 자연과학 기술을 어떻게 사용할 것인가에 대한 지침을 확정하였다. 그리고 그 이듬해 1971
년 이탈리아의 네미Nemi에서 열린 "교회와 사회" 확대회의에서는 신학자들과 자연과학자들
그리고 자연과학자들에 대한 비평가들 및 제3세계의 경제학자들이 대거 참석하여 '유전공학'
에 관련된 윤리적 Issue에 대한 연구계획을 세웠다. 이때 MIT에서 온 과학자 가운데 한 사람은
'제한성장Limits to Growth'을 주장하였다. 그 후 1972년에도 역시 로마 클럽에 의해서 "제한
성장"이 주장되었고, 이어서 열린 헬싱키Helsinki "유엔 인간환경대회"에서는 '창조 세계
보전'에 대한 첫 이정표가 발표되었다.
3 Joseph Sittler, "Called to Unity," Third Assembly of the WCC(New Delhi), 1961.

그러나 아직도 많은 신학자가 생명을 생태학적 환경과 상관없이 주로 교리학적 전망에서만 논의하고 있다. 그들은 생명을 단지 '유대 묵시 문학적 종말론의 차원'에서만 논의하고 있다. 그러나 몰트만(J. Moltmann)은 선구자적으로 '생태학적 생명신학'을 주장하였다. 그는 1985년 *Gott in der Schöpfung. Ökologische Schöpfungslehre* (창조 안에 계신 하나님: 생태학적 창조론)에서 여덟 가지 생태학적 창조론을 위한 기본 생각들을 제시하였다.[5] 이 책에서 몰트만은 자연과 초월적인 하나님을 구분하면서 동시에 피조물 속에 임재하시는 '하나님 영'을 주장함으로써 초월적인 하나님과 자연을 융합하였다: "생태학적 창조론은 '하나님에 대한 새로운 사고'를 포함한다. 하나님과 세계의 구분이 이 창조론의 중심에 서 있는 것이 아니다. 오히려 세계 '안에' 있는 하나님의 임재와 하나님의 '안에' 있는 세계의 임재에 대한 인식이 그 중심에 서 있다."[6] 그리고 몰트만은 계속해서 "오늘날 생태학적 창조론은 이러한 구분을 포기하지 않으면서 '하나님의 세계 내재'를 인지하고 가르쳐야 한다"[7]라고 강조한다.

그러나 몰트만의 생태학적 창조론은 최종적으로는 자연신학으

---

4 이점에 관하여, 김재진/생명신학협의회 생명신학연구소 엮음, "미래의 인간학의 생태-생명신학,"『오늘의 생명신학』(서울: 신앙과 지성사, 2015), 208-210.

5 J. Moltmann/김균진 옮김, 『창조 안에 계신 하느님』(서울: 한국신학연구소, 1987), 1-34 참조.

6 앞의 책, 27f.

7 앞의 책, 28. "세계를 초월하는 하나님과 세계 안에 내재하는 하나님은 한 하나님이다. 하나님을 통한 세계의 창조 속에서 하나님의 자기 구분과 자기 동일화가 인식될 수 있다. 즉 하나님은 자기 안에 있는 동시에 자기 밖에 있다. 그는 피조물 안에서 자기 밖에 있으며, 이와 동시에 자기 안에서 그의 안식일에 있다"(앞의 책, 29).

로 수렴하였다. "하늘과 땅의 창조자이신 하나님은 그의 우주론적 영을 통하여 그의 모든 피조물과 그의 창조의 사귐 '안에' 임재하여 있다는 진리로 돌아가고자 한다. '하나님은 그의 임재하심을 통하여 우주 전체를 관통한다.'"[8] 이러한 기술에 의하면 몰트만에게서 생명은 자연에 내주(內住) 및 임재(臨在)하는 하나님의 영이다. 그래서 그는 하나님의 영과 피조물의 '페리코레시스'(perichoresis)적 상호 내주 혹은 상호 침투의 '쉐히나'(Gottes Einwohnung) 사상을 발전시켰다.[9] 왜냐하면 그는 1991년에 출판한 자신의 *Der Geist des Lebens*에서도 생명의 영을 만유(萬有)에 내주 및 임재하는 하나님의 영으로 규정하고 있기 때문이다. "내재적 초월: 모든 사물 안에 계신 하나님", "하나님의 영과 그의 쉐히나".[10] 이런 점에서 몰트만의 하나님의 영은 페리코레시스적으로 자연 및 사물 속에 임재하는 생명력(Vitalität) 이외에 다른 것이 아니다. 왜냐하면 몰트만은 자신의 생명론을 다음과 같이 확언하기 때문이다. "나는 생물학적 생명의 과정 안에 초월자(하나님 혹은 하나님의 영)가 내재해 있다고 봅니다. 그 초월자는 다름 아닌 우리 안에뿐만 아니라 모든 것 안에서 활동하시는 영을 말합니다."[11] 이상 몰트만의 '생태학적 창조론'은 결과적으로 인격적인 창조주 하나님과 하나님의 성령을 스토아(Stoa) 철학의

---

8 앞의 책, 28.

9 생명신학과 관련된 몰트만 교수와의 토론에 대하여: "몰트만 교수와 함께하는 생명신학 대토론," 『오늘의 생명신학』 제1집 (2013, 7월) (서울: 신앙과 지성사, 2013), 378-391.

10 J. Moltmann/김균진 옮김, 『생명의 영』 (서울: 대한기독교서회, 1991), 53, 74.

11 참조. "몰트만 교수와 함께하는 생명신학 대토론," 『오늘의 생명신학』 제1집 (2013, 7월) (서울: 신앙과 지성사, 2013), 381.

생명력 혹은 '에네르기아'와 같은 비인격적인 '신'으로 환원시키는 결과를 낳았다.[12] 그래서 몰트만의 '생태학적 창조론'은 결국 생태학적 범재신론(panentheism) 혹은 범신론(pantheism)이라는 해석을 모면하기 어렵게 되었다.[13]

그런데 지난 2023년 8월 23일 인도의 무인(無人) 우주선 챤드라야 3호가 세계 최초로 달(月)의 남극에 착륙한 것을 세계의 여론이 일제히 보도하였다. 특별히 이번 챤드라야 3호의 달 착륙은 달에 인간 및 생물체의 생존 가능성을 확인하기 위한 것이었다. 왜냐하면 이미 "달 남극에 물이든 얼음덩어리가 존재하는 걸 처음 확인한 것이 바로 인도의 찬드라야 제1호(2009년)였기" 때문이다.[14] 이것이 암시하는 바는, 생명체는 생명의 생태학적 환경, 곧 물, 빛 그리고 흙이 없이는 존재하지 못한다는 것이다. 이는 과학적 및 생물학적으로 부인할 수 없는 명백한 사실이다.

따라서 세계교회협의회가 제시한 '창조 질서 보전'에 관한 문제와 '인간의 생명'과 '생명 생태계'와의 연관성에 관한 문제는 여전히 신학적 핵심 주제로 남아 있다. 왜냐하면 성경의 창조 기사(창 1:1-2:4a)도 여섯째 날의 인간 창조(창 1:26; 2:7) 이전에 첫째 날부터 다섯째 날까지 생명의 생태 환경, 곧 빛, 물, 뭍(땅)의 창조에 관하여 증언하고

---

12 참조. Johnnes Hirschberger, *Geschichte der Philosophie* Bd. I, 강성위 옮김, 『서양철학사』 (대구: 以文出版社, 1996), 316f.

13 이런 점에서 강태영 박사의 다음과 같은 질문은 정확하였다고 볼 수 있다. "정보로서의 하나님의 영과 생물학적, 유전적 정보를 날카롭게 구분하지 않는 그몰트만의 성령론은 범신론에 빠질 위험이 있지 않겠습니까?"("몰트만 교수와 함께하는 생명신학 대토론," 「오늘의 생명신학」 제1집, 380f).

14 「朝鮮日報」 (2023년 8월 25일), 제1면.

있기 때문이다.[15]

그러므로 필자는 생명에 관한 문제를 생명 생태계와 연관해서 다음과 같은 질문으로 논구를 시작하고자 한다. 첫째, 생태계 없이 생명이 존재할 수 있을까? 둘째, 성경의 창조 기사는 '창조에 관한 단순한 보고서'인가, 아니면 창조주 하나님의 의지가 담겨 있는 '생명에 대한 계시'인가? 셋째, 이스라엘 백성과 맺으신 하나님의 계약(십계명)은 창조와 무관한 단지 신앙적 규율 및 사회적 삶을 위한 윤리 규범인가? 넷째, 안식(휴식) 없이 생명이 유지될 수 있을까? 다섯째, 예수 그리스도의 부활은 새로운 생명 생태계 창조와 전혀 무관한 것인가?

이상의 질문 아래서 필자는 미하엘 벨커(M. Welker)의 신학적 해석 방법, 곧 '복수의/다각적'(Plualistische) 전망에서 '성경의 생명 개념'에 관하여 논구하고자 한다. 왜냐하면 벨커는 지금까지의 "성서적 관점들에서 본 창조신학의 문제점"을 제시하고 있기 때문이다.[16] 따라서 필자는 본문 II에서 창조 기사를 생태학적 차원에서 분석할 것이다. 그리고 III에서는 인간의 생명 창조와 죽음이 논의될 것이고, IV에서는 '창조의 안식일'의 의미가 하나님의 창조 목적

---

15 창 1:1-2:4a에 대한 자세한 석의 및 해설에 대하여: Claus Westermann, Genesis, 2.Aufl. BK. (Neukirchen-Vluyn: Neukirchener Verlag, 1976).

16 M. Welker, Schöpfung und Wirklichkeit, 김재진 옮김, 『창조와 현실』 (서울: 대한기독교서회, 2020), 14f. 미하엘 벨커가 제시하는 "새로운 성서적 신학"이란, '복수의/다각적'(Plualistische) 전망에서 성경의 증언을 이해하는 방법이다. 그 방법은, "다양한 성서의 전승들을 그 전승들의 다양한 '삶의 자리'(Sitz im Leben)와 연속적으로 혹은 비연속적으로 그 전승들에 서로 일치하는 그리고 직접적이지는 않지만, 서로 중재할 수 있는, 하나님 경험과 하나님에 대한 기대를 함께 진지하게 받아들이는 것이다"(M. Welker/김재진 옮김, 『창조와 현실』, 17).

및 창조 의지 계시 차원에서 분석될 것이다. 그래서 V에서 필자는 여호와 하나님께서 모세를 통하여 이스라엘 백성과 맺으신 '계약(십계명)과 창조 기사와의 연관성에 대하여 살펴볼 것이다. 마지막 VI에서 필자는 예수님의 부활로 회복된 새 생명과 새로운 생태계가 어떠한 것인지 분석할 것이다. 이를 통하여 우리는 '새 하늘과 새 땅'이 어떠한 생태학적 생명 환경인지 이해하게 될 것이다. 그리고 한 걸음 더 나아가, 우리는 부활의 세계와 창조주 하나님의 첫 번째 창조 의지와의 긴밀한 연관성을 깊이 인지하게 될 것이다.

II. 생명 생태계의 창조

구약성경 창세기 1, 2장에 나타난 창조 기사에 의하면 창조에는 크게 세 가지 창조과정이 있다.[17] 첫 단계는 모든 생명체가 생명을 유지할 수 있는 '삶의 공간', 곧 '생명 공간'의 창조이다. 두 번째 단계는 '각종 생명체의 창조'이다. 세 번째 단계는 창조된 생명체가 생육하고 번성할 수 있는 '양식'의 창조 및 수여이다. 그런 다음 생명 생태계를 관리하고 다스릴 인간의 창조이다. 그뿐만 아니라 모든 생명체가 생육하고 번성하도록 생산 파트너(남자와 여자, 수컷과 암컷)의 창조이다. 그러나 하나님의 생명 창조의 궁극적인 목적은 '생명체 자체의 생육과 번성'에 있지 않고, 오히려 창조주 하나님과 모든 피조물의 '함께 삶 및 안식'이다. 이렇듯 창세기 1, 2장의

---

17 M. Welker/김재진 옮김, 『창조와 현실』, 28ff: "창세기 1, 2장은 새롭게 읽혀야 한다."

창조 기사가 궁극적으로 증언하고자 하는 것은 단순히 물질적 자연 창조에 관한 것이 아니라 '창조주 하나님과 함께 사는 영원한 생명'에 관한 것이다. 이러한 사실은 6일간의 창조의 역사와 제7일의 창조의 안식일이 가지는 의미를 살펴보면 쉽게 이해될 것이다.

우선 간단히 창세기 1, 2장의 창조 기사를 분석하면 다음과 같다.

(1) 첫째 날: 빛(어두움); 낮과 밤을 나누시고(בָּדַל), -

        (4) 넷째 날: 낮과 밤(빛과 어두움)을 주관하는 두 광명
        체(해, 달) 창조(עָשָׂה)

(2) 둘째 날: 물(水)(궁창 위의 물과 궁창 아래의 물); 하늘과 땅의 세계로 나누시고 -

        (5) 다섯째 날: 궁창 위에 사는 새와 궁창 아래에 사는
        각종 바다 물고기 창조

(3) 셋째 날: '땅의 세계'를 뭍(땅)과 바다(물)를 나누시고, // 뭍(땅)은 각종 식물을 내라(דָּשָׁא).

        (6) 여섯째 날: 동물과 가축과 인간 창조.

* "천지와 만물이 다 이루어지니라"(창 2:1) 따라서 제 일곱째 날은 '창조의 날'에 속하지 않는다.

(7) 일곱째 날: 모든 생명체가 하나님과 함께 안식함 (하나님의 시간 + 창조된 시간)[18]

이상 도표에서 명백히 드러났듯이 성경의 창조 기사(창 1:1-2:4b)에 의하면, 하나님의 창조는 인간을 포함하여 생명체가 살아갈 수 있는 생태계, 곧 생명 여건(물, 땅, 빛 – 광명체)을 조성하시는 것으로부터 시작된다. "하나님이 이르시되 천하의 물이 한곳으로 모이고 뭍(땅)이 드러나라 하시니 그대로 되니라. 하나님이 뭍을 땅이라 부르시고 모인 물을 바다라 부르시니 하나님이 보시기에 좋았더라" (창 1:9-10). 그다음 하나님은 '광명체'를 창조하시어 생명체에 '빛'을 비치게 하신다. "하나님이 이르시되 하늘의 궁창에 광명체들이 있어 낮과 밤을 나뉘게 하고 그것들로 징조와 계절과 날과 해를 이루게 하라"(창 1:14). 이로써 뭍(땅)에서 각종 채소가 자라나 생명체에 양식이 주어진다. "하나님이 이르시되 땅은 풀과 씨 맺는 채소와 각기 종류대로 씨 가진 열매 맺는 나무를 내라 하시니 그대로 되어 땅이 풀과 각기 종류대로 씨 맺는 채소와 각기 종류대로 씨 가진 열매 맺는 나무를 내니 하나님이 보시기에 좋았더라"(창 1:11-12). 그뿐만 아니라 하나님께서는 인간이 먹고 생명을 유지하기 하도록 물속의 생명체와 공중의 새도 창조하셨다. "하나님이 큰 바다 짐승들과 물에서 번성하여 움직이는 모든 생물을 그 종류대로, 날개 있는 모든 새를 그 종류대로 창조하시니 하나님이 보시기에 좋았더라"(창 1:21).

이상 창세기의 창조 과정에 따르면 첫째로, 생명은 생명 생태계, '물, 땅, 빛(광명체)' 없이는 홀로 존재할 수 없다. 둘째로, 인간 및

---

18 김재진, "생명의 생태학적 환경과 생명 창조사," 「한국기독교신학논총」 30호(2003), 299에서 재인용.

모든 생명체는 '양식' 없이는 생육하고 번성할 수 없다. 셋째로 생명은 '밤의 휴식' 없이는 생존할 수 없다. 왜냐하면 빛은 생명의 생육(生育)을 위한 것이고, 밤은 생명의 휴식(休息)을 위한 것이기 때문이다. 그래서 하나님은 '빛을 나누셔서 낮과 밤'으로 만드신 것이다.[19] 그러나 이 휴식은 일곱째 날의 안식(שֶׁבֶת)과는 다른 차원이다. 넷째로, 모든 생명체가 생육하고 번성하기 위해서는 '남·여'(수컷과 암컷)의 생명 파트너가 절대적으로 필요하다. 그리고 마지막 다섯째로 가장 중요한 것은 인간의 생명을 위해서, 특히 다른 생명체를 다스리기 위해서 하나님의 영, 곧 창조의 영이신 '성령의 임재'가 필연적이다. 따라서 생명의 위기는 바로 이상 다섯 가지 생명 생태계의 파괴 및 상실에서 비롯된 것이다. 반면에 생명의 회복은 역으로 이상 다섯 가지 생명 생태계의 회복 및 새 창조로만 가능하다.

III. 인간 생명의 창조와 죽음 그리고 생명 생태계의 파괴

성경의 창조 기사에 따르면 하나님의 창조 역사는 일단 인간 창조로 끝난다. 왜냐하면 성경의 창조 기사는 인간 창조에 대하여 언급한 다음 "천지와 만물이 다 이루어지니라"(창 2:1)라고 증언하기 때문이다. 그런데 인간 창조 방법은 다른 생명체의 창조 방법과

---

19 그러나 이것은 결코 동양의 이원론, 곧 "양陽, 음陰"으로 해석될 수 없다. 왜냐하면 어둠을 '빛'에 대립으로 해석할 경우 이원론에 빠지고, 하나님께서 어두움의 세력을 창조하신 것이 되기 때문이다. 그러면 "주께서는 사랑하시는 사람에게 잠을 주신다"(시 127:2)는 말씀도 성립될 수 없다.

구별된다. 다른 생명체는 '하나님의 말씀'으로 창조되었다. "하나님이 이르시되 빛이 있으라 하시니 빛이 있었고"(창 1:2 이밖에 창 1:6, 9, 11, 14 등) 그래서 요한복음은 "만물이 그(태초의 말씀)로 말미암아 지은 바 되었으니 지은 것이 그가 없이는 된 것이 없느니라"(요 1:3)라고 증언한다.[20] 그러나 인간은 하나님의 형상에 따라서 '흙'에 '하나님의 생기'를 불어 넣어짐으로써 창조되었다. "하나님이 이르시되 우리의 형상을 따라 우리의 모양대로 우리가 사람을 만들고"(창 1:26a); "여호와 하나님이 땅의 흙으로 사람을 지으시고 생기를 그 코에 불어 넣으시니 사람이 생령이 되니라"(창 2:7).[21] 이런 점에서 인간 생명의 근원은 무엇보다도 하나님의 영이고, 흙은 단지 물질일 뿐이다. 따라서 인간에게서 하나님의 영이 떠나면, 인간은 다른 피조물과 같이 단지 살아 있는 생명체에 불과하게 된다. 그리고 실제로 인간에게서 '하나님의 생명 창조의 영(靈)'이 떠난 이후에도 인간은 잠시 계속해서 생존할 수 있다. "여호와께서 이르시되 나의

---

20 이 말씀에 의하면, 인간의 '만물(만유)'에 속하지 않는다고 볼 수 있다. 왜냐하면 인간은 단지 '하나님의 말씀'으로만 창조되지 않았기 때문이다.

21 하나님의 형상에 관한 가장 최근의 연구: M. Welker, *IN GOD'S IMAGE* / 김회권. 이강원 옮김, 『하나님의 형상으로 창조된 인간: 영(靈) 인간학』(서울: 한국장로회출판사, 2020). 그러나 지금까지 신학계에서는 "그들로 바다의 물고기와 하늘의 새와 가축과 온 땅과 땅에 기는 모든 것을 다스리게 하자"(창 1:26b)라는 성구에 집착하여 '하나님의 형상'을 다른 피조물에 대한 통치권 혹은 지배권으로 이해하였다. 그러나 이러한 해석은 제사장 문서(P)에서만 등장하지, 다른 문헌, 특히 신약성경에서는 '하나님의 형상'을 '다른 피조물에 대한 통치권'으로 해석할 만한 전거가 없다. 그리고 베버O. Weber에 따르면, 성서 전통에서 '하나님의 형상'은 결코 중심 개념이 아니다. 참조. O. Weber, *Grundlagen der Dogmatik* I, (Neukirchen 1955), 615f. '하나님의 형상' 개념은 오히려 '신체성', 더 구체적으로 말하면 '흙상'을 가리킨다. 이점에 관하여: 김재진, "'함께(עם) 있음(삶)'으로서의 하나님 형상(Imago dei)." 「新學論壇」 第 三十一輯 (2003. 5), 73-97.

영이 영원히 사람과 함께 하지 아니하리니 이는 그들이 육신이 됨이라 그러나 그들의 날은 백이십 년이 되리라 하시니라"(창 6:3).

따라서 인간의 생명은 생물학적, 물질적 차원에서 논구될 것이 아니라 '하나님과 인간의 관계' 속에서, 다시 말하면 영적 차원에서 논구되어야 한다.[22] 더 자세히 말하면 인간의 생명은 하나님과의 '영적 연대'(Solidarität), 곧 '함께함'(Immauel) 속에서 이해되어야 한다. 그래서 신약성경은 —비록 두 가지 단어를 병행하여 사용하는 구절도 있지만— 인간의 '참 생명'을 언급할 때 '조에'(ξωή, 롬 5:10; 8:38; 고전 3:22; 15:9; 고후 4:10; 5:4 빌 1:20; 약 4:14)란 단어를 사용하지, '비오스'(βίος, 벧전 4:3; 눅 8:14,43; 15:12,30; 21:4 막 12:44)란 단어를 사용하지 않는다.[23]

그런데 최초 인간, 아담(Adam)이 '하나님 말씀(명령)'에 불순종함으로써 인간은 생명을 잃게 되고, 인간의 생명의 생태 환경도 파괴된다.[24] 바울은 인간의 생명 상실 원인과 회복을 다음과 같이 증언한다. "한 사람의 범죄로 말미암아 사망이 그 한 사람을 통하여 왕 노릇하였은즉 더욱 은혜와 의의 선물을 넘치게 받는 자들은 한 분 예수 그리스도를 통하여 생명 안에서 왕 노릇하리로다 그런즉 한 범죄로

---

22 이런 점에서 벨커(M. Weler)가 "영(靈) 인간학"을 주장하는 것은 창조 기사에 가장 적합한 이해라고 판단 된다. 이런 의미에서 또한 "성령과 인간"의 관계도 성령론에서 필수적으로 다루어질 주제이다. 이점에 대하여: 김재진, 『성경의 보혜사 성령론』 (서울: 동연, 2012), 280ff "성령과 인간".

23 Bauer/Aland. 'ξωή' WZNT, 6.Aufl. (Berlin/New York: Walter de Gruyter, 1947), 688f.; 'βίος', 282f.

24 벨커는 인간의 타락과 생명 상실을 인간의 '자율'로 이해하는 헤겔을 비판한다. 참조. M. Welker/김재진 옮김, 『창조와 현실』 (서울: 대한기독교서회, 2020), 168 "창조된 인간의 '죄로 인한 타락'인가, 아니면 자율(Autonomie)인가? (창세기 3장에 따른)".

많은 사람이 정죄에 이른 것같이 한 의로운 행위(말씀 순종)로 말미암아 많은 사람이 의롭다하심을 받아 생명에 이르렀느니라 한 사람이 순종하지 아니함으로 많은 사람이 죄인된 것 같이 한 사람이 순종하심으로 많은 사람이 의인이 되리라"(롬 5:17-19). 이런 점에서 성경은 그 어느 곳에서도 죄 없는 인간의 자연사(自然死)에 대하여 언급하지 않는다. 오직 "욕심이 잉태한즉 죄를 낳고 죄가 장성한즉 사망을 낳[는 것이다]"(약 1:15).

그런데 하나님과 인간의 관계 단절, 곧 인간의 하나님 말씀 불순종으로 인하여, 그로 인하여 인간 생명의 모든 생태계가 파괴된다. 무엇보다도 첫째로 인간의 양식을 위한 생태 환경이 파괴된다. "땅은 너로 말미암아 저주를 받고 너는 네 평생에 수고하여야 그 소산을 먹으리라 땅이 네게 가시덤불과 엉겅퀴를 낼 것이라 네가 먹을 것은 밭의 채소인즉 네가 흙으로 돌아갈 때까지 얼굴에 땀을 흘려야 먹을 것을 먹으리니"(창 3:17b-19a). 그리고 결국에 가서 인간은 죽는다. "네가 그것에서 취함을 입었음이라 너는 흙이니 흙으로 돌아갈 것이니라"(창 3:19b).

둘째로 인간의 생명 파트너와의 관계가 단절된다. "아담이 이르되 하나님이 주셔서 나와 함께 있게 하신 여자 그가 그 나무 열매를 내게 주므로 내가 먹었나이다"(창 3:12) 아담의 이러한 표현은 아담이 자기 생명 파트너, '여자'(이브)를 맞이할 때 표현한 것과는 전혀 다르다. 왜냐하면 그때 아담은 여자를 보고서 "이는 내 뼈 중의 뼈요 살 중의 살이라"(창 2:23a) 환호하였기 때문이다. 그뿐만 아니라 가인과 아벨 형제(인간)의 관계가 시기, 질투 그리고 살인(殺人)으로 단절된다(창 4:3-8).

셋째로 '여호와의 날'이 이르기 전, 언젠가는 생명을 위한 두 광명체도 그 빛을 잃게 될 것이다: "하늘의 별들과 별 무리가 그 빛을 내지 아니하며 해가 돋아도 어두우며 달이 그 빛을 비추지 아니할 것이로다"(사 13:10, 이밖에 마 24:29; 행 2:20; 계 6:13-14; 시 102:25; 히 1:11); "해와 달이 캄캄하며 별들이 그 빛을 거두도다"(욜 3:15 이밖에 욜 2:31) 한마디로 말해서 최초 인간 아담이 '하나님과 같이 되고자(homo erit sicut deus)한 욕심'으로 비롯된 '불순종의 죄'로 인하여 인간과 모든 생명 환경(여건)의 단절이 일어났고, 결국 인간은 흙, 곧 물질로 돌아가게 되었다.

IV. 하나님과 함께하는 '창조의 안식일'과 '주님의 날'

창조 기사에 의하면 일곱째 날은 창조의 6일간과 시-공간적으로 다른 차원에 있다. 왜냐하면 성경이 여섯째 날에 "천지와 만물이 다 이루어지니라"(창 2:1)라고 증언하고 있기 때문이다. 그리고 창조 기사는 "하나님이 그 일곱째 날을 복되게 하사 거룩하게 하셨으니 이는 하나님이 그 창조하시며 만드시던 모든 일을 마치시고 (שָׁבַת מִכָּל־ מְלַאכְתּוֹ אֲשֶׁר־ בָּרָא אֱלֹהִים לַעֲשׂוֹת:) 그 날(일곱째 날)에 안식 하셨음이라"(창 2:3)라고 증언하고 있다. 따라서 일곱째 날은 '6일간'의 생태계 및 인간 창조의 날에 속하면서 동시에 '창조의 목적', 곧 '창조주와 모든 피조물이 함께 안식하는 날'이다. 따라서 '창조의 안식일'은 자연의 창조와 연속성을 가지면서 동시에 비-연속성을 갖는 '시간과 영원, 이 세상과 저 세상이 융합된 초월적인 날'이다. 왜냐하면 무엇보다도 우선 제 일곱째 날에 창조주 하나님께서 모든 창조 활동을 마치시고, 하나님, 인간 그리고 다른 모든 생명체가 '함께 안식'하였기 때문이다. 바로 이런 점에서 '창조의 안식일'은 '축복받은 날, 거룩한 날'이다.

그렇다면 보다 구체적으로 왜 창조의 안식일이 복된 날이며, 거룩한 날인가? 그것은 우선 첫째로 창조의 안식일은 최초 인간, 아담(Adam)이 자기에게 주어진 '다스리는 업무(일)'에서 해방되었기 때문이다. 이것은 단순히 일하지 않는 것뿐만 아니라 '관리'라는 무거운 책임감에서 벗어나는 것이다. 이와 상응하게 계약(율법) 전승에 의하면 안식일에 이스라엘 사람들은 고된 노동으로부터 해방되었다. "너는 기억하라 네가 애굽 땅에서 종이 되었더니 네 하나님 여호와가 강한 손과 편 팔로 거기서 너를 인도하여 내었나니 그러므로 네 하나님 여호와가 네게 명령하여 안식일을 지키라 하느니라"(신 5:15) 이런 점에서 창조의 안식일은 하나님뿐만 아니라 모든 피조물이 생명을 위하여 '휴식'하는 '복 받은 날'이며 '거룩한 날'이다. 왜냐하면 '밤의 쉼'(휴식)이 없는 것이 고통이듯이 휴식(쉼)이 없는 일상의 삶은 그 자체가 바로 고통이며 죽음이기 때문이다. 그래서 하나님께서는 생명의 생태 환경으로 밤도 창조하신 것이다(창 1:5).[25]

---

25 창 1:5 "하나님이 빛을 낮이라 부르시고 어둠을 밤이라 부르시니라 저녁이 되고 아침이 되니 이는 첫째 날이니라."

둘째로 창조의 안식일이 생명을 위하여 복 받은 날이며, 거룩한 날인 이유는 —앞에서도 언급하였듯이— 무엇보다도 하나님과 모든 피조물과 '함께 안식함', 곧 '안식의 연대'가 이루어졌기 때문이다.

> 일곱째 날은 네 하나님 여호와의 안식일인즉 너나 네 아들이나 네 딸이나 네 남종이나 네 여종이나 네 가축이나 네 문안에 머무는 객이라도 아무 일도 하지 말라 이는 엿새 동안에 나 여호와가 하늘과 땅과 바다와 그 가운데 모든 것을 만들고 일곱째 날에 쉬었음이라 그러므로 나 여호와가 안식일을 복되게 하여 그날을 거룩하게 하였느니라(출 20:10-11).

그러므로 "이미 그의 안식에 들어간 자는 하나님이 자기의 일을 쉬심과 같이 그도 자기의 일을 쉬느니라"(히 4:10). 그러나 죄지은 인간(아담)은 죽을 때까지 '땀 흘리고 수고'해야 먹고산다(창 3:17b). 반면에 하나님께서 사랑하는 자는 안식(쉼, 잠)을 주신다(시 127:2).[26] 이런 점에서 안식은 하나님의 은혜이다.

셋째로 창조의 안식일이 생명을 위해서 복 받은 날이며 거룩한 날인 것은 창조의 안식일은 하나님께서 생명 생태계과 인간의 생명을 창조하시는 일을 '완성(성취)한 날'이기 때문이다. 다시 말하면 창조의 안식일은 하나님의 '창조 의지가 완전히 성취된 날' 그리고 창조 역사가 목표에 도달한 '마지막(종말의) 날'이기 때문이다. 따라서 창조의 안식일은 신약성경의 '주님의 날'에 상응하게 종말론적

---

26 시 127:2 "너희가 일찍이 일어나고 늦게 누우며 수고의 떡을 먹음이 헛되도다 그러므로 여호와께서 그의 사랑하시는 자에게는 잠을 주시는도다."

의미를 함의하고 있다. 왜냐하면 십자가 위에서 예수님께서도 "다 이루었다"(Τετέλεσται) 외치시고, 영혼이 떠나 안식에 들어가셨기 때문이다(요 19:30).

여기서 "다 이루었다"라는 예수님의 말씀은 "하나님이 그 창조하시며 만드시던 모든 일을 마치[셨다]"(창 2:3)는 말씀과 같은 의미이다. 즉, 예수님은 이 땅에 오신 새 생명 창조(구원) 활동을 모두 '마치셨다'라는 뜻이다. 그리고 예수님의 '영혼이 떠나신 것'은 '안식에 들어가신 것'을 의미하며(히 4:3-4) 그리고 부활하신 후 사랑하는 제자들을 다시 만나신 것은 인간들과 '함께 안식하시는 것'을 의미한다. 그러므로 창조의 안식일과 신약의 '주님의 날', 곧 예수가 '부활하신 날'은 의미상의 유비(類比)로 일치한다. 왜냐하면 주님의 날과 창조의 안식일에 하나님과 인간을 포함한 모든 피조물이 '함께 안식'이라는 생명 창조의 목표에 참여하게 되었기 때문이다.

그러나 여기서 질문을 제기하는 사람도 있을 것이다. 창조의 안식일은 유대인들의 안식일이고, 주님의 날은 그리스도가 '구약의 안식일 후 첫날 부활하신 날'인데, 어떻게 같은 날로 이해할 수 있는가? 물론 창조의 안식일과 주님의 날은 산술적인 시간 차가 있다. 그러나 —앞에서도 이미 언급하였듯이— 의미상 창조의 안식일이 하나님의 생명 및 생태계 창조의 '목적'이 '성취된 날'이었듯이[27] 주님의 날도 예수님의 생명 구원의 목적이 '성취된 날'이다. 그리고

---

27 몰트만도 '창조의 안식일'을 창조의 목적으로 이해한다. "안식일은 창조의 완성이며, 완관이다. 안식일의 쉼을 통하여 창조의: 필자 주] 하나님은 비로소 그의 목적에 도달한다"(J. Moltmann/김균진 옮김, 『생명의 영』, 19).

창조주 하나님과 부활하신 예수 그리스도, 두 분 모두 '시간의 처음이
며, 동시에 마지막'이시기 때문이다. "이스라엘의 왕인 여호와, 이스
라엘의 구원자인 만군의 여호와가 이같이 말하노라 나는 처음이요
나는 마지막이라 나 외에 다른 신이 없느니라"(사 44:6; 참조 계 1:8);
"그[인자 같은 이]가 오른손을 내게 얹고 이르시되 두려워하지 말라
나는 처음이요 마지막이니 곧 살아 있는 자라 내가 전에 죽었었노라
볼지어다 이제 세세토록 살아 있어 사망과 음부의 열쇠를 가졌노
[라]"(계 1:17-18).

그러므로 창조의 안식일이 가지고 있는 그리스도론적 의미를
콜 부뤼게(H. Fr. Kohlkbruegge)는 다음과 같이 해설한다.

제 일곱째 날에 하나님은… 당신이 창조한 모든 것이 예수 그리스도에
의하여 온전하게 되기를 원하셨다. 즉 하나님은 자기가 창조한 것을 예
수 그리스도를 통하여 재건(wiederherstellt)하시고자 하셨다.[28]

바르트(K. Barth)도 '창조의 안식일'과 '주님의 날', 곧 '부활절'을
같은 의미로 통합한다.[29] 몰트만도 "안식일은 장차 올 세계를 미리

---

[28] H. Fr. Kohlbrügge, *Schriftauslegung* I. Heft 1904, 23f. (K. Barth KD III/1 251에서
재인용).

[29] 참조 K. Barth, KD III/1, 258 "가장 오래된 그리스도교 공동체는 의심의 여지 없이, 고전
16:2; 행 20:7에 의하면, 일주일의 제 일곱째 날이 아니라, 첫 번째 날을 축제일(Feiertag)로
생각하였고, 또 그렇게 말했다. 그뿐만 아니라 아주 분명하게 표현하면 Κυριακη ημερα
(주님의 날)로(계 1:10), 한 주일을 시작하였다. 그들은 하나님의 창조에 상응하여 이러한
눈에 띄는 혁명을 시도하였다. … 왜냐하면 주님이 부활하신 날은, 막 16:2; 마 28:1; 눅
24:1에 의하면, 유대교 안식일 다음 날이었으며, 주일의 첫날이었기 때문이다. 바로 이러
한 새로운 시도는 창세기 2:3을 정확히 이해하는 데 적용될 수 있지 않을까?"

보여준다"라고 주장하였다.[30] 이런 점에서 창조의 안식일에 창조주 하나님께서 인간 및 다른 피조물과 함께 '안식'하셨다는 것은 창조 이후의 인류 역사가 지향하는 목표(Telos)가 무엇인지를 계시해 준 것이라고 이해할 수 있다. 그것은 바로 '창조주 하나님과 함께하는 삶(생명)'이다. '생명'의 창조주 하나님, 곧 '생명의 영'이 함께하지 않는 생명이 참 생명인가?

V. 생명 회복을 위한 '계약'

최초 인간, 아담(Adam)이 하나님의 말씀에 불순종하여 '선악을 알게 하는 나무의 열매'를 따 먹은 이후 에덴동산의 평화는 깨어지고, 모든 생명이 죽음의 위기에 직면하게 된다. 무엇보다 하나님과 모든 피조물과의 안식의 연대, 곧 '하나님과 함께 안식함'이 깨어지고, 대신 죽음이 도래한다. 우선 인간의 생명 생태계, 곧 땅이 저주받아 인간은 식량 위기에 직면한다. "땅은 너로 말미암아 저주를 받고 너는 평생에 수고하여야 그 소산을 먹으리라"(창 3:17b) 그리고 결국 인간은 생명을 영원히 잃고, "흙으로 돌아간다"(창 3:19b).

그러나 창조주 하나님은 '노아의 홍수'를 통하여 인간을 심판하실 때도 인간 및 생태계의 '생명 회복'의 여지를 남겨두셨다(참조 창 7:7-9). 그리고 하나님은 영원한 '창조 의지'에 따라서 생명체의 생명 회복 및 구원을 약속하신다: "내가 너희와 언약을 세우리니

---

30 J. Moltman/김균진, 『창조 안에 계신 하나님』 (서울: 한국신학연구소, 1987), 19.

다시는 모든 생물을 홍수로 멸하지 아니할 것이라 땅을 멸할 홍수가 다시 있지 아니하리라"(창 9:11) 그 후 하나님은 이스라엘 백성들과 '생명 회복 및 구원'을 위한 구체적인 '계약'을 맺으신다. 이 계약 문서가 바로 십계명이다. 이런 의미에서 십계명은 인간의 생명 회복을 위하여 하나님의 계약 백성이 지켜야 할 생명의 규범이다. 곧 십계명은 생명 회복을 위한 복음이다. 왜냐하면 십계명은 최초 인간, 아담의 불순종을 고려하여 생명 회복의 길을 제시하고 있기 때문이다. "너는… 다른 신들을 네게 있게 말지니라"에서 "여호와의 이름을 망령되이 일컫지 말라"(출 20:7)[31] 그리고 십계명은 인간관계의 회복을 명한다. "부모를 공경하라", "간음하지 말라"(14절)까지의 말씀. 그리고 십계명은 인간의 생명 보전을 위한 '먹거리' 생태 회복을 지시한다. "도적질하지 말지니라"(15절)부터 "이웃의 아내를… 탐내지 말지니라"(17절 후반부)까지의 말씀. 그리고 십계명은 또한 '창조의 안식일 회복'도 규정한다. "안식일을 거룩하게 지키라"(8-11절). 이렇듯 십계명은 인간의 생명 및 생태계 회복을 위한 필연적인 조건들을, 다시 말하면 하나님, 인간 그리고 자연 생태계 사이의 관계 회복을 위한 규정들을 적시(摘示)하고 있다.

---

31 그리스도교 각 교파에 따라서 십계명의 구분이 약간씩 다르다. 개혁교회(장로교회)와 동방정교회 그리고 유대교 전통은 안식일 계명을 네 번째 계명으로 본다. 그러나 가톨릭교회와 루터교회는 안식일 계명을 세 번째 계명으로 본다. 대신 개혁교회(장로교회)와 동방정교회 그리고 유대교 전통은 "이웃의 집을 탐내지 말라. 이웃의 아내를 … 탐내지 말라"(17절 후반)를 10계명으로 본다. 반면에 가톨릭교회와 루터교회는 "이웃의 집을 탐내지 말라."(17절 전반부)를 제9계명으로 그리고 "이웃의 아내를 … 탐내지 말라"(17절 후반부)를 제10계명으로 구분한다. 그러나 이러한 구분은 단지 서열식으로 구분한 것에 불과한 것이다.

그러므로 십계명에 기술된 '하나님과 인간', '인간과 인간' 그리고 '인간과 생태계'(물질, 자연)의 세 가지 관계 규정들은 서로 긴밀히 종속되어 있다. 즉, 하나님과 인간의 신앙 관계가 바로 정립되면, 나머지 인간관계와 물질(자연) 관계도 함께 회복된다. 반면에 하나의 관계가 깨어지면, 나머지 다른 관계도 함께 깨어진다. 이러한 사실은 인간의 타락 기사(창 3장)에서도 확연히 드러났다. 인간의 타락 기사에 의하면 하나님과 인간의 관계가 사탄, 마귀의 유혹("너도 하나님과 같이 될 수 있다")에 의한 인간의 죄악으로 단절되자(창 3:8), 곧이어 아담이 여자(이브, 아내)에게 책임을 전가하는 부부관계가 단절된다(창 3:12). 그리고 그 결과로 그들 부부에게서 태어난 아들 형제, 가인과 아벨의 관계가 살인으로 단절되었다(창 4:8). 그뿐만 아니라 하나님과 인간의 단절이 일어나자, 인간은 에덴(Eden)동산에서 추방되어 땀을 흘려야 먹고살 수 있다. 그리고 인간과 생명 양식 생태계의 단절이 일어난다(창 3:17). 땅은 인간들에게 "가시덤불과 엉겅퀴를 낸다"(창 3:18). 그래서 인간은 '안식'(安息) 없이 평생 수고하고 땀을 흘리면서 살아가야만 한다. 바로 이런 점에서 파괴된 인간 생명과 생명의 생태 환경의 회복을 위하여 '십계명'이 주어진 것이라고 이해될 수 있다.

　그러므로 십계명은 탐하지(욕심내지) 말라, 거짓 증거, 도둑질, 간음, 살인하지 말라, 네 부모를 공경하라. 안식일을 기억하여 거룩히 지키라, 여호와의 이름을 망령되지 부르지 말라, 우상을 만들지 말고, 여호와 하나님 이외에 다른 신(神)을 섬기지 말라고 명하고 있다.[32] 그럼에도 불구하고 타락한 인간들은 십계명도 준수하지 않았다. 그래서 여호와 하나님은 오히려 적극적으로 그리고 긍정적으로 '새로운 생명의 영'(창 6:3)을 인간에게 주시겠다 언약하신다. 이것이 바로 '새 계약'에 대한 약속이다(참조, 렘 31:31-33).

그런데 새 계약의 특징은 인간 창조 때 불어넣으신 단순한 생기(生氣), 곧 호흡이 아니라 전혀 다른 '새 영(靈)'을 인간에게 불어넣어 주시겠다는 것이다.[33] 새 계약에 따라서 주어질 '영'은 인간의 마음을 변화시키고, 하나님의 말씀(율례)을 지키도록 하는 영, 곧 '살게 하는, 혹은 살리는 영'이다.

> 또 새 영을 너희 속에 두고 새 마음을 너희에게 주되 너희 육신에서 굳은 마음을 제거하고 부드러운 마음을 줄 것이며 또 내 영을 너희 속에 두어 너희로 내 율례를 행하게 하리니 너희가 내 규례를 지켜 행할지라 내가 너희 조상들에게 준 땅에서 너희가 거주하면서 내 백성이 되고 나는 너희 하나님이 되리라(겔 36:26-28).

이 말씀에 따르면 창조주 하나님께서 태초에 인간의 몸(흙)에 불어넣어 주신 숨(생기)이 아니라 '새로운 영'을 인간에게 불어넣고,

---

32 이와 상응하게 주님께서 가르쳐 주신 '주기도문'도 인간의 생명을 위한 기도도 인간의 타락 순서와 역순으로 되어 있다. "11 오늘 우리에게 일용할 양식을 주시옵고, 12 우리가 우리에게 죄지은 자를 사하여 준 것 같이 우리 죄를 사하여 주시옵고, 13 우리를 시험에 들게 하지 마시옵고 다만 악에서 구하시옵소서"(마 6:11-13) 이러한 순서는 뱀(악이 나타나 인간(하와)를 시험하고, 인간이 죄를 짓고, 일용할 양식을 상실한 순서의 역순이다.

33 최초 인간, 아담Adam 창조 때 하나님께서 불어 넣어진 '생기(生氣, ㅁㅁㅁ)'는 생명의 자생(自生)을 위한 것으로 '숨결' 혹은 '호흡'을 가리킨다. 그래서 창조된 인간은 '생령(生靈, ㅁㅁㅁ nepësh)이라고 불렸다. 따라서 '생기'(호흡)가 떠나는 것으로 '죽음'이 묘사되었다(참조 창 6:3; 시 146:4; 이밖에 전 3:19; 시 2:22; 욥 27:3). 참조. O. Loretz, "Grunlinien des alttestamentlichen Meschenbildes," *Wort und Botschaft des Alten Testaments*, hrsg. v. J. Schreiner, Würzburg, 1969, 337-346.

생태 환경도 새롭게 창조하여 영원히 인간의 하나님이 되시겠다는 것이다.

새 계약에 상응하게 예수님은 산상 수훈에서 '생명의 유지 및 회복' 방법을 단 한마디로 축약하여 말씀하셨다.

> 그러므로 염려하여 이르기를 무엇을 먹을까 무엇을 마실까 무엇을 입을까 하지 말라 이는 다 이방인들이 구하는 것이라 너희 하늘 아버지께서 이 모든 것이 너희에게 있어야 할 줄을 아시느니라 그런즉 너희는 먼저 그의 나라와 그의 의를 구하라 그리하면 이 모든 것을 너희에게 더하시리라(마 6:31-33).

이런 점에서 구약성경의 계약 문서, 곧 십계명은 단순히 인간이 의롭다 인정받기 위한, 혹은 도덕적인 사회생활을 위한 사회 윤리 규범이 아니라 계약 백성들의 생명 회복과 보전을 위한 창조주 하나님의 '창조 의지의 계시'로 이해될 수 있다. 다시 말하면 십계명은 생명의 창조주 하나님께서 태초의 창조의 의지를 실현하기 위한 구체적인 생명 규범이다.

VI. 예수의 부활: 생명의 영원한 회복

사도 바울은 예수 그리스도를 다음과 같이 증언한다.

> 그의 아들에 관하여 말하면 육신으로는 다윗의 혈통에서 나셨고 성결의 영으로 는 죽은 자들 가운데서 부활하사 능력으로 하나님의 아들로 선포되셨으니 곧

우리 주 예수 그리스도시니라(롬 1:3-4).

이 말씀은 태초에 창조주 하나님께서 흙에 생기를 불어넣어 최초 인간, 아담(Adam)을 창조하신 것을 연상하게 한다(창 2:7). 그런데 이로써 명백해진 것은 '인간의 생명'은 '하나님의 영'(성령)으로 생성 및 유지된다는 것이다. 따라서 생명 회복도 하나님의 영에 의해서 실현된다. 이런 점에서 하나님의 영을 받지 못한 자는 '죽은 자'이다.

그래서 여호와 하나님께서 말세에 인간에게 '새로운 영'을 불어넣으시겠다 약속하시고(욜 2:28 이하), 예수님께서도 '다른 보혜사, 성령'(요 14:16)를 보내 주시겠다고 약속하셨다. 그런데 —앞절에서도 언급하였듯이— 새로운 영은 태초에 최초 인간, 아담을 창조하실 때 흙에 불어 넣으신 영과 다르다. 왜냐하면 하나님의 새로운 영은 단지 생명체의 한 요소(element)인 생기가 아니라, 우선 '인간과 영원토록 함께 계시는 영'이기 때문이다. "내가 아버지께 구하겠으니 그가 또 다른 보혜사를 너희에게 주사 영원토록 너희와 함께 있게 하리니 … 그는 너희와 함께 거하심이요 또 너희 속에 계시겠음이라"(요 14:16-17).

그뿐만 아니라 바울은 태초 인간 아담과 부활하신 예수님을 구별하여 부활하신 예수님을 '살려주시는 영'으로 증언한 것이다: "기록된 바 첫 사람 아담은 생령이 되었다 함과 같이 마지막 아담은 살려 주는 영이 되었나니(ὁ ἔσχατος Ἀδὰμ εἰς πνεῦμα ζωοποιοῦν), 그러나 먼저는 신령한 사람이 아니요 육의 사람이요 그 다음은 신령한 사람이니라"(고전 15:45-46) 따라서 태초에 창조된 인간의 '육의 몸'(σῶμα ψυχικόν)은 창조주 하나님과 분리됨으로(영이 떠남으로써) 죽었지만, 부활하신 예수님의 몸은 '영의 몸'(σῶμα πνευματικόν)으로 '살려 주는 영'(πνεῦμα ζωοποιοῦν)이 되셨다.[34] 그래서 예수의 부활을 믿는 자들도 '하나님의 나라'[35]에서 하나님과 다른 모든 피조물과 함께 영원히 거(居: 안식)하게 될 것이다(참조, 사 11:6-9). 그리고 그들의 몸도 신령한 몸으로 변화될 것이다. 이것이 바로 창조주 하나님께서 처음부터 계획하신 창조의 목적이며, 창조의 안식일의 궁극적인 성취이다.

이런 점에서 그리스도교는 '생명의 복음'이다. 왜냐하면 예수의 부활로 인하여 인간 생명의 실질적인 생태 환경인 인간의 몸도 새롭게 신령한 몸으로 변화될 것이기 때문이다. 즉, 인간의 처음 몸도 부활하신 예수님의 몸, 곧, 영의 몸으로 새롭게 창조될 것이다(참조, 요 6:53-58).[36] 그리고 인간의 몸에 잠시 거하던 하나님의 영도 이제는 '영원히' 거하게 될 것이다.

이러한 점에서 예수의 부활은 새로운 생명 창조라고 이해될 수 있다. 왜냐하면 예수님의 부활로 '옛 하늘, 옛 땅'과 전혀 다른 '새

---

34 몰트만J. Moltmann도 궁켈H. Gunkel을 인용하여 성령을 "생명을 주는 신적 힘" 혹은 "신(영)적 창조능력"으로 규정하였다(참조. 겔 13:13; 36:26이하). 참조. H. Gunkel, *Genesis*, Göttingen, 9.Aufl. 1977, 104; J. Moltmann/『생명의 영』, 김균진 옮김, (서울: 대한기독교서회, 1992), 64.

35 낙원, 새 에덴(Eden). [필자 주]

36 요 6:53-58 "53 인자의 살을 먹지 아니하고 인자의 피를 마시지 아니하면 너희 속에 생명이 없느니라. 54 내 살을 먹고 내 피를 마시는 자는 영생을 가졌고 마지막 날에 내가 그를 다시 살리리니 … 57 … 나를 먹는 그 사람도 나로 말미암아 살리라. 58 … 이 떡을 먹는 자는 영원히 살리라".

하늘, 새 땅'이 창조될 것이기 때문이다. 그래서 요한묵시록은 생명의 새로운 생태계, 곧 '새 하늘과 새 땅'을 다음과 같이 묘사한다. "또 내가 새 하늘과 새 땅을 보니 처음 하늘과 처음 땅이 없어졌고 바다도 다시 있지 않더라"(계 21:1); "그 성은 해나 달의 비침이 쓸 데 없으니 이는 하나님의 영광이 비치고 어린 양이 그 등불이 되심이 라"(계 21:23); "또 그가 수정 같이 맑은 생명수의 강을 내게 보이니 하나님과 및 어린 양의 보좌로부터 나와서 길 가운데로 흐르더라 강 좌우에 생명나무가 있어 열두 가지 열매를 맺되 달마다 그 열매를 맺고 그 나무 잎사귀들은 만국을 치료하기 위하여 있더라 … 다시 밤이 없겠고 등불과 햇빛이 쓸 데 없으니 이는 주 하나님이 그들에게 비치심이라 그들이 세세토록 왕 노릇 하리로다"(계 22:1-2, 5) 새 포도 주는 새 부대에 넣어야 하는 것처럼(참조, 마 9:17, 병행 막 2:22; 눅 5:37), '새 생명', 곧 '영생'은 '옛 하늘과 땅'의 생태 환경 속에서가 아니라 '새 하늘과 새 땅'의 생태 환경 속에서 영존한다(참조, 시 102:25-27).

VII. '몸' 없는 '영'이 실존할 수 있는가?

이상 앞 절에서 신-구약성경의 증언에 근거하여 '생명' 개념을 탐구한 결과, '새 하늘과 새 땅에 관한 종말론'의 전제는 생명 구원[속] 사이다. 그리고 생명 구원[속]사의 전제는 생명 상실, 곧 죄론이다. 그리고 인간의 생명 상실에 관한 죄론의 전제는 '생명 창조론'이다. 그리고 생명 창조론은 또다시 창조의 목적, 곧 '새 하늘과 새 땅'을 지향하고 있다. 이상 신-구약성경이 증언하는 생명의 신학적 그물망

(Network)을 탐구한 결과 다음과 같은 결론에 이르게 되었다:

1. 성경 증언은 '아래로부터' 혹은 '위로부터'의 방법으로만 아니라 미하엘 벨커(M. Welker)가 제시하였듯이 신학적 다른 주제들과 연관해서 '복수의/다각적'(Plualistische) 혹은 '다각적 전망'(Multi- perspektivisch)으로 해석되어야 함이 확인되었다.37 즉, '생명'은 창조론에서만 속한 주제가 아니라 다른 교의학적 주제들과 서로 긴밀히 연관되어 있다.

2. 모든 생명은 '생태 환경' 없이 독자적(isolated)으로 생존하지 못한다. 즉 인간의 생명뿐만 아니라 다른 생명체도 또한 빛, 물, 그리고 뭍(땅) 없이 스스로 생존할 수 없다. 이런 점에서 모든 생명은 '생태학적 생명'이다. 따라서 생태계의 파괴는 곧바로 생명 상실(죽음)로 이어진다. 그런데 생태계 파괴의 책임은 성경의 증언에 의하면 전적으로 인간에게 있다.

3. 그러므로 생명 생태계 회복은 인간 생명의 회복에 종속되어 있다. 그래서 생태계도 하나님의 아들들이 나타나기를 고대한다: "피조물이 고대하는 바는 하나님의 아들들이 나타나는 것이[다]"(롬 8:19). 다시 말하면 생태계의 파괴가 인간의 죄로 인한 '하나님과 인간의 관계 단절'로 비롯되었듯이 생태계의 회복도 인간이 하나님의 말씀으로 돌아감(회개함)으로써 가능하다. 그래서 세례 요한과

---

37 참조. M. Welker, *Multi-perspektisch und biblisch orientierte Erforschung heutiger theologischer Themen*, 강태영 외 8인 옮김,『오늘의 신학적 주제에 대한 다각적·성서적 탐구』(서울: 동연, 2015).

"예수께서 비로소 전파하여 이르시되 회개하라 천국이 가까이 왔느니라"(마 4:17; 3:2) 선포하신 것이다.

4. 따라서 성경이 증언하는 인간의 생명 구원도 '영(靈)의 구원'만을 의미하지 않는다. 즉, 성경은 인간 생명의 생태계인 '몸'(σῶμα)의 구원 없이 영의 구원만을 증언하지 않는다. 이런 점에서 '예수님 몸의 부활'은 인간의 생명 생태계(몸)의 회복 및 구원이며 동시에 '새 생명의 영'의 창조이다. 왜냐하면 예수님은 몸(영과 육)으로 부활하신 것이지, 영만 부활하신 것이 아니기 때문이다:

> 예수께서 이르시되 어찌하여 두려워하며 어찌하여 마음에 의심이 일어나느냐 내 손과 발을 보고 나인 줄 알라 또 나를 만져 보라 영은 살과 뼈가 없으되 너희 보는 바와 같이 나는 있느니라 이 말씀을 하시고 손과 발을 보이시나(눅 24:38-40).

5. 그러므로 '새 하늘과 새 땅'에도 생명 생태계가 존재한다. 그러나 그 생태계는 첫 번째 창조의 생태계가 아니라 그와 질적으로 그리고 전적으로 새로운 것이다. 한마디로 말해서 하나님의 나라, 낙원은 비-물질적인 공상의 세계가 아니라 죽음이 없는 새로운 생명 생태계이다.

그러므로 성경의 생명 개념은 하나님의 영(성령) 중심의 생태학적 생명 개념이라고 결론지을 수 있을 것이다.

The Overcome of the Crisis of the Ecological Life: The Resurrection of Jesus

Kim, Jaejin, Dr. Theol.

Director of Kerygma Theological Academy

This paper analyzes the concept of life based on the testimony of the New and Old Testaments. The study understands life-notion as "plural/multifaceted" or "multi-perspective" (M. Welker) in connection with other theological topics. Precisely says, this paper deal with the life of human and creature in the relation to the other theological theme in the ecological view.

The crucial premise of the eschatological new heaven and new earth is the life creation of human and other creatures for Immanuel. This is also the ultimate will of the Creator, God. In this respect, the first man, Adam' sin is only the potential premise of the salvation history and the temporal cause of the ecological catastrophe. Thus, the creation of new heaven and earth is ecological and eschatological fulfilment of the creational will of God.

Accordingly, after exploring the biblical testimony regarding life, the following conclusions were reached:

1. All living things cannot survive without their own ecological environments, namely, light, water, and land. In this respect, all life is ecological life. Thus, the destruction of the ecosystem directly leads to loss of life [death]. The destruction of the ecosystem, however, was caused entirely by human sin. Therefore, restoration of human life and ecosystem is possible entirely through human beings. On the other word, "the creation waits eagerly for the sons of God to be revealed." (Romans 8:19).

2. The way to restore human life and the ecosystem was given through the Covenant (Ten Commandments). The ten Commandments present the way of the restoration of life ecosystem. It confirmed the fourfold relationship, namely, the relationship between God and human, between human beings and nature (materials), between humans and humans, and for Sabbath together of God and all creatures. This is paradoxically exactly like that the destruction of the ecosystem was caused by the sin of human disobedience. Thus, the life restoration of all the creation is only possible through humans returning to the word of God [repentance].

3. Likewise, there is not also the salvation of the spirit without the salvation of the body [flesh] as the ecosystem of human's life. The resurrection of Jesus body is the restoration and salvation of the human life ecosystem, and at the same time, it is the creation of new life (Luke

24:38-40). Our bodies will also create anew as the resurrected body of Jesus (John 6:53-58). The new heaven and new earth are also the new ecosystem. The ecosystem of the Kingdom of God, however, is not that of the first creation, but is qualitatively entirely new. God's Kingdom is not a non-material fantasy world, but a new life ecosystem without death.

참고문헌

김재진. "'함께עם 있음(삶)'으로서의 하나님 형상(Imago dei)." 「新學論壇」. 制 三
   十一輯 (2003. 5), 73-97.

_____. "미래의 인간학의 생태-생명신학." 「오늘의 생명신학」. 생명신학협의회 생명
   신학연구소 엮음. 서울: 신앙과 지성사, 2015, 208-210.

_____. "생명의 생태학적 환경과 생명 창조사," 「한국기독교신학논총」. (2003, 30
   호), 291-313.

_____.『성경의 보혜사 성령론』. 서울: 동연, 2012.

생명신학협의회 생명신학연구소 엮음. "몰트만 교수와 함께하는 생명신학 대토론."
   『오늘의 생명신학』. 제1집 (2013. 7). 서울: 신앙과 지성사, 2013, 378-391.

이형기. "삶과 봉사 운동: 스톡홀름대회(1925)에서 오늘날까지."『21세기 한국교회
   의 에큐메니칼 운동』. 서울: 대한기독교서회, 2008, 217-218.

「朝鮮日報」(2023년 8월 25일), 제1면.

Bauer/Aland. 'βίος'. WZNT, 6.Aufl. Berlin/New York: Walter de Gruyter, 1947.
   282f.

Bauer/Aland. 'ξωή'. WZNT, 6.Aufl. Berlin/New York: Walter de Gruyter, 1947.
   688f.

Gunkel, H. Genesis. Göttingen, 9.Aufl. 1977.

Hirschberger, Johnnes/강성위 옮김.『서양 철학사』. 대구: 以文出版社, 1996.

Kohlbrügge, H. Fr. Schriftauslegung I. Heft 1904.

Loretz, O. "Grunlinien des alttestamentlichen Meschenbildes." Wort und
   Botschaft des Alten Testaments, hrsg. v. J. Schreiner, Würzburg, 1969.
   337-346.

Moltman, J./김균진 옮김.『창조 안에 계신 하나님』. 서울: 한국신학연구소, 1987.

_____/김균진 옮김.『생명의 영』. 서울: 대한기독교서회, 1992.

Sittler, Joseph. "Called to Unity", Third Assembly of the WCC, New Delhi, 1961.

Thomas, Günther. "Theology in the Shadow of the Corona Crisis", 2020 (회람논문, Kerygma Theology Academy, Conference, 2020 자료).

Weber, O. *Grundlagen der Dogmatik* I. Neukirschen-Vluyn: Neukirchener Verlag, 1955.

Welker, M./ 김회권. 이강원 옮김. 『하느님의 형상으로 창조된 인간: 영(靈) 인간학』. 서울: 한국장로회출판사, 2020.

_____/강태영 외 8인 옮김. 『오늘의 신학적 주제에 대한 다각적·성서적 탐구』. 서울: 동연, 2015.

_____/김재진 옮김. 『창조와 현실』. 서울: 대한기독교서회, 2020.

Westermann, Claus. *Genesis*. 2.Aufl. BK., Neukirchen-Vluyn: Neukirchener Verlag, 1976.

기후 재앙과 생명신학*
― 기후 위기 시대의 생명신학의 역할

김영선

(협성대학교, 명예교수)

I. 들어가는 글

안토니우 구테흐스 유엔 사무총장은 2023년 7월 27일 세계기상기구(WMO)가 7월 1일부터 23일까지 3주간 전 세계의 평균 지구 표면이 16.95도에 달했다고 발표하자, "지구온난화(global warming)의 시대가 끝나고 지구 열화(global boiling)의 시대가 도래했다"고 말하면서 이는 '지구 전체의 재앙'이라고 했다. 미국 조 바이든 대통령도 27일 이상 고온에 대한 백악관 대책 회의 후 대국민 연설에서 "우리는 오늘 기후 변화라는 실존적 위협(existential threat)

---

* 본 글은 2023년 4월 22일 연세대학교 루스채플에서 개최된 "제18회 한국조직신학자 전국대회"에서 발표하였던 글을 수정하고 보완한 것이다.

을 논하려 모였다"고 하였다.[1] 이들이 지적한 바와 같이 오늘날 세계는 기후 변화로 재앙을 겪고 있다. 지구촌에서 경험하고 있는 기후 변화는 자연 재난을 넘어 전 세계적으로 예상하지 못한 각가지 사회적 불안, 경제적 손실, 정치 지형의 변화 등과 연결되어 인간의 생명과 삶을 위협하고 있다. 기후 변화의 일차적 결과는 폭염, 폭우, 한파, 폭설, 가뭄, 강한 태풍, 해수면 상승, 식수 부족과 식량 문제 그리고 온갖 전염병과 질병의 확산 등이다. 일부 지역에서는 슈퍼 바이러스가 출현하여 코로나(Covid-19)처럼 전 세계에 동시다 발적으로 바이러스가 창궐하기도 하였다.[2] 기후 변화는 범지구적이 고 동시다발적이며 그 영향은 연쇄적으로 발생한다.

이처럼 기후 변화로 인해 오늘날의 가이아(Gaia)는 질병을 앓고 있다. 이에 따라 지구 생명체는 위기를 맞이하고 있다. 생태 신학자 토마스 베리는(Thomas Berry)는 지난 100년 동안 인류가 저지른 가장 큰 범죄는 환경 파괴라고 하였다. 보프(Leonardo Boff)도 "교회 는 현 생물계 위기를 가져온 사고방식에 대해 공범자였다. 교회는 이에 대해 충분할 정도로 비판적인 자세를 취하지 않았고, 피조물과 존중의 관계 또는 경외의 관계를 맺도록 하는 신학적 논의를 시도하 지 않았다"[3]고 지적하였다. 기후 위기 시대에 생명이 훼손되고

---

1 「조선일보」 2023년 7월 29일, 1.

2 기후 변화로 서식지를 잃은 동물들(반려동물 포함)이 인간과의 직·간접 접촉이 잦아져 코로나 같은 전염병이 발생하게 된다. "중동호흡기증후군(메르스)은 박쥐를 먹은 사향고 양이를 거친 낙타를 통해서, 말라리아는 조류를 통해서, 에이즈는 아프리카 원숭이를 통해서, 사스와 Covid-19는 박쥐를 통해서 전염되는 병으로 알려져 있다." 조용훈, "코로 나 19시대의 교회의 환경 책임," 안명준 외, 『교회통찰』 (서울: 세움북스, 2020), 128.

3 레오나르도 보프/김항섭 옮김, 『생태신학』 (서울: 가톨릭출판사, 1996), 84.

파괴되는 문제에 신학이 응답하는 작업은 우리에게 생명신학, 또는 생태 신학으로 나타나게 된다.

오늘날 기후 위기는 인간의 탐욕으로 인해서 나타나게 되었다. 인간의 탐욕은 지난 200여 년간 계속 되어온 산업화로 인해 고착화 되었다. 오늘날의 사회 구조는 인간 중심주의의 모습을 띠면서 인간이 아닌 다른 모든 존재를 인간의 필요를 위해 마구 사용해도 좋은 존재로 받아들였다.[4] 과도한 개발과 경제적 성장만 추구하여 이익을 남기려는 인간의 탐욕이 수많은 생물의 생명을 위협하고, 지구 생명의 다양성을 훼손하고 있다. 이 탐욕은 부메랑이 되어 이제 인간의 생명마저 위험에 빠트리고 있다. 지금과 같은 탐욕적인 인간 중심주의 경제 방식과 생활 방식이 지속되는 한, 지구촌의 모든 생물의 멸종은 물론 인간 생명도 파멸에 이를지도 모른다.

본 글은 이러한 기후 위기에 의해 야기되고 있는 생명 위기와 파멸에 대해서 교회와 신학은 무엇을 생각하고 무엇을 해야 하는지에 대해 제언하고자 한다. 이를 위해서 첫째, 기후 위기의 원인과 그에 따른 생태적 피해와 재앙을 살피고, 둘째, 기후 위기 극복을 위한 국제적, 과학적 대처 방안을 살피고, 마지막으로 이러한 대책과 해법에 대한 생명신학의 기능과 역할을 제언하고자 한다.

---

4 린 화이트(Lynn White)는 인간중심주의 사유가 생태 위기의 사상적 주범이라고 비판한다. Lynn White Jr. "The Historical Roots of Our Ecological Crisis," *Science* Vol. 155, No. 3767 (Mar. 10, 1967): 1203-1207.

II. 기후 위기의 원인과 기후 재앙

1. 기후 위기의 원인: 온실가스 배출

최근 인류가 경험하고 있는 기후 위기는 인간의 활동에 의한 지구온난화(Global Warming)로 인한 것이다. 지구온난화는 산업화 이후 화석연료를 과다하게 사용하면서 방출된 온실가스와 상관이 있다. 온실가스 방출은 인간의 과학 기술의 오용과 남용 그리고 과소비와 더불어 풍요롭고 편리하게 살고자 하는 인간의 탐욕에서 비롯되었다.[5] 이 같은 인간의 탐욕은 모든 생명의 터전인 지구 환경을 파괴하였다. 이에 따라 인간은 지구 생태계 파괴의 주범이 되고 말았다. 인간의 탐욕으로 야기된 온실가스 배출은 지구온난화를 가져왔고, 지구온난화는 지구의 기후 위기를 초래하고, 이는 다시 인간의 생명을 위협하고 파괴하는 사태에 이르게 되었다.

기후 변화에는 자연적 원인과 인위적 원인이 있다. 화산 분화, 태양 활동 변화, 대기, 해양, 육지, 생물권 등의 여러 요소가 상호작용하면서 일어나는 자연적 원인과 산업혁명 이후 산림 파괴와 온실가

---

[5] 생태계의 붕괴 요인은 첫째, 인간의 탐욕에 의해 자연을 이익 창출의 수단으로 삼은 계몽주의적 기계론적 사고와 세계관 그리고 이에 정당성을 부여한 종교적 세계관, 둘째, 인클로저 운동(enclosure movement)에 의한 사유화와 상품화, 셋째, 하나님의 초월성에 대한 강조를 거론할 수 있다. Cf. 김영선, 『관계신학』 (서울: 대한기독교서회 2012), 336-344; Cf. 제레미 리프킨/이정배 옮김, 『생명권 정치학』 (서울: 대화출판사, 1996), 23, 56-70, 72-86, 257-264; 매튜폭스/김영명 외 옮김, 『새로운 종교개혁: 창조영성과 기독교의 변화에 관한 95개조 반박문』 (서울: 코나투스 2010), 45-74; 토마스 베리/김준우 옮김, 『신생대를 넘어서 새로운 생태대로』, (서울: 에코조익, 2006), 58.

스 방출 등으로 일어나는 인위적 원인이 있다.[6] 여기서 주목해야 하는 것은 자연적인 원인보다는 인위적인 원인이 더 심각하다는 것이다.

인간이 배출한 온실가스는 오존층을 파괴한다. 지구의 지표면에서 11~50km 떨어진 성층권에 있는 오존층은 인체에 해로운 자외선을 막아주는 역할을 한다. 오존(O_3)은 지상에서는 유해하지만, 높이 20km 성층권에서는 태양의 강한 자외선을 흡수하는 역할을 한다. 하지만 1908년대부터 오존층이 얇아지고 구멍이 나기 시작하면서 지구 환경(지구 기후) 위기가 초래됐다. 이 위기의 주된 이유는 에어컨이나 냉장고 냉매, 헤어스프레이 등에 쓰이는 프레온 가스(CFC)가 많이 배출되었기 때문이다. 프레온 가스는 수십 년 동안 냉장고 · 에어컨 냉매, 반도체 세척제 시장을 휩쓸었다. 그러나 1985년 과학자들에 의해 남극 오존층에 구멍이 뚫린 사진이 세상에 처음 공개되자 프레온 가스는 하루 사이에 기후 위기를 초래하는 공공의 적이 되고 말았다.

2. 기후 변화를 초래하는 온난화의 속도

18세기 산업혁명 이후 2020년에 이르는 동안 지구 평균 기온이 1도 상승했다. 이것은 과거 1만 년 동안 지구 온도가 1도 이상 변한적이 없다는 것을 고려할 때 대단히 큰 수치이다. 미항공우주국(NASA)은 2020년 지구의 표면 온도는 1880~1900년 평균 기온보다

---

6 Cf. 오충현 외, 『종교와 생태』 (서울: 열린서원, 2023), 14.

1.24도 상승하였고, 2028년경에는 지구 온도가 1.5도에 이르게 된다고 예측하였다. 그리고 1.5도 이후부터는 온도가 기하급수적으로 상승하기 때문에 1.5도 이상 상승하지 못하게 하는 노력이 절실히 필요하다고 제언하였다. 또한 '기후 변화에 관한 정부 간 협의체'(IPCC, Intergovernmental Panel on Climate Change)는 지구의 대기 중 CO_2 농도는 빙하기 때 180ppm, 간빙기에 280ppm, 산업화 이전에 280ppm, 2010년에 380ppm, 2020년에 412ppm으로 증가하였고, 2030년에는 500ppm 이상으로 증가할 것으로 예측하였다.[7]

지구 온도는 인간의 체온과 같이 조금만 올라가도 심각한 증상을 보인다. 마크 라이너스(Mark Lynas)는 『6도의 악몽』에서 지구 온도가 3도 이상 상승하면 지구상의 40~85%의 생물이 멸종하고, 2100년에는 지구 온도가 최고 6.4도 상승하게 되어 지구상의 생물의 80% 이상이 멸종될 것으로 예측하였다.[8] 따라서 관련 학계는 우리가 1.5℃ 제한 목표를 달성하지 못하면 극단적 기상 현상의 빈도와 강도가 급격히 높아져 인류를 비롯한 지구 생태계 전체가 위험에 빠질 것이라고 경고한다.

---

7 Cf. "신범식, "기후 변화와 생태학적 전환 그리고 교회," 김광기 편, 「리더십저널」 Vol.8, (Nashville: Discipleship Ministries of the United Methodist Church, 2022), 17; 양재성, "기후 위기와 교회의 역할," 같은 책, 91.
8 마크 라이너스/이한중 옮김, 『6도의 악몽』 (서울: 세종서적, 2008). 135-199, 259-286. 라이너스는 이 책에서 지구상 온도가 1도에서 6도에 이르는 각 단계마다의 재해와 생명 위험을 설명한다.

3. 기후 변화로 인한 지구촌의 피해와 재앙

지구온난화로 인해 규칙적인 날씨가 사라지고 예측하기 어려운 한파가 내려오기도 한다. 최근에 갑작스러운 한파가 지구촌의 여러 지역을 강타하였다. 2019년 1월 영하 40도의 유례없는 한파가 미국 시카고 전역을 휩쓸어 도시 전체가 마비되었다. 같은 시기에 호주는 영상 47도를 넘어 전력 사용의 급증으로 전력망이 과부하가 되었고, 산불도 지속해서 발생했다. 프랑스를 비롯한 유럽 전역도 45도 이상의 폭염으로 비상사태를 선포했다. 2020년 한반도는 54일간 지속되는 역대 최장기 장마와 연이은 태풍으로 전국에서 1,500여 건의 산사태가 발생했고, 지반 붕괴는 물론 교량과 도로 등이 침수되었다. 2021년 7월, 캐나다와 미국 북서부는 50도에 육박하는 폭염으로 일주일 동안 900여 명이 사망했다.[9] 2022년 12월, 미국 시카고 지역은 영하 50도로 떨어졌고, 뉴욕 맨해튼은 오전에 영상 12도였다가 두 시간 만에 영하 12도로 급락하는 기후 이변이 일어났다. 중국의 헤이룽 지역은 영하 53도까지 수은주가 내려갔다. 이러한 기후 변화는 앞으로 더 빈번하고 동시다발적으로 일어날 것이다.

이러한 기상이변은 북극 5km 상공에 머무는 영하 40도 이하 찬 공기(제트기류: Jet-Stream)의 영향에 의한 것이다. 제트기류는 한파만이 아니라 바람 세기의 영향으로 뱀처럼 구불구불한 모양이 되어 특정 지역의 기온을 상승시키기도 한다. 지구의 온난화로 북극

---

9 폭염과 함께 열사병 등 온열 질환자가 급증하고 있다. 당뇨병과 심뇌혈관 환자도 더위로 증상이 악화할 수 있다. Cf. 「조선일보」 2023년 7월 29일, A3.

빙하가 많은 태양열을 받으면 북극 기온의 상승으로 제트기류가 약해지면서 한파를 비롯한 지구촌의 기후 변화를 발생시킨다.[10] 이런 한파는 사람들의 건강에 영향을 주는데 첫 번째 영향은 '동상'이다. 둘째는 '체감온도'가 떨어진다. 셋째는 '저체온증'이다. 저체온증이 지속되면 심장 기능이 멈추면서 사망에 이르게 된다.[11]

러시아 북극남극연구소(AARI)의 과학자들이 2022년 7월 북극해 타이미르반도(Tamyr Peninsula) 북부에 있는 해양기상관측소에서 역대 최장 뇌우(雷雨)를 관측하였다. 당시 뇌우는 무려 55분 동안 지속되었다. 학계는 북극에서 이처럼 극단적 이상기후가 빈발하는 것은 최근 수십 년 동안 기후 변화가 촉발한 북극의 급격한 대기 변화 때문으로 분석한다.[12]

북극만이 아니라 남극에 있는 장보고과학기지 해빙 활주로가 사라져 이곳을 드나들던 비행기 운항이 중단되었다. 온난화 여파로 얼음 두께가 얇아졌기 때문이다. 얼음 활주로 폐쇄는 남극이 점점 더워지고 있다는 것을 증거하고 있다.[13]

4. 기후 재앙의 생태학적 순환

산업혁명 이후 인류가 배출한 온실가스의 총량은 그 이전의 지구가 배출한 양보다 많다. 온실가스 농도 증가로 빙하와 만년설이

---

10 「조선일보」 2023년 1월 25일, A2.
11 「조선일보」 2023년 1월 12일, A20.
12 「자유일보」 2023년 2월 20일, 11.
13 「조선일보」 2023년 3월 1일, 1.

녹고, 이에 따라 그 속에 갇혀 있던 메탄 등과 같은 온실가스가 대기로 배출되어 온난화 추세를 가속화시킨다. 이에 따라 산불이 증가하고 있다. 산불로 인해 엄청난 생명이 사라진다. 2020년 호주 산불로 한반도 크기의 숲이 불탔고, 야생동물 20억 마리가 죽었다. IPCC 4·5차 보고서에 의하면 지구상에서 하루에 150~200종의 동식물이 사라지고 있는데 이는 자연스러운 멸종보다 1,000배나 빠른 속도라고 한다. 이처럼 이상기후 변화로 야생동물의 서식지가 파괴되고 그로 인해 환경이 변하게 된다. 서식지를 잃은 야생동물의 바이러스가 사람에게 감염되는 가능성이 증가하고 있다.

이상기후의 재앙은 자연재해는 물론 민생 불안으로 이어진다. 이상기후로 인한 홍수와 태풍은 비옥한 표토를 쓸어가면서 비옥한 강 하구는 불모지가 되고, 수온과 해류의 변화로 전통적인 어장이 변화하거나 사라지고 있다. 토양 유실과 수자원 고갈은 곡물 생산의 감소로 이어지고,[14] 이는 곡물 가격 폭등으로 이어져 경제적 타격만이 아니라 사회 정치적 분쟁과 난민 문제를 일으킨다. 장기간의 기근과 불안정한 식량 수급은 영토 분쟁과 종족 학살을 유발한다. 종족 학살로 이어지는 기후 난민은 2008년 이후 매년 증가하는 것으로 집계됐다.[15]

서유럽에서는 2015년부터 시리아 난민 사태로 심각한 사회 혼란

---

14 토마스 베리·토마스 클락/김준우 옮김, 『신생대를 넘어 생태대로』(서울: 에코조익, 2006), 79.
15 불안정한 식량 공급은 정치·경제적으로 불안정한 민중들의 봉기를 발생시켰다. 2012년 1월부터 시작된 튀니지, 이집트, 예멘, 시리아의 민중 봉기도 이와 같은 경로로 발생했다. Cf. 송진순, "생태문명으로의 전환과 그리스도인," 『리더십저널』(2022), 37-38.

을 경험했다. 수많은 난민이 몰려들면서 국가 재정을 압박했고, 치안도 불안정해졌다. 난민이 범죄에 내몰리면서 인종과 종교에 대한 혐오 문제가 발생하였다. 이로 인한 사회적 불안은 안보를 넘어 민주주의 체제를 위협하고 대규모의 폭력 사태를 초래하였다. 이에 따라 자국 우선주의, 보호무역, 극우 정당의 약진이라는 국제 지형이 형성되었다. 이런 사태는 언제 터질지 모르는 지역 및 국가 간 갈등과 분쟁을 전제하고 있다.[16]

살펴본 바와 같이 지구온난화로 인한 이상기후로 동식물의 멸종, 환경 파괴만이 아니라 불평등의 심화, 심각한 안보 갈등 등을 피할 수 없게 되는 생태학적 순환이 일어난다. 기후 시스템은 일단 임계치를 넘어서면 자연의 회복 가능성을 기대하기가 불가능하다. 현재의 기후 위기가 막연하게 체감하는 불편이나 위기의식을 넘어 인간이 통제할 수 없는 상황을 가져온다는 데 그 심각성이 있다. 이러한 시점에서 걱정해야 할 것은 지구보다는 사람이다. 왜냐하면 지구는 온난화에 따른 자기조절 반응을 하지만[17] 이 조절 과정은 사람이 생존하기 어려운 환경을 가져오기 때문이다.

---

16 Cf. 송진순, "생태문명으로의 전환과 그리스도인," 『리더십저널』 (2022), 38-39.

17 기후가 안정적이고 강수량이 적절하고 토양과 대기 상태가 좋으면 지구는 가끔 재난이 닥치더라도 자동조절되는 시스템 즉 복원력이 작동하게 된다. Cf. 요한 록스트룀·마티아스 클룸/김홍옥 옮김, 『지구 한계의 경계에서』 (서울: 에코리브르, 2017), 10, 55, 61-69.

III. 기후 위기 극복을 위한 국제 사회와 기후 테크(climate tech)의 시도들

1. 국제 사회의 시도들

기후 변화 위기 앞에 선 우리는 무엇을 해야 하는가? 국제 사회와 지구 환경 과학자 그리고 기후 학자들은 이러한 위기를 타개하려고 활발한 토론과 많은 연구를 시도하고 있다. 이들은 탈(脫)탄소 및 탄소중립과 신재생 에너지의 적극적 발굴과 사용 등을 진지하게 제안하였다. 이에 따라 국제 사회(197개 유엔 회원국)는 1987년 "오존층을 파괴시키는 물질에 관한 몬트리올 의정서"를 채택하고, 2010년 이후 모든 국가에서 프레온 가스의 생산 및 사용을 전면 금지했다.[18] 이후 기후 변화 문제를 공유한 국제기구, 유엔기후 변화협약(UNFCCC, 1992), 교토의정서(Kyoto protocol, 1997), 파리기후 변화협정(Paris Climate Change Accord, 2015) 등이 결성되어 국가들의 행동 및 그 소속된 기업들의 행동 변화를 촉구하였다. 특히 2020년 만료 예정인 교토의정서를 대체한 파리기후 변화협약을 통해 세계 각국은 2030년까지 온실가스 배출을 55% 감축하고, 2050년까지 탄소중립(net-zero)을 달성하여 산업혁명 이후 지구 기온 상승 폭을 1.5도로 제한할 것을 합의했다.[19] '기후 변화에 관한 정부 간 협의체'는

---

18 우리나라는 1992년부터 오존층 보호법을 시행했다. 이 의정서가 발효된 이후 전 세계 CFC 사용량은 99% 감소했다. Cf. 「조선일보」, 2023년 1월 11일, A16.

19 「조선일보」 2023년 1월 28일, B3. 파리기후 변화협약은 2021년 1월부터 적용된다.

2100년까지 지구의 평균 온도 상승 폭을 1.5도 이내로 제한하기 위해서는 2030년까지 이산화탄소 배출량을 2010년 대비 최소 45% 이상 감축하고, 2050년경에는 탄소중립을 달성해야 한다고 하였다.

유럽연합(EU)도 2023년 1월 18일 기후 변화에 대응해 친환경, 탈탄소 산업을 집중 육성하는 '탄소중립산업법'을 입안키로 했다. 독일 총리 올라프 숄츠(Olaf Scholz)는 2023년 1월 18일 세계경제포럼 (WEF, 다보스포럼) 특별 연설에서 독일이 2045년까지 온실가스 실질 배출량을 '0'으로 줄여 세계 최초의 탄소중립 국가가 될 것이라고 밝혔다. 독일은 2030년까지 4,000억 유로(약 534조 원)를 투자해 전기 생산의 80%를 재생에너지를 통해 생산할 계획이다. 숄츠 총리는 독일은 러시아 우크라이나 전쟁 사태로 러시아의 가스·석유·석탄으로부터 완전히 독립했다면서 미국과 함께 러시아 의존도를 낮추고 재생에너지 확산을 의무화했다고 하였다.[20]

윤석열 대통령도 스위스 다보스 포럼의 특별 연설(2023년 1월 19일)에서 원전 활용, 청정 에너지 공급 확대를 한국의 역점 사업으로 추진하고 있으며, "탄소중립 목표를 달성하기 위해 원전 기술이 필요한 나라들과 협력하겠다"고 했다.[21]

세계는 이처럼 블루 카본(Blue carbon)과 그린 카본(Green carbon)을 지향하고, 블랙 카본(Black carbon)을 지양하는데 정책을 입안하고 그 시행을 위해 모든 노력을 기울이고 있다.[22]

---

20 「조선일보」 2023년 1월 20일, A16.
21 「조선일보」 2023년 1월 20일, A6.
22 블루 카본은 바다나 연안, 습지 생태계가 흡수하는 탄소를 말하고, 그린 카본은 나무나 토양이 흡수하는 탄소를 말한다. 블랙 카본은 화석연료를 태워 내뿜는 탄소를 말한다.

2. 기후 테크의 시도들

국제 사회는 "2050년 탄소중립(Net zero)을 통해 지구 평균 기온 상승폭을 산업화 이전 대비 1.5도 이하로 낮춘다"는 목표를 세우고 이를 향해 전진하고 있다. 이 과정에서 주목받는 것이 '기후 테크'(climate tech)이다. 기후 테크로 인해 폐기물의 재활용부터 탄소 포집 · 활용 · 저장(CCUS) 기술이 연구 · 개발되고 관련 기업들도 폭발적으로 성장하고 있다.

1) 탄소 포집 · 활용 · 저장(CCUS) 기술

산업 시설에서 배출되거나 대기 중에 떠다니는 이산화탄소를 흡수한 다음, 땅에 묻거나 친환경 연료 등으로 재활용하는 CCUS는 생태계 · 순환 시스템을 물리 · 화학적으로 변경하여 지구 환경 위기 극복에 결정적으로 이바지한다. 이에 마이크로소프트(MS) 창업자 빌 게이츠는 CCUS 관련 기업에 투자했고, 테슬라 최고 경영자(CEO) 일론 머스크는 '최고의 탄소 포집 기술'에 1억 달러의 상금을 내걸었다. 이런 조류는 대기 중에서 탄소를 포집 · 저장하는 전문 기업들이 등장하게 하였다. 대표적인 기업으로 스위스에 본사를 둔 클라임웍스(Climeworks)가 있다. 클라임웍스는 대기 중의 이산화탄소를 직접 흡수해 저장하는 공장, 오르카(Orca)를 2021년 9월에 세계 최초로 세우고 2022년부터 가동에 들어갔다. 오르카는 24시간

블루 카본과 그린 카본은 블랙 카본을 빨아들이는 고마운 존재들이다.

365일 연간 2,000t가량의 대기 중 이산화탄소를 포집해 물과 섞은 뒤 땅속에 주입하는 방식으로 탄소를 제거한다.[23]

일본은 2050년까지 이산화탄소 배출량을 제로(0)로 만드는 프로젝트에 돌입했다. 민간기업들은 대기 중 이산화탄소를 모아 지하에 저장하는 프로젝트(CCS, Carbon dioxide Capture and Storage) 사업에 속속 뛰어들고 있다. 일본이 이 프로젝트에 필사적인 이유는 CCS를 제대로 구축하지 못하면 20~30년 후에 해외에서 막대한 돈을 주고 탄소 배출권[24]을 사와야 하기 때문이다. 최근 유럽연합(EU)의 탄소 배출권 가격은 톤당 80~90유로(약 12만 원)로, 2019년(톤당 7.83유로)보다 10배 이상 급등했다.[25]

하지만 탄소를 땅에 저장하는 기술(CCS)은 몇 가지 단점을 가지고 있다. 탄소 포집에 에너지가 많이 들고 비싼 점,[26] 이산화탄소를 저장할 수 있는 시설이 충분하지 않은 점, CCS 저장소를 지으려면 막대한 면적이 필요하다는 점이다. 그래서 포집한 탄소를 땅에 묻는 대신에 재활용하는 기술(CCU) 개발을 시도하고 있다.

지구를 구하는 '기후 테크'는 나날이 발전하고 있다. 태양 빛을 조절해 지구로 들어오는 태양 에너지를 일부 반사시켜 지구의 온난

---

23 Cf. 「조선일보」, 2023년 2월 20일, B7, B9.

24 환경비용 부과(탄소세와 탄소 관세의 정책화)는 탄소 배출을 많이 하는 생산 물품과 그 거래에 세금을 부과하는 것이다. CBAM(Carbon Border Adjustment Mechanism, 탄소 국경 조정 메커니즘)은 유럽연합이 추진 중인 제도로 제조 과정에서 나온 탄소량만큼 일종의 관세를 부과하는 것이다. '탄소 국경 조정', 또는 '탄소 국경세'라고 불리는 이 제도는 2025년부터 시행될 예정이다.

25 「조선일보」 2023년 1월 27일, A16.

26 이산화탄소 발생·포집 장소 마련과 이를 저장할 곳의 거리가 멀수록 운송 비용이 증가하고, 지하 1km 이상 파야 하기 때문에 비용이 증가할 수밖에 없다.

화를 완화시키는 기술도 논의되고 있다. 이른바 '태양지구공학'(geo-engineering)이 그것이다. 아직은 이론과 실험의 단계에 있지만 이것이 실현되면 기후 위기를 획기적으로 줄일 수 있다. 현재 태양빛의 양을 인위적으로 조절해 지구의 온난화를 막는 기술은 크게 네 가지가 언급되고 있다.

첫째, 바닷물을 이용해 인공 구름을 만드는 방식(MCB, Marine Cloud Brightening)이다. 바닷물의 소금 결정이 구름의 반사율을 높이게 하는 기술이다.[27]

둘째, 새털구름(권운)을 만들어 지구 표면에 갇힌 열이 빠져나가기 쉽게 만드는 CCT(Cirrus Cloud Thinning) 기술이다. 새털구름을 얇게 만들거나 제거해 지구에 열을 가두는 능력을 떨어뜨리는 것이다.

셋째, 우주 공간에 반사판 등의 보호막을 배치해 태양 에너지를 줄이는 기술이다. 미국 매사추세츠공대(MIT) 연구팀은 이 기술을 연구하고 있다.

넷째, 대기 성층권에 탄산칼슘 같은 에어로졸(공기 중 떠 있는 고체 또는 액체 상태의 입자)을 분사해 태양 빛의 반사율을 높이는 기술(SAI, Stratospheric Aerosol Injection)이다. 이 기술의 아이디어는 1919년 필리핀 피나투보 화산 폭발에서 분출된 17메가톤의 이산황산(SO_2) 때문에 일시적으로 지구 온도가 0.5도 떨어진 사건에서 아이디어를

---

27 달 표면의 먼지(표토)로 지구와 태양 사이에 인공 구름을 만들면 온난화 개선이 가능하다는 연구가 나왔다. 최근 미국 유타대학의 물리·천문학자 벤자민 브롬리 교수와 스미스소니언 천체 물리학관측소(SAO) 스콧 캐넌 박사가 이끄는 공동 연구팀은 태양과 지구 사이에 인공 구름을 배치해 햇빛을 가리는 방식으로 태양 복사 에너지의 1~2%를 감소시킨다는 목표로 시행한 시뮬레이션 결과를 미공공과학도서관(PLOS)의 학술지 「플로스 기후」(*PLOS Climate*)에 발표했다. Cf. 「조선일보」 2023년 2월 20일, B7, B9.

얻었다.[28] 대기 연구 전문가들(노벨화학상 수상자인 네덜란드의 대기 화학자 파울 크뤼천 등)은 이상적 에어로졸 살포 지점으로 적도 남위·북위 10도 상공이며, 이곳에 에어로졸을 뿌리면 대기가 극지방으로 순환하고 전 지구에 적당한 양이 분포된다고 한다.

그러나 한편 SAI 기술에 대해 일부 지구 공학자들은 "지표면에 도달하는 태양 빛의 양을 인위적으로 조절하는 것은 생태계 전반에 예상치 못한 거대한 변화를 불러올 수 있다"며 SAI에 대해 거세게 반대하고 있다. 미시간주립대 교수 포이베 자네츠케는 "SAI로 지구의 습도와 강우, 폭풍 양상과 공기의 질, 오존 수치, 직사광 대비 산란광 비율 등 다양한 환경 요소가 달라질 수 있다"며 "이러한 요소들은 복잡하고 예측할 수 없는 방식으로 상호작용해서 지구화학적 과정과 생물 생태계에 영향을 끼친다"고 지적했다. 따라서 태양 지구 공학 기술을 성급하게 활용하기보다는 다른 친환경 정책을 추진하면서 안전성과 신뢰성을 확보할 필요가 있다. SAI를 비롯한 여러 기술은 한편으로 생태계의 위기를 타파하려고 하지만 또 다른 한편으로 그에 따른 자연의 질서(생태계)를 다른 방향에서 파괴할 수 있음을 염두에 두어야 한다.

2) 기업들의 친환경 경영(탄소 배출 감소 경영)으로의 전환

(1) 재생 농업으로의 전환

산업형 농업이 환경에 악영향을 끼친다는 사실이 알려지면서

---

28 「자유일보」 2023년 3월 6일, 11.

탄소 배출을 줄이는 재생 농업(regenerative agriculture)에 뛰어드는
기업이 늘고 있다. 식품회사 펩시코(PEPSICO), 세계 최대 식품 기업
네슬레(NESTLE), 세계 최대 유통 기업 월마트(WALMART)와 같은
굴지의 기업들이 재생 농업에 뛰어들고 있다. 재생 농업은 살충제
· 농약 · 합성비료 사용 등을 피하고, 다양한 지피(地被) 작물을 키워
척박해진 토양을 회복시키고 탄소 배출을 줄이는 농법이다. 그러나
재생 농업으로 전환하려면 인프라와 농기계, 토질 개량 등에 상당한
초기 비용이 들고, 재생 농업이 글로벌 기업의 그린 워싱(green
washing, 친환경 위장)[29]에 악용될 수 있다는 지적도 있다. 따라서
재생 농업의 유용성을 입증하고, 한때의 유행에 그치지 않고 정착시
키도록 해야 한다.[30]

(2) 탄소 배출 감소 항공기 제작

미항공우주국은 보잉과 함께 지금보다 훨씬 얇고 긴 날개 형태의
차세대 항공기를 개발하고 있다.[31] 이들이 개발하는 저탄소 · 친환경
항공기를 개발하는 항공기는 현존하는 기종보다 연료 소모량과
탄소 배출량이 최대 30% 적은 비행기다. 이들은 2028년에 첫 비행,
2030년에 상업 비행을 목표로 삼고 있다.[32]

---

29 사실은 친환경이 아니거나 심지어 환경에 해를 입히면서 그럴싸한 광고나 홍보 전략으로
　친환경인 것처럼 이미지를 세탁하는 것을 말한다.

30 「조선일보」 2023년 2월 10일, B8.

31 바이든 행정부가 NASA에 4억 2,500만 달러(약 5,300억 원)를, 보잉과 협력업체들이
　7억 2,500만 달러(약 9,000억 원)를 부담해 이 사업의 총 투자액은 11억 5,000만 달러(약
　1조 4,200억 원)에 달한다.

32 「자유일보」 2023년 1월 26일, 12.

(3) SK그룹의 탄소 배출 감소 신기술 확보

SK그룹도 2023년 1월 초에 열린 'CES 2023'에서 탄소 배출 제로(Net Zero)를 선도할 40여 신기술과 제품을 선보였다. 기후 변화 등 여러 방면에서 불확실성이 커진 환경 속에서 전 지구적 문제를 해결하는 데 앞장서야 그룹의 지속적인 성장이 가능하다는 판단 때문이다. 그래서 친환경 미래 에너지, 전기 차용 배터리 등과 같은 사업에 투자를 확대하였다.[33]

IV. 기후 위기 극복을 위한 생명신학의 역할과 과제

기후 변화는 누구도 피할 수 없는 재앙이 되고 있으나 기후 변화가 가져오는 위협은 절대 평등하지 않다. 기후 불평등은 경제적 양극화와 개발 정도에 따라 격차가 크다. 탄소 배출을 주도한 선진국은 경제 발전의 수혜를 입고 있는 반면에, 저개발 국가는 경제 발전의 폐해를 입고 있다. 기후 변화에 책임 없는 사람들이 그에 따른 큰 고통을 짊어져야 하는 상황이 발생한다. 이런 기후 위기, 기후 재앙 이면에 이 같은 뿌리 깊은 불평등과 불공정이 자리하고 있다.

화석연료로 경제 발전을 이룬 선진국에 기후 변화 책임이 있다는 사실은 자명하다. 이제 막 경제 개발을 시작하는 개도국 입장에선

---

33 세계적으로 잘 나가는 기업들이 RE 100(Renewable Electricity 100%, 재생에너지 100%)에 가입했다. 기업들 사이에서 '왕따'가 되지 않기 위해서 RE 100에 동참해야 한다. 이를 이행하려면 지금보다 더 많은 재생에너지가 생산되어야 한다. 「조선일보」 2023년 1월 30일, D2.

화석연료 전성기에 경제적 수혜를 누려보지도 못한 채 불쑥 찾아온 탄소중립 요구가 달갑지 않다. 개도국이 기후 변화의 일방적 피해자로 남지 않으면서 경제적 번영을 위한 기회로 삼을 수 있도록 선진국이 도움을 줄 필요가 있다. 이런 조치 없이는 기후 위기 해결의 불평등은 사라질 수 없다.[34]

국제 사회와 지구 공학(기후 테크)이 기후 변화 위기 극복을 위해 나름대로 해법을 제시한다면 교회와 신학은 어떤 해법을 제시해야 하는가? 코로나 팬데믹 못지않게 우리 앞에 당도한 거대한 기후 변화 앞에서 그리스도인으로서 우리는 무엇을 보고, 어떠한 삶을 살아야 할지 물을 필요가 있다. 생태여성신학자 샐리 맥페이그는 기후 위기를 초래한 지구온난화를 신학적 과제로 인식할 것을 촉구한다.[35]

기후 위기 극복을 위한 생명신학은 인간이 발전시켜 온 '탄소 문명'[36]에 합당한 세계관, 인간관 및 자연관에 제시하지 못한 점을

---

34 기후 변화 심각성을 대중에 알린 공로로 2007년 노벨 평화상을 받은 엘 고어(Albert Gore) 전 미국 부통령은 최근 다보스포럼에서 "기후 변화 대응을 위해 막대한 지원금을 지원해야 한다"며 "저소득 국가를 지원하지 않으면 결국 부유한 국가에 피해가 돌아갈 것"이라고 경고했다. 사실 오존층이 뚫리면서 유해한 태양 자외선이 가장 많이 쏟아진 지역은 주로 북미와 북유럽 등 극지방에 가까운 국가들이다. 1980~90년대 당시 북미·유럽 백인들의 피부암 발생률은 해마다 4~5% 증가했다. 그래서 미국, 캐나다, 유럽 국가들은 몬트리올 협약의 성공적인 이행을 위해 개발도상국들이 프레온 가스를 사용하지 못해 생기는 손실에 대해 매년 수억 달러의 보상금을 지원했고, 지금까지 이를 위한 8,600개 연구에 39억 달러(약 4조 8,000억원)를 지원했다. 「조선일보」, 2023년 1월 28일, B3.

35 Sallie MaFague/김준우 옮김, 『기후 변화와 신학의 재구성』 (고양: 한국기독교연구소, 2008) 2장을 보라. 생태계의 위기에 대한 연구는 맥페이그 외에도 로즈마리 류터(Rosemary Reuther), 매튜 폭스(Matthew Fox), 토마스 베리(Thomas Berry), 위르겐 몰트만(Jürgen Moltmann) 등에 의해서 수행되고 있다.

36 Cf. 사토 겐타로/권은희 역, 『탄소 문명』 (서울: 까치, 2015). 제1부에서 인류의 생명을

직시해야 한다. 자연은 하나님의 피조물로서 인간과 더불어 살면서 인간에게 생명을 보존하는 장을 제공한다. 자연의 모든 생명은 직·간접적으로 연결되어 있다. 모든 만물이 서로 연결되어 있고 상호의존하고 있다는 것은 생태계의 제1 원리다.[37] 만물의 상호 연결성, 상호의존성은 생태적 세계만이 아니라 기술 과학의 영역도 이에 해당한다. 생명 유지의 방식은 상호 연결성, 상호의존성을 벗어나지 않는다. "전 세계는 하나의 통합된 생태계로 이루어져 있다. 세계 안에 존재하는 각 존재는 모든 다른 존재들과의 상호관계 안에서 존재하며, 상호관계에 의해 정의되어진다."[38]

오늘날의 기후 변화, 기후 위기, 기후 재앙의 배후에는 신학적, 생태적, 사회적 차원의 관계들의 깨어짐이 자리하고 있다. 신과 인간, 인간과 자연, 인간과 인간의 깨어진 관계들은 존재를 존재 자체로 인정하고 관계 맺는 모든 과정을 차단하게 하였다. 기후 위기가 교회에 요청하는 것은 이 깨어짐의 관계를 회복하게 하는 '새로운 생활 양식'이다. 그것은 생명에 대한 긍정과 공동체적 삶이다.[39] 기후 위기 극복을 위한 생명신학의 역할과 과제는 다음과 같은 맥락에서 수립될 수 있다.

지탱해 준 물질들, 제2부에서 인류의 정신을 움직인 물질들, 제3부에서 세계를 움직이는 물질들을 소개한다.

37 Cf. Leonardo Boff/김항섭 옮김, 『생태신학』 (서울: 가톨릭출판사, 1996), 15; John Cobb, Jr. and David Ray Griffin/류기종 옮김, 『과정신학』 (서울: 열림, 1993), 211, 213.

38 Ian Barbour ed, *Earth Might Be Fair* (N.J.: Prentice-Hall, 1972), 104.

39 토마스 베리는 인류는 오랫동안 신-인간 사이의 화해(divine-human meditation)와 인간 사이의 화해(interhuman-meditation)를 주요한 과제로 삼아왔으나 지금은 지구-인간 사이의 화해(earth-human meditation)를 주요 과제로 삼아야 한다고 말한다. 토마스 베리/맹영선 옮김, 『지구의 꿈』 (서울: 대화문화아카데미 대화출판사, 1976), 142.

첫째, '새로운 생명권 의식'을 갖고 이를 적극적으로 가르치고 삶 속에서 구현해 보여야 한다. 새로운 생명권 의식은 인간은 지구라는 존재의 일부분이라는 이해로부터 비롯된다. 새로운 생명권 의식은 세계를 하나님의 성육신, 곧 하나님의 성례전(sacrament of God)으로 보는 것이다.[40] 세계는 하나님의 몸이므로 우리는 세계에 대한 존중과 더불어 그 세계에 대한 특별한 가치를 깨달아야 한다. 생명신학은 지구를 하나님의 식구로 파악한다. 구원이 모든 피조물의 행복을 뜻한다면, 생명신학은 우주론적 신학(cosmological theology)이어야 한다.

오늘날의 우리는 기후 변화를 완화하고 적응하기 위한 삶의 전환이 필요하다. 기후 변화는 개인적인 차원의 노력과 사회 제도의 개선, 혹은 경제 제도를 통한 정책 변화나 환경 조치와 같은 대응 방식만으로는 해결할 수 없다. 이런 기후 변화의 근본적인 방책은 탄소 배출 사회에서 탈탄소 사회로 전환하는 것이어야 한다. 이 전환의 과제는 정책적, 경제적, 기술적 차원에서만 아니라 생태학적이며 문명 전환적 차원에서도 고려되어야 한다. 지금의 위기를 극복하기 위해서 생명신학은 삼위일체 하나님의 신학이 지향하는 생명에 대한 새로운 관계 맺기를 활성화하여 '새로운 생명권 의식'을 함양하고 이에 적극 동참하여야 한다.[41]

---

40 Sallie MaFague, *Super, Natural Christianity* (Minneapolis: Fortress Press, 2000), 111-119; *The Body of God: An Ecological Theology* (Minneapolis: Fortress Press, 1993).

41 김영선, 『관계신학』 (서울: 대한기독교서회, 2012), 21-22, 185-218, 346-347; 제레미 리프킨, 『생명권정치학』, 407-412.

둘째, '생태학적 수치심'(ecological shame)을 죄로 보는 교육을 시행해야 한다. 생태학적 수치심은 자연을 있는 그대로 보지 않고, 보고 싶은 것만을 보고자 하는 인간의 이기적 심성을 지칭하는 것이다. 생태학적 수치심의 시각에서 보면, 각종의 난 개발과 환경오염 그리고 환경 파괴는 엄청난 죄로 인식되어야 한다. 토마스 베리는 인간의 생태학적 수치심을 인간이 지녀야 할 종교적 영성의 본질로 보았다. 베리의 지적과 같이 인간은 환경 파괴를 큰 죄로 생각해야 한다.[42] 죄를 자복하고 회개하는 길은 지금부터 적극적으로 환경 보호에 나서는 것이다. 이제 인간의 기술과 탐욕으로부터 자연을 해방할 필요가 있다. 물론 우리가 적극적으로 나서더라도 구체적인 성과를 내지 못할 수도 있다. 그러나 중요한 것은 성취가 아니라 창조 질서의 회복을 향한 올바른 방향이다.[43] 인간의 생태학적 수치심이 치유될 때, 자연은 인간에게 많은 것들을 가져다줄 수 있다. 따라서 우리에게 필요한 것은 생태학적 수치심의 은총이 필요하다.

셋째, 기후 위기 극복을 위해 창조 신앙을 재해석해야 한다. 인간은 사회적 존재 이전에 환경적 존재로 창조되었다. 이것은 창조 세계에 대한 긍정과 온 생명(Global life)[44]에 대한 경외를 품고 관계 맺는 자세 요구를 의미한다. 인간은 창조된 만물을 다스리라(창 1:28)는 임무를 부여받았다. 이것은 지배나 소유나 착취가 아니라

42 토마스 베리 · 토마스 클락, 『신생대를 넘어 생태대로』, 187-192.
43 신범식, "기후 변화와 생태적 전환 그리고 교회," 『리더십저널』 (2022), 29.
44 장회익, 『삶과 온 생명』 (서울: 솔, 1998), 178, 301, 304.

너와 나의 공존과 상생의 관계를 의미한다. 그러나 인간은 오랫동안 "땅을 정복하라… 땅에 움직이는 모든 생물을 다스리라"(창 1:28)는 말씀을 모든 생물을 '관리하고 돌보라'는 말씀으로 해석하지 않고 오히려 그것들을 '정복하고 지배하고 착취하라'는 의미로 해석하였다.[45] 하나님은 인간에게 에덴동산을 "경작하며 지키게 하라"(창 2:15)고 명하셨다. 이 말씀은 곧 세상을 '가꾸고 돌보라'고 명하신 것으로 재해석되어야 한다. 새로운 창조 신앙의 생명 논리는 모든 타자와의 친교 속에서만 가능하다. 재해석 된 창조 신앙에서 세계는 정복하고 지배당하는 대상이 아니라 가꾸고 돌보아야 하는 대상이 된다. 이런 차원에서 오늘날 우리의 삶의 구조는 다음과 같은 요소들이 고려되어야 한다. 첫째, 자연의 지배를 정당시해 온 인간의 '정복 논리'는 '공존과 화해의 논리'로 전향되어야 하고, 둘째, 자연을 '그것'(It)으로 보지 말고 '나와 너'(I-Thou)의 관계로 보아야 하고,[46] 셋째, 생태적 불균형을 풀어야 하고, 넷째, 탐욕과의 관계에서 패배하지 말아야 한다.

창조 신앙과 구원 신앙은 기독교 신앙의 핵심에 해당한다. 그동안 구원 신앙은 상대적으로 지나치게 강조되어 기독교의 중심 신앙

---

45 토마스 베리는 그리스도교 신앙은 우리가 자연환경으로부터 유리되어 있다는 방향으로 인도하고 있다고 지적했다. 즉 "자연 세계는 인간에게 사용되기 위해서만 존재한다는 것이다"(토마스 베리/맹영선 옮김, 『지구의 꿈』, 서울: 대화문화아카데미 대화출판사, 1976, 132). 인간은 땅을 경작하고 동물을 기르는 동안에 "인간 자신의 목적에 따라 지역을 이용하고 지질학적 구조와 식물, 야생동물들을 지배하기에 이르렀다"(토마스 베리/이영숙 옮김, 『위대한 과업』, 서울: 대화문화아카데미 대화출판사, 2009, 125).

46 Martin Buber, *I and Thou*, trans. Ronald G. Smith (New York: Charles Scribner's Sons, 1958), 20ff.

으로 자리하였지만, 창조 신앙은 그에 걸맞게 다루어지지 못했다. 하지만 기후 변화로 인한 환경 위기가 창조 신앙을 소환하였다. 창조 신앙의 핵심은 창조를 잘 가꾸고 돌보는 것이 인간이 수행해야 할 중차대한 과제라는 것이다. 이는 창조 세계를 보존하는 일이 교회의 가장 위대한 과업 가운데 하나임을 고백하는 것이다. 창조 신앙은 우리를 온 생명에 대한 책임 있는 존재임을 말하고, 생태적 책임이 그리스도인 우리에게 위임되었다고 고백한다. 이러한 책임은 개인적인 도덕적 행동만이 아니라 정치적 · 경제적 구조적 변화로 전환되어야 한다는 것을 의미한다.

넷째, 지속 가능한 생명을 위해 '새로운 영성'을 개발하고 훈련하고 시행해야 한다. 인도의 생태물리학자 반다나 시바(Vandana Shiva)는 생명의 핵심인 재생(regeneration) 없이 지속 가능한 생명은 존립하기 어렵다고 하였다.[47] 지구의 지속 가능한 생명을 위해서 생태계 서비스(ecosystem service)가 원활해야 한다.[48] 생태계 서비스는 모든 사람의 웰빙을 위해 자연 자본이 제공하는 필수 불가결한 혜택이다. 생태계의 서비스 공급이 원활할 경우 우리는 자연으로부터 삶을 위한 기본적인 물질을 공급받고, 건강을 유지하고 양질의 사회적

---

47 반다나 시바/한재각 외 옮김, 『자연과 지식의 약탈자들』(서울: 당대, 2006), 83ff: 지속 가능한 세계의 핵심 요소는 생물의 다양성에 있다. 이에 대하여 반다나 시바/강수영 역, 『살아남기』(서울: 솔, 1998), 214-229.

48 생태계 서비스에는 인간에게 필요한 식량과 물 같은 자원을 제공해주는 '공급 서비스'(Provisioning service), 공기와 물을 정화하고 토양의 유실을 막아주는 등의 생태계 기능과 관련된 '조절 서비스'(Regulating service), 사람들에게 쉴 수 있는 장소와 경관, 영감 등을 제공해주는 '문화 서비스'(Cultural service), 이러한 서비스가 가능하도록 광합성 작용, 토양 생성, 동식물들의 서식처 제공과 같은 '지원 서비스'(Supporting service) 등이 있다. 오충현 외, 『종교와 생태』, 54.

관계를 유지할 수 있다. 인류의 지속적인 삶을 위해서 생물다양성 및 생태계 서비스의 기능과 가치는 매우 중요하다. 토마스 베리는 새로운 생태대(Ecozoic era)를 살아가기 위해 새로운 영성 훈련이 요청되는데, 이것은 '인간 중심주의'(anthropocentrism)를 벗어나 '생명 중심주의'(biocentrism)와 '지구 중심주의'(Geocentrism)로 나아가는 것이라고 하였다.[49] 그래서 베리는 생태계 파괴 위기를 탈출하기 위해 새로운 출애굽을 수행해야 한다고 주장한다. 우리는 이를 수행하기 위해 합당한 영성을 개발하고 이에 합당한 훈련도 받아야 한다.

다섯째, 교회는 탄소 배출을 최소화하는 '기후 미식'(Climate Gourmet)을 선도적으로 시행할 필요가 있다. 기후 미식은 지속 가능한 생명 사회를 이루기 위한 교회의 영성 프로젝트로 채택할 만한 것이다. 직업 환경 의학 전문의이자 생활 습관 전문가인 이의철은 기후 위기를 극복하는 히든카드(hidden card)로 기후 미식을 제안한다.[50] 그에 의하면 사람들이 먹는 음식의 생산 과정에서 막대한 양의 온실가스가 배출된다. 전체 온실가스의 17.4%가 동물성 식품 섭취를 위해 발생하고 있다. 도로, 비행, 선박, 철도 등의 모든 교통 및 운송 수단에서 발생하는 온실가스가 전체의 16.2%를 차지하는 것과 비교하면 이 수치는 아주 대단한 양에 해당한다. 많은 기후학자는 동물성 식품 섭취가 온실가스 증가에 상당한 영향을 끼친다고 한다. 네덜란드 환경평가원(PbI)은 전 세계가 고기를 덜 먹는 식단으

---

49 토마스 베리 · 토마스 클락, 『신생대를 넘어 생태대로』 (2006), 75.
50 이의철, 『기후미식』 (위즈덤하우스, 2022), 146-199.

로 전환할 경우, 2050년까지 예상되는 기후 비용의 최대 80%까지 줄일 수 있다고 하였다. 기후 미식의 시행으로 온실가스를 더 줄일 수 있고, 가축 사용을 위해 사용하고 있는 농지를 숲과 자연으로 되돌릴 수 있고, 현대인의 건강 위기를 해소할 수 있다.[51]

위에 언급된 제언들을 기반으로 하여 교회는 기후 위기로 신음하는 지구촌을 위해 기도하고, 지속적인 생명 보존을 중시하고, 설교하고, 교육하고, 자원 재활용에 적극 참여하고, 국가의 환경 보존 정책을 솔선수범하여 따르고, 교회 건축과 관리를 생태적으로 하고, 유기 농산물로 간소하게 밥상을 차리고, 교회 주보나 자료집을 재생 용지로 만들고, 초록 가게를 지원하고, 이용하고, 자동차 없는 주일을 지키는 등등의 일을 고려해야 한다. 이는 탄소 배출을 최소화하는 슬로 패션(Slow Fashion), 덜 사고, 오래 사용하고, 쓰레기 없는 제로웨이스트(Zero Waste), 불필요한 소비를 없애 탄소 배출을 줄이는 미니멀 라이프(Minimal Life), 탄소 배출을 최소화하는 녹색 교통(Green Transport), 탄소 배출이 없는 그린 에너지(Green Energy) 등을 말하는 것이다.[52] 이를 위해 교회 안에 '생명환경부' 등을 만들어 이에 관한 사역을 연구하고 지원하고 시행할 수도 있다.

---

51 특히 현대인의 대표적인 질병인 고혈압, 암, 치매 등과 같은 만성질환은 동물성 단백질의 과잉 섭취와 관련이 있다.
52 양재성, "기후 위기와 교회의 역할," 『리더십저널』 (2022), 102-105.

V. 나오는 말

기후 위기 시대에 생명신학의 역할은 생태적 회심과 생태적 삶의 전환을 촉구하고 이를 이행하는 것이다. 인간은 지구 생태계에 죄를 지었음을 회개하는 생태적 회심과 생태적 삶의 전환, 즉 풍요롭고 편리한 삶에서 단순하고 검소한 삶으로의 전환, 인간 중심에서 생명 중심으로의 전환이 필요하다. 지구를 구하기 위한 그리스도인의 생태적 삶의 전환은 일상의 작은 것으로부터 시작될 수 있다. 쓰레기 분리수거를 모범적으로 철저히 행하고, 강과 바다 그리고 삼림 훼손 방지에 협력하며, 이의 의의를 널리 알리는 것이다. 또한 '기후 테크'를 지원하며, 기후 테크 기업에 투자하고 격려해야 한다.

생태적 삶으로의 전환은 인류 생존을 위한 시대적 과제가 되었다. 물론 생태적 삶으로의 전환은 결코 쉬운 일이 아니다. 그것은 개인 일상은 물론 산업구조, 국가 정책 방향 등 사회 전반의 변화를 요구하기 때문이다. 이런 작업은 강제 혹은 압력이 아니라 조화롭고 정의로운 전환이 되어야 한다. 이를 위해 생명신학은 지구의 지배와 착취를 멈추고, 지구의 관리와 경영이 인간의 의무임을 말하고, 지구 위기와 재앙이 인간의 탐욕에 있음을 회개하고, 지구의 보호와 지속을 위한 생태학적 삶의 이행을 요구해야 한다.

떼이야르 드 샤르댕(Teilhard De Chardin)은 우주(자연)는 하나님의 거룩한 드라마가 연출되는 무대라고 하였다. 그리고 지구는 인간이라는 꽃을 피우는 하나의 거대한 생명 나무 줄기라고 하였다.[53]

다음과 같은 그의 고백 속에서 인간은 유기적인 존재라는 생명신학 인간관의 기본명제가 드러난다.

> 나는 전율과 도취된 감정 속에서, 나라고 하는 가엾고 하찮은 존재가 삼라만상과 아직도 생성 과정에 있는 만물의 무한함을 지닌 존재임을 깨달았다.[54]

우주는 인간이 난 밭이며 나무요 씨며 모체이다. 병든 지구에서는 생명체가 건강을 유지할 수 없다. 건강한 지구를 위해서 우리는 지구의 관리인이 되어 지구를 제대로 잘 관리해야 한다.

주지되고 있듯이, 한 부류의 유기체가 품어 내는 독성 폐기물은 다른 유기체가 먹게 되므로 그 유기체의 생명줄이 된다. 생명의 원형은 관계성 속에 있는 것이다. 관계성의 핵심에는 긍휼이 존재한다. 진정한 관계는 긍휼을 지향하고 긍휼의 삶을 드러낸다. 긍휼은 이타주의가 아니라 자기 사랑과 대상 사랑이 하나가 되는 것이다.[55] 이와 같은 긍휼은 모든 피조물이 서로 연결되어 있다는 인식에서 태어난 열정적인 생활 방식이다. 하나님은 왜 우리를 그의 백성으로 부르셨을까? 그것은 삼위일체 하나님이 그러하듯이 우리가 관계 공동체의 삶, 생태학적 삶을 살게 하는 데 있는 것이다.

53 Teilhard De Chardin, *Man's Place in Nature* (New York: Harper and Row, 1966), 13; *The Phenomenon of Man* (New York: Harper and Row, 1965), 61.

54 Teilhard De Chardin, *Writings in Times of War* (London: William Colins Sons, 1968), 25.

55 Matthew Fox/김순현 옮김, 『영성-자비의 힘』(서울: 다산글방, 2002), 64-65, 89.

Climate Disaster and Life Theology: The Role of Life Theology in the Age of Climate Crisis

Kim, Youngseon, Ph. D.

Emeritus Professor

Hyupsung University

This article aims to examine the role and tasks of theology of life in the age of climate crisis. For this purpose, the causes of the climate crisis, the occurrence of climate catastrophes, the attempts of the international community to overcome the climate crisis and the attempts of climate scientists to implement climate technologies, and the role and tasks of theology of life in overcoming the climate crisis will be discussed.

The central thesis of this study is that human greed is threatening and undermining the diversity of life on Earth. It describes the various attempts by the international community and global environmental scientists to recognize this, as well as suggestions for action from the church and theology. It calls for an ecological conversion of humans, repenting of our sins against the earth's ecosystem, and a shift from a life of abundance and convenience to a life of simplicity and frugality. It reveals that God's call to us as his people is to a life of relational community and the fulfillment of an ecological life.

참고문헌

김영선. 『관계신학』. 서울: 대한기독교서회, 2012.

사토, 겐타로/권은희 옮김. 『탄소 문명』. 서울: 까치, 2015.

송진순. "생태문명으로의 전환과 그리스도인," 김광기 편. 『리더십저널』. Nashville: Discipleship Ministries of The United Methodist Church, 2022.

신범식. "기후 변화와 생태적 전환 그리고 교회." 김광기 편. 『리더십저널』. Nashville: Discipleship Ministries of The United Methodist Church, 2022.

양재성. "기후 위기와 교회의 역할." 김광기 편. 『리더십저널』. Nashville: Discipleship Ministries of The United Methodist Church, 2022.

오충현 외. 『종교와 생태』. 서울: 열린서원, 2023.

이의철. 『기후미식』. 서울: 위즈덤하우스, 2022.

장회익. 『삶과 온 생명』. 서울: 솔, 1998.

조용훈. "코로나 19시대의 교회의 환경 책임." 안명준외. 『교회통찰』. 서울: 세움북스, 2020.

Barbour, Ian. ed. *Earth Might Be Fair*. N.J.: Prentice-Hall, 1972.

Berry, Thomas·Clarke, Thomas/김준우 옮김. 『신생대를 넘어 생태대로』. 서울: 에코조익, 2006.

_____/맹영선 옮김. 『지구의 꿈』. 서울: 대화문화아카데미 대화출판사, 1976.

_____/이영숙 옮김. 『위대한 과업』. 서울: 대화문화아카데미 대화출판사, 2009.

Boff, Leonardo/김항섭 옮김. 『생태신학』. 서울: 가톨릭출판사, 1996.

Buber, Martin. *I and Thou*. trans. Ronald Gregod Smith. New York: Charles Scribner's Sons, 1958.

Chardin, Teilhard De. *Man's Place in Nature*. New York: Harper and Row, 1966.

_____. *The Phenomenon of Man*. New York: Harper and Row, 1965.

_____. *Writings in Times of War*. London: William Colins Sons, 1968.

Cobb, Jr. John and Griffin, David Ray/류기종 옮김. 『과정신학』. 서울: 열림, 1993.

Fox, Matthew/김순현 옮김. 『영성-자비의 힘』. 서울: 다산글방, 2002.

_____/김영명외. 『새로운 종교개혁: 창조영성과 기독교의 변화에 관한 95개조 반박문』. 서울: 코나투스, 2010.

Lynas, Mark/이한중 옮김. 『6도의 악몽』. 서울: 세종서적, 2008.

MaFague, Sallie/김준우 옮김. 『기후 변화와 신학의 재구성』. 고양: 한국기독교연구소, 2008.

_____. *Super, Natural Christianity*. Minneapolis: Fortress Press, 2000.

_____. *The Body of God: An Ecological Theology*. Minneapolis: Fortress Press, 1993.

Rifkin, Jeremy/이정배 옮김. 『생명권 정치학』. 서울: 대화출판사, 1996.

Rockström, Johan and Klum, Mattias/김홍옥 옮김. 『지구 한계의 경계에서』. 서울: 에코리브르, 2017.

Shiva, Vandana/한재각 외 옮김. 『자연과 지식의 약탈자들』. 서울: 당대, 2006.

_____/강수영 옮김. 『살아남기』. 서울: 솔, 1998.

White Jr, Lynn. "The Historical Roots of Our Ecologic Crisis." *Science* Vol. 155. No. 3767(Mar. 10, 1967): 1203-1207.

「자유일보」 2023년 2월 20일, 11.

「자유일보」 2023년 3월 6일, 11.

「조선일보」 2023년 1월 12일, A20.

「조선일보」 2023년 1월 20일, A6. A16.

「조선일보」 2023년 1월 25일, A2.

「조선일보」 2023년 1월 27일, A16.

「조선일보」 2023년 1월 28일, B3.

「조선일보」 2023년 3월 1일, 1.

「조선일보」 2023년 2월 10일, B8.

「조선일보」 2023년 2월 20일, B7. B9.

팬데믹 시대에 논하는 삶과 죽음을 성찰하는 생사 교육

곽혜원

(경기대학교 초빙교수, 21세기교회와신학포럼 대표)

I. 문제 제기: 팬데믹이 창궐하는 시대의 책무, 삶과 죽음의 성찰

인류 역사는 세계적으로 대전쟁이나 대역병을 겪고 난 후 모든 분야에서 변화가 일어났다. 특히 전염병은 유사 이래로 인류의 운명과 함께 공존함으로써 문명의 변곡점에는 항상 바이러스가 관여했다. 이에 팬데믹과 함께 시대가 변천함으로 인해 옛 시대가 지나가고 새 시대가 열린 것이다. 역사상 많은 제국은 흑사병, 천연두 등 최악의 역병들을 잇달아 겪으며 저물었다. 주지하듯이 종교개혁의 거대한 영적 기류에도 팬데믹이 중대한 영향을 끼쳤다는 게 연구자들의 중론이다. 현대사 최악의 팬데믹 스페인 독감 창궐 후 세계 경제가 재편됨으로써 미국이 신흥 경제 대국으로 급부상했다.

4차 산업혁명의 도래 속에서 인공지능(AI)이 주도하는 인류 문명의 대전환을 논하던 2020년, 지구촌은 사상 초유의 COVID-19 팬데믹 블랙홀에 빠졌다. 역사상 가장 풍요로운 물질문명과 최첨단의 과학 기술, 최고의 의학 기술을 자랑하는 이 시대가 미증유의 위기에 봉착한 것이다. 지난 4년간 글로벌 팬데믹 시대에 돌입하면서 죽음에 대한 두려움이 사람들의 폐부 깊숙이 각인됨으로써 살아생전에 죽음을 성찰해야 한다는 공감대가 확산하고 있다. 그동안 삶과 죽음을 둘러싼 우리 사회의 기류가 변화의 조짐을 보여왔는데, COVID-19 사태가 결정적 계기가 되어 죽음을 준비해야 한다는 목소리가 강한 설득력을 얻게 된 것이다.

인류 역사는 생명 연장을 이룩한 경이로운 여정이었지만, COVID-19로 인해 인간이 죽음이라는 절대적 한계에 봉착한 존재임을 통감하게 되었다. 팬데믹 사태로 인해 죽음이 다른 시공간에서 일어나는 사건이 아닌, 바로 오늘 내 주변에서 일어날 수 있는 사건이라는 데 더욱 두려움을 갖는 것이다. 죽음을 타인의 일로만 생각하고 일상에 파묻혀 살던 이들에게 죽음이 바로 나 자신의 이야기일 수 있고, 먼 미래에 일어날 일이 아닌 지금 당장이라도 당할 수 있는 일임을 뼈저리게 느낀 것이다. 그동안 죽음에 대해 잘 알고 있다고 생각했지만, 그 앎이 너무 일천하고 죽음에 대처하는 방식도 너무 서툴다는 데 많은 이들이 절감하게 된 것이다.

사실상 팬데믹 창궐이 죽음의 성찰을 동기 부여한 것은 역사적 유래가 깊다. 흑사병으로 인해 죽음의 기운이 전 유럽을 휩쓸었던 15세기에 죽음을 준비하는 메뉴얼 『죽음의 기술』(ars moriendi)이 출판된 일은 가장 대표적 사례다. 천연두와 콜레라 같은 급성 전염병에 의해서도 수많은 인명의 몰사가 다반사로 일어났던 시대에 사람들은 죽음에 대한 성찰을 인생사의 마땅한 의무로 받아들였다. 과거에는 자연재해나 천재지변의 급습, 전염병의 창궐 등으로 항상 죽음의 위협을 느낄 수밖에 없었기에 죽음은 모든 생명이 결코 피할 수 없는 현실, 인생사에서 가장 확실한 실체였던 것이다. 이런 시대 분위기 속에서 죽음을 기억하라는 메멘토 모리(memento mori) 사상이 성행한 것은 당연한 수순이었다.

불시에 팬데믹의 습격을 받은 우리에게도 죽음의 성찰이 중요한데, 이는 곧 죽음의 문제를 도외시하고선 우리 삶이 설명될 수 없기 때문이다. 우리 삶에는 죽음이라는 궁극적 한계가 가로놓여 있기에 무엇을 하든 죽음이 가까워지면 무기력해질 수밖에 없다. 이에 우리의 삶이 총체적으로 유의미해지기 위해 죽음을 늘 유념하고 살아야 하는데, 죽음을 생각하지 않는 삶은 이정표(里程標) 없는 인생 여정과도 같다. 그렇다면 우리는 죽음을 피하지 말고 맞대면하면서 삶의 지혜를 배워야 한다. 우리가 죽음을 깊이 숙고하면, 의외로 생명에 대한 주체 의식이 깨어나기도 한다. 죽음 앞에서 생명이 깨어남은 우리로 하여금 세상의 속박과 탐욕에서 벗어나 진실한 마음으로 생명을 사랑하게끔 만들기 때문이다. 이와 같이 우리가 죽음 앞에서 삶 또한 깨어나게 되면, 주어진 삶을 최선의 가치로 승화시키게 될 것이다.[1]

II. 죽음을 배제하고 망각하는 21세기 문제 상황

1. 인류 역사상 죽음을 가장 소외시키는 21세기 문명

태어나 늙고 병들어 죽는 생로병사(生老病死)가 인생의 참모습이지만, 우리 삶은 죽음을 격리하고 우리 사회는 죽음을 소외시키고 있다. 죽음의 소외는 인류 역사상 이 시대가 가장 심각하다는 것이 죽음 연구자들의 중론이다. 21세기 들어와 죽음이 급격히 소외된 배후에는 과거에 삶의 터전에서 자연스럽게 치러지던 생로병사가 병원 중심으로 의료화(medicalization)된 데 기인한다. 의학과 생명공학의 급속한 발전으로 엄청난 수혜를 누리게 된 이면에 가정에서 인격적으로 맞이하던 임종을 중환자실에서 온갖 의료기기에 둘러싸인 채 비인간적으로 맞이하는 '죽음의 의료화' 현실에 봉착하게 된 것이다.

죽음이 '의료적 불상사'로 인식될수록 젊고 건강한 삶에 대한 집착과 죽음의 소외는 갈수록 심화한다. 21세기를 살아가는 이들은 각종 매체를 통해 다반사로 죽음을 접함에도 죽음 자체를 인격적으로 경험할 기회를 잃어버림으로 인해 노화와 질병과 죽음을 자연스럽게 받아들이지 못한다. 온 세상이 노화에 대한 극도의 불안과 건강에 대한 지나친 염려, 죽음에 대한 두려움으로 가득하다. 오늘날 의학은 환자의 치료만을 위해 존재하지 않고, 외형적 젊음을 영원히 유지하려는 욕망, 무분별한 건강 집착증을 위해 활용된다. 급기야

---

1 곽혜원, 『존엄한 삶, 존엄한 죽음』 (서울: 새물결플러스, 2014), 9f.

사람들은 의술의 획기적 발전을 디딤돌 삼아 생로병사에 대한 거부를 넘어 불멸(不滅)과 영생(永生)을 꿈꾸는 단계로까지 나아간다.

실리콘밸리의 정보기술(IT) 거부들은 불멸을 실현해 줄 생명의 묘약을 찾기 위해 막대한 자금을 쏟아붓고 있으며, 세계적으로 유명한 철학자와 과학자, 의학자 역시 종교의 도움 없이 육체적 영생의 문을 열어줄 키를 발견하기 위해 박차를 가한다. 대표적으로 구글의 바이오 벤처 자회사 '칼리코'(Calico)는 '죽음의 해결'(Solve Death)을 창립 목표로 세웠는데, 기술 이사이자 저명한 미래학자 레이 커즈와일(R. Kurzweil)은 2045년 이후에는 종교나 죽음에 대한 찬미는 모두 과학 이전 사회의 유물이 될 거라고 단언한다.[2] 이 시대는 인간의 삶을 마지막으로 완성하는 죽음의 숙명에서 벗어나기 위해 유한한 인간 육체에 방부처리를 감행하기에 혈안이 된 듯하다.

21세기 문명에 나타나는 죽음의 소외 현상은 의학의 급속한 발달과 함께 이 시대가 진력하는 가치관에 기인한다. 능력과 발전 일변도 사회에선 더 많은 능률과 생산, 더 많은 소유와 소비, 더 많은 오락과 쾌락을 누리는 것을 삶의 목표로 상정함으로써 이를 방해하는 질병과 죽음은 사회발전을 저해하는 최악의 요소로 간주된다. 유능한 인간·생산적 인간이 이상적 인간형으로 부각되는 능력 위주의 경쟁사회에서 병들어 죽어가는 사람은 무능한 인간·비생산적 인간으로 인식됨으로써 사람들의 관심사로부터 밀려난다. 이런

---

2 박승혁, "'21세기 에디슨' 도발 예언… '2045년 되면 인간은 죽지 않는다'," 「조선일보」 2013. 07. 20.

사회 분위기 속에서 질병·노화·죽음은 남에게 말하기 부끄러운 사회적 터부로 인식됨으로써 질병의 금기화·노화의 금기화·죽음의 금기화가 야기된다.

비록 21세기 문명이 죽음을 배제한다고 할지라도 모든 인간은 예외 없이 언젠가 죽을 수밖에 없는 존재이다. 사람들은 평소에는 죽음에 대해 생각하기를 회피하다가도 불현듯 죽음에 직면하면, 엄청난 공포감 속에 고통스럽게 죽어간다. 죽어가는 사람은 사랑하는 모든 것과 영원히 이별해야 한다는 서러움과 함께 평소에 깊이 생각해 보지 않았던 사후세계에 대해 두려움을 느끼면서 매우 고통스러운 경험을 한다. 사람들은 인생 여정에서 여러 위기에 대비하여 치밀하게 준비하지만, 정작 인생사에서 가장 중요한 죽음의 순간에는 두렵고 고통스러운 죽음, 불행하고 존엄하지 못한 죽음, 곧 준비 안 된 죽음을 당한다. 이처럼 준비 안 된 죽음을 당하는 일처럼 인생사에서 참담한 일도 없을 것이다.

2. 불행한 임종·존엄하지 못한 죽음이 만연한 21세기 한국 사회

모든 인간은 누구나 존엄한 삶을 영위하다가 존엄한 죽음을 맞이할 권리가 있다. 필자가 정의하는 존엄한 죽음이란 '하나님의 형상'(창 1:27)대로 지음 받은 인간으로서 마땅히 지녀야 할 존엄성을 갖추고, 행복하게 인생을 마무리하면서 평온하게 임종에 이르기 위해 '무의미한 연명의료'를 시행하지 않는 자연스러운 죽음이다.[3]

---

3 현재 안락사와 의사 조력 자살, 존엄사, 존엄한 죽음이 서로 혼용되는데, 명백한 살인 행위인

하지만 실제로 존엄한 삶 · 존엄한 죽음을 누리는 인생은 그리 많지 않은 실정이다. 인류 역사상 얼마나 많은 사람이 불행하고 비인간적인 모습으로 한 많은 생을 마감했는지 모른다. 특별히 우리 민족은 장구한 세월, 고난과 역경의 험난한 역사를 헤쳐 오면서 절대다수가 존엄하지 못한 죽음을 당했는데, 오늘날에도 우리나라의 죽음의 질은 크게 나아지지 않고 있다.

수치상으로 나타난 우리나라의 죽음의 질은 예나 지금이나 매우 열악하다. 2010년 OECD 40개국을 대상으로 한 죽음의 질 조사 결과에 따르면, 세계 최고 수준의 의료 기술을 자랑하는 '의료강국' 대한민국의 죽음의 질은 최하위인 32위(3.7점)에 불과했다. 2015년 조사에서 한국은 80개국 중 18위를 점함으로써 죽음의 질이 많이 개선되었다고 볼 수도 있지만, 내용 면에선 여전히 미흡하다. 국제 경쟁력을 갖춘 우수한 건강보험 제도와 의료 인력 덕분에 순위가 상향 조정되었지만, 치료의 질과 완화 의료 측면에선 33위를 기록했기 때문이다. 이것은 우리 국민의 상당수가 불행한 임종 · 존엄하지 못한 죽음을 당한다는 사실을 나타낸다.

우리 국민의 불행한 임종 · 존엄하지 못한 죽음을 드러내는 뼈아픈 예로 우리는 먼저 세계 최고 수준의 자살률을 들 수 있다. 현재 대한민국의 자살률은 2003년 이래로 OECD 회원국 중에서 1위를 차지하는 가운데 그 증가율 역시 1위다. 그런데 이것은 통계청

안락사(=의사 조력 자살)는 결코 존엄한 죽음이 아니다. 존엄사 및 존엄한 죽음(=무의미한 연명 의료 중단)은 살인이나 자살 방조인 안락사와는 그 의도와 목적에 있어서 전혀 다른 죽음이다. 곽혜원, 『존엄한 삶, 존엄한 죽음』, 261ff.

자료에 근거한 것이며 경찰청 자료에 따른 OECD 자살률 1위는 이미 1998년부터 시작됨으로써 현재 대한민국은 세계 최고의 자살률을 20년 넘게 유지하는 비상 상황이다(예외적으로 2017년 2위). 우리 국민이 무의미한 연명의료를 받는 실태도 거의 세계 최고 수준인데,[4] 해마다 5만 명 이상의 국민이 무의미한 연명의료에 올인하다가 살아온 삶을 정리하지 못한 채 허망하게 생을 마감하는 실정이다.

여기서 우리 국민의 죽음을 둘러싼 환경이 달라진 현실을 엿볼 수 있다. 즉, 과거엔 전쟁이나 유혈사태, 천재지변 등으로 인한 폭력적이고 불가항력적인 죽음이 횡행했다면, 오늘날엔 급격한 사회 변동의 소용돌이 속에서 문명의 이기(利器)의 폐해로 인한 각종 사고사, 가정 해체와 사회 해체의 그늘 속에서 나날이 급증하는 자살과 고독사, 죽음의 의료화 속에서 각종 의료 장비에 둘러싸여 황망하게 맞닥트리는 존엄하지 못한 죽음이 일어난다.[5] 이런 현실을 목도하면서 과거의 죽음이 개개인이 감당하기 힘든 불가항력적 측면이 작용했다면, 오늘날의 죽음은 모두가 합심하여 노력하면 개선할 수 있는 측면이 있음을 본다. 그러므로 이 시대에 만연한 불행한 임종 · 존엄하지 못한 죽음을 근절시킴으로써 삶의 존엄, 죽음의 존엄, 인간의 존엄으로 이어지는 존엄한 사회를 만드는 일은 매우 중요한 과제라 아니할 수 없다.

---

4 우리 국민 한 사람이 평생 쓰는 의료비의 2/3를 사망하는 마지막 한 달 사이에 사용하고, 우리나라 항암제의 50% 이상이 말기 암 환자에게 사용된다는 것이 보편적 통계인데, 이것은 미국의 5배, 캐나다의 10배에 달하는 수치다.

5 앞의 책, 437f.

3. 성도의 복된 죽음의 전통을 잃어버린 21세기 한국교회

교회의 태동부터 그리스도인들은 임종의 자리가 예수 그리스도 십자가 길을 마지막으로 실천할 가장 중요한 장소라고 확신했다. 초대 기독교에는 죽음을 성찰하는 귀중한 전통이 있었는데, 초대 교인들은 죽음을 깊이 묵상하면서 살아갔다. 그들은 죽음을 인생사에서 가장 중대한 사건, 철저한 준비가 필요한 영적인 사건, 영생의 모든 것이 걸린 심오한 사건으로 믿는 가운데 죽음이라는 신성한 순간을 위해 오랫동안 준비했다. 삶의 매순간마다 항상 죽음을 떠올리면서 허망하게 스러져갈 세상의 부귀영화에 마음을 빼앗기지 않고 평생 영원을 염두에 두고 살아갈 수 있었던 것이다. 이로써 기독교 역사 내내 죽음을 묵상하고 준비하는 전통이 이어져 내려오게 되었다.

기독교 역사 면면히 그리스도인들은 죽음을 성찰하는 한편으로, 죽음을 앞둔 환자를 헌신적으로 돌보면서 그리스도의 죽음과 부활을 실천할 방법을 모색했다. 당시 이교도는 영혼불멸설을 신봉했기 때문에 영혼만이 고결하고 몸은 무가치하게 여기는 가운데 환자를 방치했지만, 그리스도인들은 그리스도의 죽음과 부활을 믿는 신앙으로 환자를 헌신적으로 보살폈고, 임종자의 장례를 정성스럽게 치러주었다. 그들은 전염병이 창궐한 도시에 남아 환자와 임종자를 희생적으로 돌보았는데, 이것은 아픈 사람을 경멸했던 로마인들과는 확연히 구별되는 행동이었다. 그들은 "죽은 자와 산 자의 주님이신 그리스도"(롬 14:9)를 목숨 바쳐 신앙했기 때문에 비그리스도인과는 전혀 다른 방식으로 살았던 것이다.

그리하여 죽음을 앞둔 이를 돌보는 일은 기독교의 오랜 전통에 속하는 거룩한 사역이 되었는데, 바로 이것이 초대교회의 급성장에 큰 밑거름이 되었다. 특히 주목할 것은 초대교회가 죽음을 성찰하고 임종자를 돌봄으로써 성도의 복된 죽음이라는 기독교의 귀중한 전통을 세운 일이다. 초대교회는 사람들의 업신여김을 당했던 병자와 과부와 고아를 보살핌으로 당시로서는 획기적인 시대정신을 주창했을 뿐 아니라 아이와 노인의 죽음을 하찮은 죽음으로 함부로 대하던 당대의 비인간적인 사회 분위기를 쇄신하는 데도 기여했다. 초대 교인들이 이렇게 할 수 있었던 것은 인간이 존엄하게 살다가 존엄하게 생애를 마무리하는 것은 '하나님의 형상'대로 지음 받은 인간이 마땅히 누려야 할 권리라고 확신했기 때문이다.

그러나 성도의 복된 죽음을 구현해왔던 기독교의 귀중한 전통은 20세기 들어와 의학의 급속한 발달과 함께 급격히 설 자리를 잃었다. 그리스도의 죽음과 부활을 믿는 신앙으로 죽음의 과정을 견뎌냈던 성도의 복된 죽음도 뒷전으로 밀려났다. 특히 서구 세계가 200~300년 동안 진행한 발전 과정을 40~50년 만에 초고속으로 강행한 21세기 대한민국에 몸담은 한국교회는 더욱 급속히 전통에서 멀어졌다. 임종 장소가 '집'에서 '병원'으로 옮겨지고, 생로병사의 순리에 따라 죽음을 준비하던 과정이 '무의미한 연명의료' 시스템에 의해 오염되고, 상장례(喪葬禮)에서 교회 공동체의 역할이 상업적 상조업체에 대폭 이관되면서 기독교의 귀중한 전통은 그 의미가 퇴색되어 갔다. 오늘날 기독교가 오랜 세월 연면히 이어왔던 성도의 복된

죽음이라는 옛 비전(vision)을 포기한 것은 참으로 유감스러운
일이다.

그 와중에 21세기 그리스도인은 죽음과 애도를 공적으로 기념하
는 많은 관습을 점차로 포기했다. 과거의 장례식이 고인의 죽음을
슬퍼하는 교회 공동체를 하나로 결속시킴은 물론 부활한 그리스도
를 통해 영생을 누린다는 기독교 복음에 대한 믿음을 공고히 다지는
자리였다면, 오늘날 장례식은 유족의 슬픔을 위로하는 데 기독교
신앙을 활용하는 정도에 머무는 경우가 많다.6 20세기 이전만 해도
죽음의 고통과 부활의 기쁨이 적절한 균형을 이루었지만, 21세기
교회는 죽음과 부활에 대한 오랜 전통과 신앙을 잃어버린 것이다.
이로써 과거에는 죽음이 그리스도인이 살면서 겪는 자연스러운
일상이었지만, 21세기 그리스도인은 갈수록 죽음의 존재를 부정하
는데, 이는 기독교 역사상 거의 전례가 없는 일이다.

상황이 이렇다 보니 상당수 교인이 의술을 과도하게 오용한
후에야 비로소 몹시 힘겹게 죽음을 맞이한다. 미국의 한 연구 자료에
따르면 개신교인은 죽음을 앞두고 그 의료 방법이 수명 연장에
별 도움이 되지 않음을 알면서도 무의미한 연명의료를 선택하는
경향이 일반인에 비해 무려 세배나 높은 현실이다. 그 주된 이유는
연명의료로 수명을 연장하는 동안 기적 같은 치유가 일어나기를

---

6 죽음에 관한 전통을 잃어버리면서 현대인은 종교마저 잃어버렸다는 통찰이 나오고 있다.
　본래 종교에서는 죽음의 공포를 극복하려는 인간의 노력이 중요한 부분을 차지하는데, 인간이
　죽음과 진지하게 대면하는 것을 기피하면서 이 질문조차 잃어버렸다는 것이다. 죽음이라는
　인간의 가장 궁극적인 질문이 사라진 다음, 종교는 현대인을 위로하는 측면만 갖게 되었고,
　장례예식 역시 위로의 기능에 주력하는 경향이다.

간절히 기대하는 마음에서 공격적 의료 행위를 선택한다는 것이다.[7] 매우 우려스러운 것은 한국인의 죽음의 질이 최하위 수준을 기록하는 가운데 한국 개신교인의 죽음의 질은 일반인보다 더 낮을 것으로 사료되는 현실이다. 이에 대한 객관적 자료가 미흡한 것이 사실이지만, 한국교회 안에서 죽음에 대한 금기와 배제가 다른 일반 사회보다 더욱 심각한 현실을 통해 이를 예단할 수 있다.

주지하듯이 한국 개신교는 한국에 먼저 정착한 전통 종교들과 죽음 이해를 둘러싸고 첨예한 상황이기 때문에 죽음에 대해 예민한 반응을 보이고 있다. 한국교회는 다종교적인 한국 사회에 몸담고 있는데, 우리 국민이 전통 종교들의 죽음 이해에 거의 절대적으로 영향을 받다 보니 한국교회 입장에서는 기독교 정체성을 수호하기 위해 타종교와 불가피 반목하고, 죽음에 대해서도 신중한 자세를 견지할 수밖에 없던 것이다. 그러므로 현재 일반 사회에서는 죽음의 질을 높이기 위한 관심이 나날이 높아져 가지만, 한국 기독교는 성도들의 죽음의 질 향상을 위해 실질적으로 노력하는 바가 거의 없다고 해도 과언이 아니다.

그런데 한국교회가 처한 난감한 정황을 충분히 고려하더라도 왜 이토록 그리스도인의 죽음의 질이 낮은 것인지 여전히 의문점은 남는다. 사실 죽음이란 모든 생명체가 결코 피할 수 없는 현실이기에

---

7 개신교인의 죽음의 질이 일반인에 비해 낮은 현실에 대한 국내 연구 통계가 없어 미국의 연구자료에 따른 결과이다. R. Moll/이지혜 옮김, 『죽음을 배우다』 (서울: IVP, 2013), 233f., 46, 53f.; M. Balboni, "More on the Christians/Aggressive Measures Study," http://blog.christianitytoday.com/ctliveblog/archives/2009/03/more_on_the_chr.html (2014. 11. 11).

이론의 여지없이 죽음은 삶의 과정이자 인생사의 일부분이기도 하다. 하지만 기독교는 죽음을 극복한 부활의 종교인데, 그럼에도 불구하고 이 부활의 종교를 믿는다는 성도들이 왜 이다지도 생로병 사에 순응하지 못하는 것일까? 그것은 오늘날 한국교회가 죽음을 배제하는 세속의 흐름에 함몰되어 죽음을 묵상하고 준비하는 기독교의 귀중한 전통을 잃어버렸기 때문일 것이다. 무엇보다도 죽음에 대한 올바른 성서적 이해가 한국교회 안에 깊이 뿌리내리지 못함으로 인해 성도들이 부활에 대한 확고한 신앙을 잃어버리고 죽음에 대한 그릇된 인식을 갖고 있기 때문일 것이다.

III. 생사 교육이 요청되는 교육 현장과 제도적 정착의 당위성

1. 삶과 죽음을 성찰하는 생사 교육의 중요성

죽음은 일반적 교육 주제와 달리 체험을 통한 학습이 불가능한 실체여서 누군가에게 질문하거나 확인할 수 없다. 우리는 타인이 죽어가는 과정을 지켜보거나 이미 죽은 이의 주검을 조사할 따름이어서 결정적으로 죽음에 대해선 잘 모른다는 것이 정직한 답변일 것이다. 같은 맥락에서 자살 연구의 가장 큰 어려움은 자살행위가 경험적·실증적 연구를 수행할 수 없는 주제라는 점이다. 조사 대상이 이 세상을 떠나버린 사람이기 때문에 죽은 사람의 유서나 주변 정황, 주변인의 진술을 통해 단지 추정할 수 있을 따름이다.

더욱이 "무엇을 죽음으로 보느냐?"가 인류의 오랜 논쟁거리라는 점은 죽음 연구가 수월하지 않음을 시사한다. 인간의 죽음을 정의하는 문제는 여러 요인이 직·간접으로 연관됨으로써 생물학적, 의학적, 사회적, 문화적, 법률적, 종교적, 철학적 측면 등 바라보는 시각에 따라 달리 조명될 수 있기 때문이다. 그런데 죽음을 정의하는 일이 아무리 복잡하다고 해도 죽음에 대한 모든 정의의 기본 토대를 이루는 의학적 정의가 확립되면 실마리가 풀릴 수도 있는데, 문제는 의술이 급진전함에 따라 죽음의 정의가 계속 바뀐다는 점이다. 그뿐만 아니라 "죽음에 대한 권리가 누구에게 있느냐?"는 첨예한 논쟁까지 가세함으로써 죽음을 온전히 이해하는 것이 점점 어려워지고 있다.

죽음에 대한 무지와 불확실성은 원초적 불안을 일으키는데, 죽음을 다반사로 접하는 의료인조차 죽음은 여전히 불편한 경험인 것 같다.[8] 이것은 의료계에서 죽음을 금기시하는 현실로 나타남으로써 의외로 많은 의료인이 말기 환자를 기피하고 죽음을 두려워하는 경향이다. 죽음을 많이 경험하는 의료인이 죽음에 대한 두려움 때문에 무의미한 연명의료에 집착한다는 지적도 제기된 바 있다.[9] 생사(生死)의 경계선에서 사역해야 할 또 다른 직업군은 바로 성직자인데, 이들 역시 죽음에 대해 문외한이 되어가는 듯하다. 상황이

---

8 A. Gawande/김희정 옮김, 『어떻게 죽을 것인가』 (서울: 부키, 2015).

9 곽혜원, "존엄한 죽음과 의료인의 책임적 과제," 『과학은 죽음을 극복할 수 있는가』 (서울: 이폴, 2019), 246ff.

이러함에도 성직자와 의료인을 양성하는 한국 교육 기관에서는 생사 교육을 시행하지 않고 있다.

여기서 삶과 죽음을 성찰하는 생사 교육의 당위성이 대두된다. 즉, 교육은 인지적 차원에서 이전까지 알지 못했던 것을 알게 해주고 더 폭넓은 지식을 제공하며 정서적 차원에서 불필요한 감정의 소진을 막아준다. 또한 의지적 차원에서 바람직한 선택과 결정에 도움을 주고 예상치 못한 일에 대해 미리 대비하도록 유도한다. 사회적 차원에선 개인적 경험을 넘어 공동체적 경험을 통해 이전과는 전혀 다른 새로운 지평을 갖게 하기도 한다. 이것이 바로 교육의 역할인데, 이는 생사 교육에도 그대로 적용된다. 죽음은 누구나 경험하지만, 언제 일어날지 알 수 없을 뿐 아니라 미리 경험할 수도 없다. 그러므로 죽음은 가장 큰 불안과 두려움을 일으키는데, 특히 주변인의 죽음은 극심한 고통과 슬픔을 수반한다.

반면 생사 교육은 죽음과 죽어감의 과정에 대한 불필요한 오해와 불안을 감소시키고 삶과 죽음에 대한 이해의 폭을 넓혀준다. 또한 상실로 인한 슬픔의 감정을 다루는 애도 과정에 공감하게 함으로써 타인과의 일치감을 형성하는 데 기여한다. 생명을 경시하는 사회 분위기에도 경각심을 줌으로써 생명의 소중함과 공동체적 연대를 모색하도록 이끈다. 따라서 생사 교육은 언제, 어떻게 다가올지 모르는 죽음을 늘 의식함으로써 매사에 성심을 다해 삶을 대하도록 동기 부여한다. 한마디로 생사 교육은 죽음과 죽어감의 과정, 상실과 애도에 대한 바른 이해를 통해 죽음 불안을 감소시키고, 삶에 대한 총체적 조망 속에서 인생의 의미를 발견케 하며, 타인의 고통에 공감함으로 건강한 관계로 이끌며, 죽음을 앞둔 이들의 존엄한 마무리에 관심을 갖게 한다. 그러므로 살아가면서 여러 교육이 필요하듯이 죽음에도 교육이 필요한 것이다.

그런데 죽음은 일반적으로 삶의 마지막에 일어나는 사건이기 때문에 노인이나 말기 환자에게만 생사 교육이 필요하다는 인식이 지배적이다. 물론 머지않아 죽음을 맞이할 이에게 생사 교육은 필수적으로 이수해야 할 교육임이 분명하다. 하지만 사람이 늙고 병들면 죽음을 진지하게 숙고할 거라고 의례 생각되지만, 실제로는 인지상정상 죽음을 부정하려는 심리가 더 많이 작용한다.[10] 그러므로 요양원이나 노인대학에서 진행되는 프로그램은 인간이 마치 영생할 것 같은 내용으로 구성되고, 인생을 되돌아보게 하는 생사 교육 관련 과목이 큰 호응을 받지 못한다고 현장 전문가들은 토로한다.[11] 이러한 현실은 죽음에 대해 아무런 준비 없이 살다가 느닷없이 노년을 맞이한 후에 죽음을 준비하려면 때늦다는 사실을 시사한다.

죽음의 특성상 예고 없이 찾아올 수 있으므로 생사 교육은 전 연령층을 대상으로 해야 한다. 불시에 일어나는 각종 사건·사고로 인해 어떤 연령층도 죽음의 위험에서 자유롭지 못한 현실 속에서 모든 연령대가 생사 교육을 받아야 한다. 특히 교육 효과 측면에서 볼 때, 고령층보다는 육체적·정신적으로 유연한 10, 20대의 교육 효과가 훨씬 더 좋은 경향이다. 그러므로 고령층과 말기 환자도 생사 교육을 이수할 수 있도록 배려해야 하겠지만, 초등생부터

---

10 최준식, 『너무 늦기 전에 들어야 할 죽음학 강의』 (서울: 김영사, 2014), 72.
11 최준식, 『임종 준비』 (서울: 모시는사람들, 2013), 8.

대학생에 이르기까지 학교 교육 차원의 생사 교육을 시행해야 한다.[12] 죽음 공부는 젊고 건강할 때 해야 하므로 생사 교육이야말로 조기 교육이 필요한 분야이다.[13] 조기 생사 교육이 중요한 것은 이것이 단지 죽음에 대해서만이 아니라 충실한 삶으로 이끄는 교육도 되기 때문이다.

2. 생사 교육의 제도적 정착이 시급히 요청되는 교육 현장

생사 교육은 의학, 생물학, 유전공학 등의 의학, 생물학계와 철학, 종교학, 사회학, 심리학, 인류학 등의 인문, 사회과학계 학문이 다학제적(多學制的)으로 결합하여 삶과 죽음과 관련된 가르침과 배움을 주고받는 교육 활동으로서, 그 근간인 생사학에서 축적된 지식 및 연구 결과와 이를 효과적으로 전달하기 위한 교육학적 지식이 융합하여 성립된 학문 분야다. 현재 우리나라에서 'thanatology'는 '죽음학' 또는 '생사학'으로 번역되지만, 엄밀히 말해 죽음학은 생사학의 전신이고, 생사학은 죽음학이 확충된 학문이다. 기존의 죽음학이 죽음 연구에 머물렀다면, 생사학은 죽음은 물론 삶의 차원을 포괄하여 다양한 삶의 영역에 생명을 진작시키는데 주안점을 둔다.[14]

---

12 강영계, 『죽음학 강의』 (서울: 새문사, 2012), 281f.

13 최준식, 『너무 늦기 전에 들어야 할 죽음학 강의』, 11f.; A. Deeken/오진탁 옮김, 『죽음을 어떻게 맞이할 것인가』 (서울: 궁리, 2002), 140; 이이정, 『죽음학 총론』 (서울: 학지사, 2011), 101ff.

14 곽혜원, 『존엄한 삶, 존엄한 죽음』, 44.

생사 교육의 전신인 죽음 교육(죽음 준비 교육)은 19세기 실존철학과 20세기 들어와 제1, 2차 세계대전의 시대 상황 속에서 삶의 의미와 함께 죽음의 문제가 부각되면서 제기되었다. 이후 1950년 중반에는 죽음에 대한 학문적 관심이 일어났는데, 1960년대 들어와 교육 기관에서 죽음 관련 교과목이 개설되었다. 일찌감치 죽음학이 태동하여 이미 1960년대부터 죽음 교육을 시작한 미국에선 현재 학교 교육과 평생 교육 차원에서 병행하여 활발하게 전개하였다. 독일은 풍부한 죽음 교육의 전통을 지닌 국가답게 1980년대 이후 죽음 교육 프로그램을 학교 교과과정에 포함시킴으로써 초등 6년, 중등 3년, 고등 4년 총 13년에 걸쳐 연령에 적합한 죽음 교육을 실시한다. 근대적 호스피스가 탄생한 영국은 물론 캐나다, 프랑스, 스웨덴, 호주 등지에서도 죽음학 및 죽음 교육이 견실하게 정착됨으로써 오늘날 서구 사회에서는 죽음에 관한 연구와 교육이 일반화되어 가는 추세다.

아시아에서는 일본이 죽음학과 관련해 선두적 위치에 있는데, 그 배후에는 죽음을 터부시해 온 일본을 깨운 선각자, 곧 독일에서 귀화한 세계적 죽음학자 알폰스 데켄(A. Deeken) 교수의 공헌이 있었다. 일본에서는 전국의 학교 교육 기관과 평생 교육 시설에서 50년 가까이 죽음 교육이 시행되고 있다. 대만에서는 죽음학 역사에 있어서 중요한 획이 그어졌는데, 이는 곧 서양 개념인 죽음학이 대만계 미국인 푸웨이쉰(傅偉勳) 템플대 종교학과 교수에 의해 '생사학'(生死學)이라는 동양 개념으로 변환되어 새로운 학문 분야가 구축된 일이다. 사실 대만에서도 생사학 및 생사 교육이 정착하기까지 많은 세월이 소요되었는데, 1999년 대지진을 분기점으로 국민적 공감대가 형성되면서 초등학교에서 대학교에 이르기까지 정규 교육과정으로 편성, 활발히 실시되고 있다.

이처럼 생사 교육의 중요성이 전 세계적으로 나날이 부상하지만, 현재 우리 사회에선 생사 교육에 대한 인식이 과거보다 개선되었음에도 여전히 제 궤도에 오르지 못하고 있다. 초 · 중 · 고교에서 생사 교육을 시행하는 학교는 아직 없으며, 대학에서도 생사학 강좌가 개설된 곳은 극소수에 불과하다.[15] 특히 생사의 경계선에서 사역하는 의료인과 종교인을 위한 생사 교육은 반드시 실현해야 할 중대한 과제이지만, 현재 한국의 의과대학과 신학대학의 교과과정에는 생사학 강좌가 거의 개설되지 않은 실정이다. 미국에서는 모든 일반 대학생이 죽음학을 교양과목으로 배우는데, 우리나라가 생사의 경계선에서 사역해야 할 예비 의료인과 성직자에게 삶과 죽음을 가르치지 않는 현실은 매우 우려스러운 일이 아닐 수 없다.

앞서 일본과 대만에서는 자연재해를 겪은 후 생사 교육에 대한 국민적 관심이 높아졌지만, 유감스럽게도 우리 국민은 많은 인명이 희생된 비극적 참사를 생사관의 전환점으로 삼지 못했다. 금번 COVID-19 사태도 큰 교훈을 얻지 못한 채 무의미하게 흘려보내선 안 된다. 2020년 발표된 일본의 한 장례업체 조사 결과를 토대로 상당수 일본인(40%)이 COVID-19로 인해 죽음 의식이 변했는데, 특히 엔딩 노트 및 유언서 작성과 상속 준비에 이르기까지 죽음을 진지하게 생각하고 죽음 준비에 돌입했음을 알 수 있다.[16] 이에

---

15 최준식, 『죽음학 개론』, 94f.

우리나라도 팬데믹을 불행한 사건으로만 기억할 것이 아니라 국민 의식을 긍정적으로 전환시키는 분수령으로 삼기 위해선 정책적 노력이 필요하다. 학교 교육과 평생 교육을 통해 생사 교육을 시행한 다면, 우리 국민의 삶과 죽음에 대한 진지한 성찰이 일어나는 중대한 계기가 마련될 수 있다. 그러므로 고통스러운 사건을 통해 삶과 죽음의 의미를 깊이 깨닫는 기회로 삼는 방안이 제도적으로 정착되 어야 한다.

생사 교육을 학생의 성장 과정에 맞게 실시하는 학교 정규 교육과 아울러 일반인을 대상으로 평생 교육 차원에서 시행함에는 두 가지 목적이 있다: 1) 삶의 시간이 제한되어 있음을 유념하면서 현재의 삶의 방식을 진실하게 되돌아보고 좀 더 의미 있는 삶을 영위케 한다. 2) 평소에 죽음을 성찰하여 갑자기 죽음이 찾아오더라도 평온한 마음으로 죽음을 맞이할 수 있도록 준비케 한다. 즉, 생사 교육은 삶을 유의미하게 살아가도록 돕는 삶의 교육이자 삶을 아름 답게 마무리하기 위한 죽음 준비 교육이다.[17] 실효성 있는 자살 예방이 매우 시급한 상황 속에서 생사 교육은 생명 존중 교육이자 자살 예방 교육이기도 하다. 특히 생사 교육을 통해 인간은 영적·정신적으로 괄목할만한 성장을 할 수 있기에 모든 교육의 기초는 생사 교육으로부터 시작된다고 해도 과언이 아니다.

특별히 생사 교육이 학교 교육과 평생 교육 차원에서 요청되는

---

16 "日人 40% '코로나로 죽음 의식 변했다' 장례의식 실태조사," 「상조장례뉴스」 2020. 10. 08.

17 오진탁, 『삶, 죽음에게 길을 묻다』 (서울: 종이거울, 2010), 79.

이유는 이것이 영성 회복은 물론 인성 회복과 사회 회복을 이룰 중요한 밑거름이 된다고 필자는 역설하고자 한다.[18] 오늘날 인성의 회복은 한국 사회에서 중차대한 과제인데, 생사 교육은 생의 마지막을 직시하면서 사랑과 용서와 감사와 축복의 중요성을 일깨움으로 인성의 회복에 기여한다. 인성이 훼손되는 원인 중 하나는 얽히고설킨 인간관계 속에서 상처와 원한으로 인해 내면세계가 파탄난 것인데, 생사 교육은 내면의 치유와 관계의 회복을 가져올 수 있기 때문이다. 또한 우리 사회의 반생명적, 반인륜적 분위기를 회복시키는 일도 최대 과제인데, 생사 교육을 통해 이를 실현할 수 있다. 생사 교육은 남에게 해악을 끼치려는 행동을 제어하는 데서 더 나아가 누군가를 도우려는 연민과 배려, 이타심과 인내심도 키워줌으로써 비인간적으로 치닫는 우리 사회를 회복시킬 발판을 마련하기 때문이다.

무엇보다도 생사 교육은 참되고 가치 있고 영원한 것을 지향케 함으로써 왜곡되고 혼탁해진 영성을 회복시키는 계기를 마련한다. 현재 한국교회가 봉착한 가장 근본적 위기는 영성의 위기에 기인하는데, 생사 교육은 한국교회의 체질을 근본적으로 변화시킴으로써 영성을 회복시키는 결정적 계기를 마련할 수 있다.

---

18 곽혜원, "죽음교육을 통한 영성회복, 인성회복, 사회회복," 『죽음교육의 필요성과 그 방법에 관하여』 (서울: 이폴, 2021).

IV. 팬데믹 시대에 적극적으로 대처해야 할 한국 기독교의 과제

1. 심도 있는 생사 교육을 수반해야 할 신학 교육

필자는 죽음의 질 향상에 있어서 가장 중요한 역할을 감당할 두 그룹이 바로 성직자와 의료인이라고 확신한다. 성직자는 영혼을 치료하는 의료인이고, 의료인은 육신을 치료하는 성직자라는 것이 필자의 확고한 지론이다. 성직자와 의료인이 올바른 죽음 이해를 가져야만 우리 사회의 죽음에 관련된 많은 문제가 해결될 수 있다. 단언컨대 성직자와 의료인은 생명의 최전선에서 죽음을 근거리에서 맞대면해야 하므로 삶과 죽음에 대한 폭넓고도 심도 있는 교육을 반드시 받아야 한다. 이것은 우리나라의 죽음의 질 향상을 위해 해결해야 할 중차대한 과제일 뿐 아니라 팬데믹 시대에 그 임무가 더욱 막중하다.[19] 의료인에게 시행되는 생사 교육에 대해선 선행 연구로 다루었으므로[20] 여기서는 생사 교육을 수반해야 할 신학 교육에 대해 논하고자 한다.

앞서 2장에서 지적했던 죽음을 소외시키는 세속의 흐름에 함몰된 21세기 교회의 모습은 목회자에게도 예외가 아니다. 오늘날 대다수 젊은 목회자는 인생사에서 가장 중대한 사건이자 철저한

---

19 곽혜원, "존엄한 죽음과 한국 기독교의 책임적 과제,"『이상원 교수 정년퇴임 기념논총』 (서울: 솔로몬, 2021), 474.

20 의료인에게 시행하는 생사 교육의 중요성에 대해 참고: 곽혜원, "존엄한 죽음과 의료인의 책임적 과제."

준비가 필요한 영적 사건인 죽음에 대해 깊이 성찰해 본 적이 거의 없어 보인다. 시신을 직접적으로 접한 경험이라든가, 죽음이 서서히 진행되는 과정, 곧 한 사람의 영혼이 임종을 앞두고 이생에 대한 끈을 놓는 모습을 곁에서 지켜본 적은 더더욱 없는 것 같다. 상황이 이렇다 보니 임종과 죽음에 대해 무지한 상태에서 목회자가 되는 경우가 대다수라는 우려의 목소리가 나오고 있다. 그러므로 많은 목회자는 죽음을 앞둔 교인과 그 가족을 영적으로 돌볼 뿐 아니라 그리스도인의 정체성을 지키면서 맞이하는 복된 죽음에 대해 가르쳐야 할 중차대한 소임을 감당하지 못한다고 해도 과언이 아닌 상황이다.

이처럼 목회자가 임종과 죽음에 관해 문외한이 된 것은 신학교의 책임이 매우 크다고 아니할 수 없다. 유감스럽게도 신학자들은 노년기 사목에 대해 거의 가르치지 않음으로써 죽음을 앞둔 환자와 고령층 성도에 대한 영적 케어를 등한시한 책임에서 결코 자유롭지 못하다.[21] 이는 대다수 신학생과 목회자가 주력하는 사역의 중심이 신체적으로 건강한 청소년이나 경제활동이 왕성한 중장년층에 집중되는 현실로 이어진다. 이런 현실은 중환자와 고령자의 사회적 소외를 방조하는 세태와 암암리에 연관된다. 해외의 어느 유명한 신학대학 총장은 건강상 위기를 겪은 이후 목회자 훈련에 대한 종전의 관점에 엄청난 변화가 생겼다고 토로한 바 있다. 즉, 자신의 투병 생활을 계기로 죽음을 앞둔 이를 돌보는 훈련이 예비 목회자에

21 Cf. M. A. Kimble 외 3인 공저/노인사목연구위원회 · 김열중 · 이순주 공역,『노화 · 영성 · 종교』 (서울: 소화, 2011), 146-166.

게 대단히 부족한 현실의 문제성을 반성하게 되었다는 것이다.[22]

우리나라에도 무수히 많은 신학교가 있지만, 죽음을 앞둔 임종자를 위한 영적 돌봄을 가르치는 교과목이 개설된 곳은 거의 전무한 실정이다. 설사 신학 수업의 교과과정에 죽음에 관한 강좌가 있다고 해도 주로 장례식 집전과 하관식 집례를 어떻게 한다는 예전적 측면에서 상장례(喪葬禮) 집도에 대한 전문지식을 제공하는 일에 치우친 경우가 많다. 죽음의 실체가 과연 무엇인지, 죽음을 앞둔 이와 그 가족을 영적으로 어떻게 돌봐야 하는지, 특히 죽음 앞에서 불안해하는 임종자가 복된 죽음을 맞이할 수 있도록 어떻게 준비시켜야 하는지에 대해 강의하는 교과목이 개설된 적이 아직 없다. 그러므로 한국 신학계는 신학 교육에서 노화와 노년기에 대한 이해를 성직 후보자들에게 제공해야 할 책임을 진지하게 생각해야만 하는 중대한 시점에 서 있다.

사실 사역자도 인간이기에 죽음 앞에서 두려움을 갖는 것은 인지상정일 수 있지만, 성도를 영적으로 돌봐야 하는 막중한 책임을 짊어진 위치에서 죽음에 대한 성찰이 부족하여 사역을 제대로 감당하지 못하는 것은 결코 용납될 수 없는 일이다. 특히 인간의 죽음을 직접적으로 대면할 수밖에 없는 사역자는 죽음에 대해 확실한 인식을 가져야 죽음을 앞둔 성도를 제대로 도울 수 있는데, 만약 사역자 자신이 죽음을 두려워하고 임종을 앞둔 성도를 기피한다면 하나님께서 맡기신 사명을 제대로 감당할 수 없을 것이다. 물론 교인들이 하나님의 은혜로 치유되어 다시금 건강하게 살아갈 수 있도록 기도

---

22 R. Moll, 『죽음을 배우다』, 211f.

하고 돕는 것은 사역자가 감당해야 할 매우 중요한 직무임이 분명하다.

그러나 모든 수단과 방법을 총동원했음에도 불구하고 언젠가는 죽음에 이를 수밖에 없는 것이 인간의 숙명이라는 사실을 직시할 때, 사역자는 교인들이 하나님의 은혜와 평강 안에서 복된 죽음을 맞이할 수 있도록 잘 인도해야 할 것이다. 죽음을 앞둔 성도들은 온갖 비극적 감정의 소용돌이 속에서 자기 자신만 무기력하게 난파당한 것처럼 절망감을 느끼는 경우가 많은데, 사역자가 이들을 영원한 생명으로 인도하는 신뢰할만한 좋은 안내자가 되어주어야 한다. 이처럼 사역자는 죽음과 관련하여 매우 중차대한 사명을 감당해야 하기 때문에 삶과 죽음에 대해 폭넓고도 심도 있는 신학 교육을 반드시 받아야 하고, 평소에도 인간의 삶과 죽음에 대해 깊은 성찰을 해야 한다.

2. 올바른 성서적 죽음 이해를 전 연령층 성도에게 가르쳐야 할 교회 교육

죽음이 모든 사람에게 불시에 일어날 수 있기에 전 연령층을 대상으로 생사 교육을 시행해야 함은 이론의 여지가 없다. 특히 생사 교육이 단지 죽음에 대해서만 알려주지 않고 충실한 삶으로 이끄는 이정표가 된다는 사실은 모든 성도를 대상으로 한 교회 교육 차원에서 시사하는 바가 매우 크다. 필자가 올바른 성서적 죽음 이해를 전 성도들에게 가르쳐야 한다고 주장하는 이유는 한국 기독교에서 가장 안타깝게 생각하는 부분 중 하나가 바로 성도들이 죽음에 대해 잘못된 이해를 갖고 있음을 통감하기 때문이다. 의외로 많은 성도가 죽음에 대해 매우 비성서적으로(심지어 미신적으로) 생각하는 가운데 때론 죽음을 지나치게 터부시하거나 경우에 따라선 죽음을 미화하는 그릇된 모습을 보이고 있다. 그러므로 필자가 생사 교육을 시행함에 있어서 가장 중점을 두는 부분이 바로 죽음에 대한 올바른 성서적 이해이다.

이 사실을 직시할 때 한국 기독교가 아동기, 청소년기, 청년기, 중년기, 장년기, 노년기 등 연령별로 적합한 생사 교육을 통해 삶과 죽음에 대한 올바른 이해를 도모하는 장을 마련하는 일이 시급하다. 오늘날 많은 그리스도인이 하나님을 '죽은 자와 산 자 모두의 주님'으로 신앙하지 못하고, 오직 '산 자만의 주님'으로 잘못 알고 있다. 그리스도의 십자가 죽음과 부활을 결정적 분기점으로 부활의 생명이 임함으로써 죽음과 죽음의 세계, 죽은 자를 새롭게 이해할 수 있는 근거가 마련되었음에도 여전히 많은 교인이 죽음에 대해 극도의 두려움을 갖는다.[23] 하지만 사도 바울은 로마서 14:8-9에서 하나님께서 '죽은 자와 산 자 모두의 주님'이심을 분명히 선언한다.

사실 죽음은 죄악으로 인해 유입된 존재, 바울의 표현대로 '마지막으로 멸망받을 원수'(고전 15:26)이기에 역사의 마지막 때 폐기될 존재임이 분명하다. 그럼에도 불구하고 이미 예수의 십자가 죽음과 부활을 통해 그 위력을 상실해 버린 죽음은 그리스도인에게 있어서

---

23 곽혜원, "그리스도 안에 있는 산 자와 죽은 자의 연대성에 관한 연구," 「한국조직신학논총」 제20집(2004), 96f.

오히려 유익하게 섭리될 수 있다고 초대 교부들은 역설했다.[24] 즉, 하나님은 육체적 죽음을 통해 죄의 영원성을 단절시키고 악이 불멸하지 못하도록 역사한다는 것이다. 하나님은 인간이 죄 속에서 영원히 살지 못하도록, 영혼 안에 심긴 악이 불멸하지 못하도록 육체가 죽음을 통해 일시적으로 부패하도록 역사한다는 것이다.[25] 이로써 죄의 형벌로 부과된 죽음은 그리스도의 죽음을 결정적 분기점으로 인류 구원을 위해 유익하게 역사한다는 것이다.

다만 우리는 죽음이 지닌 양면성, 곧 생명의 자연스러운 종결로서의 죽음과 죄의 결과로서의 죽음을 유념하여 죽음에 대한 균형 잡힌 시각을 갖는 것이 중요하다. 우리가 죽음을 삶의 자연스러운 종결로 받아들일 경우, 자칫 죽음이 지닌 치명적 폐해를 간과하고 이 세상에서 일어나는 온갖 형태의 억울한 죽음, 폭력적 죽음, 강제적 죽음에 대해 무감각한 태도를 취할 수도 있기 때문이다. 죽음의 비자연적 측면을 올바로 인식할 때 부당한 죽음을 야기하는 구조적 불의, 조직화·합법화된 생명의 파괴에 저항하는 자세를 취할 수 있다.[26] 그렇다면 죽음이 지닌 양면성은 각자 나름의 의미를

---

24 요한 크리소스톰(J. Chrisostom)은 죽음이 본래 아담의 범죄에 대한 형벌로 인해 인류에게 임하게 되었지만, 이것이 결국 하나님의 은혜와 자비로 섭리될 거라고 결론짓는다. 사탄이 우리를 파멸시키기 위해 죄와 그 열매인 죽음을 인류에게 가져왔지만, 예수 그리스도가 인류를 위해 몸소 죽으셔서 죽음을 선한 것으로 변화시키고 우리를 하늘로 인도하실 것이기 때문이라는 것이다. 요한 크리소스톰의 Εἰς Ψαλ, Ὅμ, 31, 3 PG 57, 374에 수록된 글과 요한 크리소스톰의 Εἰς τοὺςςσαγίοους πάντας, 1 PG 50, 707에 수록된 글을 N. Basiliadis/박용범 옮김, 『죽음의 신비』 (서울: 정교회출판사, 2010), 78, 90에서 재인용.

25 카파도키아 교부 중 한 명인 니사의 그레고리(Gregory of Nyssa)의 Λόγος ἐπικήδειος εἰς Πουλχερίαν, PG 46, 877A에 수록된 글을 같은 책 76에서 재인용.

26 김균진, 『죽음과 부활의 신학』 (서울: 새물결플러스, 2015), 239-244.

내포하면서 중요한 과제를 부과함을 발견한다. 즉, 한편으론 죽음을 금기시하지 않고 생로병사에 순응해야 하지만, 다른 한편 죽음의 치명적 폐해를 냉정하게 직시하면서 억울한 죽음, 폭력적 죽음을 초래하는 불의한 세력에 반기를 제기해야 한다.

특별히 오늘날 신학계에서는 비자연적 죽음에 분명하게 문제 제기를 해야 한다는 견해가 강한 공감을 얻고 있다. 역사상 인류의 죄는 개인의 사적 영역에서는 물론 조직화·합법화된 형태로 나타남으로써, 불의한 정치·경제·사회적 구조를 통한 생명의 파괴가 비일비재하기 때문이다. 즉, 무수히 많은 사람이 자신의 죄악된 삶의 결과로서 죽음을 당할 뿐 아니라 타인의 죄와 구조적 범죄로 인해 억울한 죽음, 폭력적 죽음을 당하기 때문이다. 이런 문제 상황에 봉착하여 최근 신학은 여러 다양한 형태로 일어나는 비자연적 죽음에 저항하는 가운데 인류를 위시한 자연의 피조물이 하나님께서 부여한 충만한 삶을 향유하다가 자연적 죽음을 맞이할 수 있는 생명·정의·평화가 회복된 사회를 형성할 것을 촉구한다.

이처럼 죽음에 대한 균형 잡힌 이해를 기반으로 한 생사 교육을 통해 성도들이 올바른 죽음 이해를 갖게 되면, 인생사에서 불가피 맞닥뜨릴 수밖에 없는 생로병사의 과정을 좀 더 은혜롭게 감내할 수 있을 것이다. 그러면 성도들에게 있어서 죽음은 마지막 순간까지 인격적·정신적으로 성장할 수 있는 기회, 영적으로 높이 고양되는 계기가 됨으로써 '인간다운 존엄으로 충만한 복된 죽음'이 가능할 수 있으리라 믿어 의심치 않는다. 그러므로 한국교회는 죽음을 넘어선 부활을 희망하는 공동체라는 자부심을 갖고, 성도들로 하여금 죽음에 이르는 여정을 차근차근 잘 준비할 수 있도록 기폭제 역할을 감당해야 할 것이다.

3. 건전한 죽음 목회와 성도의 복된 죽음 전통의 회복

오늘날 한국교회가 성도의 복된 죽음이라는 귀중한 신앙 전통을 계승하기 위해선 건전한 죽음 목회에 대한 인식이 급선무다. 필자가 정의하는 죽음 목회란 그동안 지나치게 터부시되어왔던 죽음의 현실을 그리스도의 십자가 죽음과 부활의 관점에서 새롭게 재조명할 뿐 아니라 죽음을 앞둔 이들을 목회 대상으로 포용하는 목회 패러다임이다.[27] 노인과 죽음을 앞둔 환자들이 소외당하는 현실 속에서 이제 한국교회는 이들을 교회의 중요한 구성원으로 바라보는 가운데 건전한 죽음 목회를 시행해야 할 것이다. 그동안 중장년 사역에만 집중하느라 죽음을 앞둔 이들을 등한히 한 것을 되돌아보면서 이들이 인생 말년에 영육 간에 충만한 삶을 누릴 수 있는 장을 마련해 주어야 할 것이다.

사람은 누구나 하나님께서 특별한 목적이 있어 자신을 세상에 보내셨다는 확신이 필요한데, 이 점에서는 죽음을 앞둔 사람도 결코 예외가 될 수 없다. 누구에게나 소명감과 인생의 의미가 필요하지만, 특히 죽음을 앞둔 이들에게 있어서 더더욱 그러하다. 죽음을 앞둔 이들이 사명감을 회복하면, 하나님이 자신들을 본향으로 데려

---

27 총회목회정보정책연구소 엮음, 『목회 매뉴얼: 죽음 목회』 (서울: 한국장로교출판사, 2018), 59.

가시기 전까진 할 일이 남았다고 믿고 온 생명을 사명감으로 불사를 것이다. 이들이 자기 인생에서 마지막으로 남은 것은 죽음뿐이라고 생각할 때, 실로 막대한 자원이 흘러나와 마지막 숨이 끊어지는 순간까지 하나님 사역을 위해 엄청난 일을 감당할 수도 있다. 그러므로 한국교회는 노인과 중환자들이 하나님께서 주신 사명을 잘 감당하고 세상을 떠날 수 있도록 배려해야 할 것이다.

죽음을 앞둔 성도를 교회 생활에 통합시키는 일은 사실상 우리 모두에게 복된 일이다. 죽음을 앞둔 성도가 인생 말년에 복된 죽음을 맞이하는 과정을 교우들이 지켜보면서 변화되는 계기가 마련될 수 있기 때문이다. 죽음을 앞둔 이가 신실하게 삶을 마무리하는 과정을 바라보면서 건강한 성도는 삶의 참된 의미와 잘 죽는 법을 배울 수 있게 된다. 우리가 노인과 죽음을 앞둔 이를 헌신적으로 잘 돌볼 때, 우리 앞서 복된 죽음을 맞이한 성도를 지켜보면서 잘 죽는 법을 배울 때 우리 모두 교화(敎化)될 것이다. 그러므로 한국교회는 노인과 중환자들의 말년에 가치를 부여함으로써 이들이 교회에서 하나님의 은사(恩賜)를 잘 활용할 수 있도록 격려하고 교우들과 활발한 관계를 유지할 수 있도록 도와주어야 할 것이다.

성서에는 말년에 하나님께 귀하게 쓰임 받은 노인들이 많이 등장한다. 특히 신약에 나오는 시므온은 메시아를 보기 전엔 죽지 않으리라는 하나님의 약속이 성취되기를 고대한 의인이었는데, 평생 하나님 사역에 충성하다가 아기 예수를 품에 안는 것으로 보상받았다(눅 2:25-35). 84세 고령의 과부 여선지자 안나도 성전을 떠나지 않고 주야로 금식하고 기도하면서 하나님을 섬겼는데, 그 역시 예루살렘의 구속을 바라는 모든 이에게 아기 메시아를 증언하고 하나님께 감사하면서 말년을 보냈다(눅 2:36-39). 바울서신에 따르면 노년의 그리스도인은 초대교회에서 성도의 보살핌을 받는 동시에 성도의 영적 변화를 책임지는 역할을 감당했다.

시므온과 안나처럼 이 시대의 나이 든 성도들도 하나님 사역을 감당할 잠재력이 있다. 이들은 우리를 영적으로 이끌어 줄 믿음의 족장으로서 죽음을 앞두고도 성도를 위해 기도하고 권면하고 간증할 수 있다. 오늘날 대다수 사람은 만성질환으로 사망하기에 죽음이 한순간에 일어나기보다 일정 기간(대략 3~6년)에 걸쳐 점진적으로 일어나는 경우가 많다. 이에 심각한 질병을 진단받은 환우도 영성 훈련에 동참하면서 이생에서 영원으로 옮겨가는 과도기를 준비할 수 있는데, 그 모습을 지켜보는 교우들은 영적 능력을 공급받게 될 것이다. 그러므로 죽음을 앞둔 이들을 교회 생활에 동참시킨다면, 이것은 우리 모두로 하여금 말년에 좋은 성도로 살아가는 법을 배우도록 만들 것이다.

향후 노인과 죽음을 앞둔 사람은 늘어나는 반면, 그들을 돌볼 가족이나 일손이 많이 부족해진다. 그런데 예전에는 교회를 거부했던 이들이 외롭게 요양원에서 지내다가 교인의 심방을 받고 교회 공동체의 도움을 받으면 복음에 마음을 열 수도 있다. 환자가 성도와 교회 공동체의 섬김을 받으면 환자 가족 또한 복음을 받아들이기가 훨씬 수월해질 수도 있다. 실제로 이것이 초대교회가 기적적 성장을 이루는 데 큰 디딤돌이 된 모델이다.[28] 초대교회가 환자와 죽음을 앞둔 이를 헌신적으로 돌보자 수많은 사람이 그리스도교라는 새로운 종교 공동체로 몰려온 것이다. 그러므로 한국교회는 초대교회처럼 노인과 죽음을 앞둔 이들에게 힘닿는 데까지 사랑과 도움의 손길을 베푸는 데 심혈을 기울여야 할 것이다.

우리가 마땅히 그리스도인이라면 인생의 말년뿐 아니라 평생을 영원의 관점에서 살아가야 한다. 그토록 고대하는 하나님과 맞대면하는 죽음을 영광스럽게 맞이하기 위해 우리는 늘 하나님의 영원을 품고 살아가야 한다. 항상 죽음을 떠올리면서 삶의 최우선 순위에 우리 마음의 중심을 모으고 살아가야 한다. 우리가 하나님의 영원에 초점을 맞추어 살아가면, 안개처럼 허망하게 스러질 세상의 부귀영화에 마음을 빼앗겨 세상 현실에 일희일비(一喜一悲)하지 않게 된다. 하나님의 은혜와 평강 안에서 그리스도인의 정체성을 꿋꿋하게 지키면서 살아갈 수 있게 된다. 이처럼 한국교회 성도들이 신앙의 본질을 지키면서 그리스도인답게 신실하게 살아가면 자연스럽게, 그리스도인답게 복된 죽음을 맞이할 수 있게 된다.

좋은 신앙인으로 '잘 사는 것'도 중요하지만, 신앙적으로 '잘 죽는 것'도 매우 중요하다. 죽음은 인생사에서 가장 중대한 사건, 철저한 준비가 필요한 영적 사건이기 때문이다. 이제 한국교회는 기독교의 풍요로운 자산인 복된 죽음의 전통을 회복시켜야 한다. 성도들은 죽음을 묵상하고 준비하면서 복되게 죽음을 맞이할 훈련을 해야 한다.[29] 신학자와 목회자들은 성도들이 그리스도인의 정체

---

28 곽혜원, 『존엄한 삶, 존엄한 죽음』, 218.
29 김동건, 『빛, 색깔, 공기: 우리가 죽음을 대할 때』 (서울: 대한기독교서회, 2013), 49f.

성을 굳건히 지키면서 복된 죽음을 맞이할 수 있도록 도와주어야 한다. 삶과 죽음을 하나님 나라를 소망하는 영원의 관점에서 바라보면서 기독교의 귀중한 전통을 회복시키면, 신앙의 본질을 회복함은 물론 한국교회가 직면한 절체절명의 위기도 타개할 수 있으리라 믿어 의심치 않는다. 그뿐만 아니라 나날이 반생명적 · 비인간적 분위기로 치닫는 우리 사회의 에토스를 변화시킬 밑거름도 마련할 수 있다.

4. 삶과 죽음을 넘어서는 생사 공동체 구축

인류 역사를 회고할 때, 산업화 이전 거의 모든 종교 · 문화권에서 죽음은 공동체적 사건으로 이해되었다. 대표적으로 기독교 문화권에서 인간의 죽음은 개인이 공동체에 통합되는 공동체적 사건으로 간주됨으로써 개인은 출생에서 죽음에 이르기까지 가족 · 지파 · 민족 공동체에 귀속된다(창 25:8; 35:29; 49:33 etc.). 죽음 이후에는 지파 공동체의 공조 속에서 장례가 치러졌고, 상호 긴밀한 유대 속에서 죽은 조상은 가족 · 지파 · 민족 공동체 안에서 계속해서 살아간다. 이를 통해 산 자들이 죽은 자들을 그리스도 안에서 한 몸이라고 기억하는 삶과 죽음을 초월한 생사(生死) 공동체가 형성될 수 있었다. 이는 수백 년 전통의 교회들이 회중석에 앉은 교회 구성원과 죽은 형제자매를 모두 교회 구성원으로 인정함으로써 그들의 유해를 교회 건물 안에 매장한 모습에서 잘 드러난다.[30] 이와 아울러 산

---

30 R. Moll, 『죽음을 배우다』, 233f.

자들은 죽은 자들과 더불어 부활과 영생을 소망하는데, 이 공동의 소망이 그들을 하나로 결합시키기도 했다.[31]

초대 기독교 전통에서 특히 주목할 것은 죽음이 임박한 임종 환자가 살아있는 신앙의 증거를 남김으로 삶의 변화를 가져오기 위해 공개적으로 죽음을 맞이한 일이다. 임종자 가족과 친구들은 사랑하는 사람의 죽음을 기록으로 남겨 이를 공동체 구성원에게 들려주기도 했는데, 이들은 이를 통해 평안과 소망, 위로와 격려를 받으면서 심기일전(心機一轉)할 수 있었다. 본래 죽음은 무척 슬픈 사건이지만, 복된 죽음은 얼마든지 감동적이고 아름다운 추억이 되어 오히려 슬픔을 거둬가는 사건이 될 수도 있다. 더욱이 죽음이 공적 사건이 되면, 주변 사람이 죽음을 두려워하지 않고 삶의 변화를 경험하기도 한다. 실제로 신앙적으로 복된 죽음을 목격한 이들은 죽는 법을 배우기가 한결 수월해지기 때문에 복된 죽음은 죽음을 앞둔 이들 못지않게 살아있는 이들에게도 매우 중요하다.

생사 공동체 구축은 고독사가 급속도로 확산하는 이 시대에 큰 경종을 울린다. 모든 인간관계가 끊긴 상태에서 홀로 죽어 시신을 거두어줄 사람조차 없는 고독사는 이 시대의 불행한 죽음을 극단적으로 드러내는 참담한 사회현상이다. COVID-19 사태의 장기화 속에서 생사 공동체 회복은 우리 시대에 더욱 의미심장한 메시지를 던진다. 대다수 취약계층이 생존의 벼랑 끝으로 내몰리고 자살 동향 데이터가 심상찮은 위기 국면을 드러내는 팬데믹 상황에서 경제적 어려움과

---

31 J. Moltmann/김균진 옮김, 『오시는 하나님: 기독교적 종말론』 (서울: 대한기독교서회, 1997), 150ff.

불확실한 미래로 인해 극단적 선택을 하는 이들이 많기 때문이다. 그래서 해외의 한 언론은 COVID-19 사태 속에서 방역을 잘 한 국가가 한국이지만, 이를 가장 불안하고 고통스럽게 인지한 국가도 한국이란 설문조사 결과를 보도한 바 있다.

더욱 근심스러운 현실은 포스트 코로나, 곧 사태가 마무리되고 나서 그동안 감추고 참아왔던 모든 문제가 봇물 터지듯 터져 나오는 상황, 지연된 자살이 급증할 가능성이다. 재난을 극복하느라 치열하게 살았음에도 개선되지 않는 암울한 현실에 절망하며 많은 이들이 생명의 끈을 놓는 일이다. 팬데믹 종결 후 자살 행렬은 계속 이어질 가능성이 높으므로 그 후폭풍을 견뎌내며 '우리'라는 끈끈한 유대감으로 감싸 안는 공동체 의식이 필수불가결하다. 그러므로 장기 실업으로 인한 극도의 생활고 속에서 스스로 목숨을 끊는 사람들을 붙들어주는 견고하고 세밀한 정부 정책과 함께, 상생·연대하는 한국 기독교의 생사 공동체 구축이 그 어느 때보다 절실히 요청된다.

팬데믹이 계속 출몰하는 시대에 돌입한 21세기는 죽음을 회피하는 시대적 에토스를 거슬러 '죽음의 사사화'에서 '죽음의 공론화'로 전환해야 할 때다. 이 시대는 복된 죽음을 준비하는 오랜 전통을 회복시키고 죽음의 교육적 의미를 받아들여 죽음을 다시 배워야 한다. 이제 100세 시대로 나아가는 초고령화 시대에는 죽음에 관한 성서적·신학적 이해를 위시하여 우리 국민의 죽음의 질과 죽음 문화의 성숙을 위한 다양한 담론이 필요하다. 이를 위해 생사 교육을 학교 교육과 평생 교육, 교회 교육 차원에서 시행함으로써 죽음을 공론화해야 한다. 죽음에 관한 유의미한 담론이 우리 삶의 테두리 안에 들어와 죽음이 공론화될 때, 우리 삶이 좀 더 존엄해지고 생명을 존중하는 에토스도 정착될 것이다.

Reflection on Life and Death in the Era of the Pandemic:
Promoting Life-and-Death Education

Kwak, Hyewon, Dr. Theol.

Lecturer, Kyonggi University

College of Humanities

As the ongoing COVID-19 pandemic continues, the fear of death has grown, emphasizing the importance of reflecting on mortality. The pandemic has heightened humanity's awareness of the inevitability of death. However, the Korean Christian community currently lacks an awareness of the necessity for life-and-death education. Despite numerous theological schools in our country, there is a lack of coursework dedicated to the subject of death. In today's world, many pastors struggle to fulfill their spiritual duty of caring for the terminally ill and their families, raising concerns that the quality of a Christian's death might be inferior to that of individuals from other religions. This paper proposes the integration of life-and-death education into school, lifelong, and church education. To achieve this, theological education should incorporate life-and-death studies, and church-based life-and-death education should be made available to all age groups. Furthermore, this paper calls for the revival of the tradition of blessed death among saints and envisions the creation of a life-and-death community that transcends the boundaries of life and death.

참고문헌

강영계. 『죽음학 강의』. 서울: 새문사, 2012.

곽혜원. "글로벌 팬데믹 시대 속에서 생사 교육의 당위성에 대한 제언." 「문화와 융합」 제43권 2호(2021.02).

_____. "글로벌 팬데믹 시대에 논하는 기독교 생사학 및 생사 교육의 과제." 「조직신학연구」 제39권(2021.12).

_____. 『자살문제, 어떻게 할 것인가: 한국인의 자살실태와 해결 방안에 대한 종교사회학적 접근』. 서울: 21세기 교회와 신학 포럼, 2011.

_____. 『존엄한 삶, 존엄한 죽음: 기독교 생사학의 의미와 과제』. 서울: 새물결플러스, 2014.

_____. "존엄한 죽음과 의료인의 책임적 과제." 『과학은 죽음을 극복할 수 있는가?』. 서울: 이폴, 2019.

_____. "존엄한 죽음(두렵지 않은 죽음), 어떻게 실현할 것인가." 『우리는 죽음을 왜 두려워하는가?』. 서울: 이폴, 2021.

_____. "존엄한 죽음과 한국 기독교의 과제." 『이상원교수 은퇴기념논문집』. 서울: 솔로몬, 2021.

_____. "죽음교육을 통한 영성 회복, 인성 회복, 사회 회복." 『죽음교육의 필요성과 그 방법에 관하여』. 서울: 이폴, 2021.

_____. 『현대세계의 위기와 하나님의 나라』. 서울: 한들, 2008.

김균진. 『죽음과 부활의 신학』. 서울: 새물결플러스, 2015.

김동건. 『빛, 색깔, 공기: 우리가 죽음을 대할 때』. 서울: 대한기독교서회, 2013.

윤영호. 『나는 죽음을 이야기하는 의사입니다』. 서울: 컬처그라퍼, 2012.

정현채 외 2인. 『의사들, 죽음을 말하다』. 서울: 북성재, 2014.

총회 목회정보 정책연구소 엮음, 『목회 매뉴얼: 죽음 목회』. 서울: 한국장로교출판사, 2018.

최준식. 『너무 늦기 전에 들어야 할 죽음학 강의』. 서울: 김영사, 2014.

한국 죽음학회 엮음.『죽음맞이: 인간의 죽음 그리고 죽어감』. 서울: 모시는사람들, 2013.

임기운(林綺雲) 외 5인/전병술 옮김.『죽음학: 죽음에서 삶을 만나다』. 서울: 모시는 사람들, 2012.

푸웨이쉰(傅偉勳)/전병술 옮김.『죽음, 그 마지막 성장』. 서울: 청계, 2001.

Basiliadis, N./박용범 옮김.『죽음의 신비: 죽음과 부활에 대한 정교회의 신학』. 서울: 한국정교회 출판부, 2010.

Daubigin, I./신윤경 옮김.『안락사의 역사』. 서울: 섬돌, 2007.

Deeken, A./오진탁 옮김.『죽음을 어떻게 맞이할 것인가』. 서울: 궁리, 2002.

Fenwick, P & Fenwick, E./정명진 옮김.『죽음의 기술』. 서울: 부글북스, 2008.

Gawande, A./김희정 옮김,『어떻게 죽을 것인가』. 서울: 부키, 2015.

Kimble, M. A.외 3인/노인사목연구위원회 · 김열중 · 이순주 공역.『노화 · 영성 · 종교』. 서울: 소화, 2011.

Moll, R./이지혜 옮김.『죽음을 배우다』. 서울: IVP, 2013.

Moltmann, J./김균진 옮김.『오시는 하나님』. 서울: 대한기독교서회, 1997.

예수 그리스도의 영적 몸과 성만찬 집전(執典)*

미하엘 벨커(Michael Welker)

(독일 하이델베르크대학교, 교수)

I. 몸이란 무엇이며, 영적 몸이란 무엇인가?
   : 부활하신 분의 실체

20여 년 전, 동료들과 저는 신학자와 자연 과학자 사이의 대화를 통해 다년간의 프로젝트를 수행했습니다. 그 제목은 "종말론의 문제에 관한 신학과 자연과학"이었습니다.[1] 우리는 인간 개개인의 생명뿐만 아니라, 실제로 모든 지상 세계, 우주 전체가 사라질

---

* 번역: 김재진 교수(케리그마신학연구원 원장)

1 미하일 벨커·존 폴킹혼/신준호 옮김, 『종말론에 관한 과학과 신학의 대화』(대한기독교서회, 2002).

것이라는 문제에 초점을 맞추었습니다. "하늘과 땅은 사라질 것이다" — 이것은, 결국, 성경적 전통이 말하는 것입니다. 그렇다면 이것은 우리의 종교성과 기독교 신앙에 대하여 무엇을 의미하는 것일까요?

신학 교육을 받은 한 영국 물리학자의 유용한 통찰이 우리에게 한 가지 길을 보여주었습니다. 성서적 전통의 중요한 종말론적 진술은 각각 유한한 생명과 영원한 생명 사이의 연속성과 불연속성을 담지하고 있다는 것입니다.

불연속성: "혈과 육은 하나님의 나라를 유업으로 받지 못하리라!" 몸의 부활에 대한 믿음 안에 있는 연속성.

새 하늘과 새 땅에 대한, 곧 새 창조에 관한 선포 속에 있는 불연속성, 그러나 새 하늘과 새 땅의 창조에 관한 선포 속에 있는 연속성은 환상의 세계가 아닙니다. 영적인 몸에 관하여 이야기하는 것은 이제 썩을 생명과 썩지 않을 생명의 연속성과 불연속성의 통일성에 관하여 이야기하는 것입니다. 이를 이해하기 위해서 우리는 성서적 전통에서 예수 그리스도의 부활에 관한 이야기를 철저히 조사해 보았습니다.

일단 충격적인 깨달음은, 우리는 부활과 육체적 소생을 혼동해서는 안 된다는 것이었습니다. 이러한 혼란은 종교적 근본주의자뿐만 아니라 부활을 비판하는 자들에 의해서도 야기됩니다. 종교적 근본주의자들은 부활이 육체적 소생이라고 주장하며, 이 소생이 참된 것이라고 붙들고 있는 것이 참된 믿음을 입증하는 것이라고 주장합니다. 부활을 비판하는 사람들도 또한 부활에 관한 이야기는 육체적 소생에 관하여 말하고 있다고 주장합니다. 그러나 그들, 부활을 믿는 사람들은 누구든지 진리와 현실에 대한 현란한 관계를 맺고 있다고 결론지었습니다.

한편, 성경의 부활 증언을 면밀히 살펴보면 완전히 다른 그림을 엿볼 수 있습니다. 누가복음 24장에 있는 단지 두 번의 언급, 특히 제자들의 눈앞에서 부활하신 예수님이 물고기를 잡수신 것은 육체적 부활을 가정하게 합니다. 그렇지만 그것과는 별개로 부활에 관한 다른 증언들은 부활하신 주님의 감각적 임재와 부활하신 주님의 현현 사이의 매우 자극적인 긴장에 대하여 증언합니다. 이야기는 하나님의 계시와 하나님의 현현에 관한 것이며 그리고 동시에 의심에 관한 것입니다. 그래서 "그러나 어떤 이들은 의심하였다"라고 성경 전통은 언급합니다. "나의 주님, 나의 하나님!" 이 말은 부활하신 주님의 자기 현현을 직면했을 때 믿지 않던 도마가 말한 것입니다. 그는 "예수님, 제가 당신을 곧바로 알아보지 못해서 죄송합니다!"라고 말하지 않습니다. 이렇듯 이것은 특별한 만남입니다.

일관성 있게 부활하신 주님을 제자들과 증인들은 즉시 알아보지 못하였습니다. 예수님은 닫힌 문을 통해 들어가십니다. 예를 들면 엠마오 마을로 가는 길에 있던 제자들이 그랬던 것처럼, 예수님은 자신을 인식하는 순간 사라지십니다. 한편 [예수님이] 빵을 떼실 때는 그들의 눈이 열렸습니다. 다른 한편 "그분은 그들 앞에서 보이지 않게 되었습니다." 부활하신 [예수님의] 모습은 부활 전 예수님의 삶과 연속성을 가지고 있습니다. 평화의 인사, 감사의 기도, 떡을 떼는 것, 성경과 메시아의 비밀을 열어 보이신 것, 제자들을 위임하고 보내신 것입니다. 하버드대학교의 신학자, 프란시스 피오렌자(Francis Fiorenza)는 "2,000년 동안 우리의 공동 예배 생활에서 가장 중요한 사건은 부활하신 주님의 이러한 자기 현현으로 돌아가는 것"이라고 예리하게 간파했습니다.

부활하신 [예수님의] 현현(顯現)은 증인들의 눈앞에서 영화처럼 진행되는 것이 아닙니다. [예수의] 부활 현현은 증인들을 포괄하고, 그들을 부활하신 분의 부활 이후의 삶으로 끌어들입니다. [그래서] 증인들은 "[부활하신 예수님] 몸의 지체"가 된다는 신학적 언어가 생기게 된 것입니다. 예수 그리스도의 부활절 이후의 몸은 구체적인 형태, 곧 참으로 몸의 물질성을 증인들의 충만함 속에서 취하게 되고, 그다음 증인들도 예수님의 생명을 함께 나누게 됩니다. 예수 그리스도의 영적 몸은 단순히 기억과 이념의 커다란 집합체가 아닙니다. 그것은 생명(삶)의 현실입니다. 따라서 그것은 예수님과 그분 안에 계시된 하나님과의 단지 '순수 영적' 친교의 문제가 아닙니다. 오히려 그것은 '자신의 영'으로 실재하는 삶에 관한 것이며,[더 자세히 말하면] 부활, 승천하신 예수 그리스도께서 자기의 증인들 가운데서 여러 가지 방식으로 자신을 새롭게 드러내시는 것, 언제든지 새로운 육체를 스스로 드러내시는 것에 관한 것입니다.

[그래서] 바울은 "우리는 더 이상 육신에 따라 예수를 알지 못합니다"라고 우리에게 단호하게 확언할 수 있었습니다. 그의 죽음은, 그의 육체적 실존을 고려하면, 불-연속성을 초래합니다. 그러나

동시에 부활하신 그리스도는 육체적-영적 연속성 속에 현존하십니다. 부활하신 주님은 그의 추종자들의 기억 속에만 현존하시는 것이 아니라, 마치 부고 기사에서 "우리의 사랑스러운 기억 속에 살아 계십니다"라고 말하는 방식으로도 현존하십니다. 이것이 틀린 것은 아니지만 결정적인 현실을 포착하지 못합니다. 결정적인 현실은 자기-현현, 즉 예수 그리스도의 인격과 삶이 공동체 안에서 지속적으로 빛을 발산하는 것입니다. 다시 말하면 그의 영을 담지하고, 그분 안에서 살고 있는 공동체 안에서, 그분이 유익한 방식으로 빛을 방출하는 것입니다. 정의의 영, 자유의 영, 진리의 영, 이웃 사랑의 영 그리고 평화의 영이라는 위대한 단어들은 부활하신 분의 이러한 능력과 힘을 표현하는 것입니다.

주의 만찬을 집전(執典)할 때, 예수 그리스도와 그를 따르는 사람들과 영적 친교의 이러한 기반이 모범적인 방식으로 일어납니다.

II. 주의 만찬에서 무슨 일이 일어나는가?[2]

많은 그리스도교 교회가 주의 만찬을 교회 생활의 근원이자 정점으로 간주합니다. 바로 이런 이유로, 성만찬의 의미와 성만찬을 올바르게 집전(執典)하는 방법에 대한 열띤 논쟁이 계속되어왔고,

---

2 다음의 내 책을 참조: Michael Welker, *Was geht vor beim Abendmahl?* (Stuttgart: Quell, 1999), 6th ed. Gütersloh: Gütersloher Verlag, 2019; *What Happens in Holy Communion?* Translated by John Hoffmeyer, (Grand Rapids: Eerdmans, 2000); second printing 2004. 미하일 벨커/임걸 옮김, 『성찬식에서 무엇이 일어나는가?』(서울: 한들출판사, 2000).

지금도 계속되고 있습니다. [따라서] 의심의 여지 없이, 주님 만찬을 집전하는 것은 예수 그리스도께서 신약성경이 여러 곳에서 증언한 주님의 만찬을 어떻게 제정하셨는지에 근거해야 합니다.

고린도전서 11장 23-26절에 있는 바울의 말씀은 방향 설정에 큰 힘이 됩니다.

> 23내가 너희에게 전한 것은 주께 받은 것이니, 곧 주 예수께서 잡히시던 밤에 떡을 가지사 24축사하시고 떼어 이르시되: 이것은 너희를 위하는 내 몸이니 이것을 행하여 나를 기념하라 하시고, 25식후에 또한 그와 같이 잔을 가지시고 이르시되: 이 잔은 내 피로 세운 새 언약이니, 이것을 행하여 마실 때마다 나를 기념하라 하셨으니, 26너희가 이 떡을 먹으며 이 잔을 마실 때마다 주의 죽으심을 그가 오실 때까지 전하는 것이니라." [개역개정판]

우리는 이 말씀을 '제정의 말씀'이라고 부릅니다. 이러한 말씀들에 대한 성경적 안내 없이, 주의 만찬을 집전하는 사람들은 주님의 만찬을 각종 종교적, 비-종교적 의식 및 식사 연회와 혼동하는 것입니다. 그때는 주의 만찬의 의미와 지향하는 깊은 능력이 상실됩니다. 첫째로, 제정의 말씀은 주의 만찬이 상징적인 공동 식사임을 분명히 합니다.

III. 상징적인 공동 식사로서 주의 만찬 그리고 빵과 포도주에 담긴 창조의 선물

주의 만찬은 배부르기 위한 식사가 아닙니다. 그러므로 일반 식사나 축제 식사와 주의 만찬을 집전하는 것은 분명히 구별되어야 합니다. 또한 주의 만찬은 어떤 음식으로 집전(執典)되지 않았고, 빵과 포도주라는 창조의 선물로 집전되었습니다. 이것이 두 번째 중요한 요점입니다. 창조의 선물, 이것은 단지 자연의 선물이 아니라, 자연과 문화가 함께 작업해야만 하는 선물입니다. 곡식과 포도의 자연적인 성장과 인간의 정교한 협력이 함께해야 이러한 창조의 선물을 우리 가운데 함께 가져올 수 있습니다.

이러한 창조의 선물이 존재한다는 바로 그 사실이, 창조주 하나님께 감사해야 할 좋은 이유입니다(감사의 만찬: Eucharist). 우리가 감사해야 할 이유는 성장과 번성, 파종과 수확을 가능하게 만드는 자연의 잘 정돈된 질서 때문입니다. 그러나 또한 우리에게는 —그리고 이것이 세 번째로 중요한 요점으로서— 그들 자신의 은사와 기술로 빵과 포도주를 준비하여, 그것을 동료 인간들과 나누는 사람들에게 감사해야 할 이유가 있습니다. 이러한 감사는 우리가 또한 엄숙하고 평화롭게 함께 모여, 사람들 가운데서 정의를 조명하는 모범을 보이는 공동체 안에서 즐거워할 때 더욱 깊어집니다. 왜냐하면 이 상징적인 공동 식사에서 모든 참가자가 동등하게 대우받아야 하기 때문입니다. 그러므로 "너희 모두는 구원의 잔을 마시라"는 예수님의 말씀을 우리가 간과할 수 있는지에 대한 논쟁이 항상 있습니다.

하나님의 선하시고, 돌보심에 대하여 기뻐하는 것, 그리고 하나님의 선하시고 창조적인 영(靈)에 대하여 기뻐하는 것은, 주의 만찬을 집전하는 중요한 한 부분입니다. 그러나 이 모든 것이 그 자체로 아름답고 가치 있는 것만큼이나 단지 이러한 평화롭고 상징적인 공동식사만을 마음에 두고 있는 사람은, 누구든지 예수 그리스도의 주님의 만찬을 참으로 축하하지 않는 것입니다! [왜냐하면 거기에는] "그가 넘겨진 날 밤에"라는 중요한 말이 빠져 있기 때문입니다.
(다른 번역본에는 "그가 넘겨줌을 당하신" 혹은 "그가 배신당하신" 것으로 기록되어 있습니다.)

그런데 주의 만찬은 단지 선한 창조에 대하여 감사드리는 것뿐만 아니라, 서로에게 정의를 실천하려는 의지를 가지고 즐겁고 평화롭게 함께 모이고자 하는 사람들의 의지에도 감사드리는 것입니다. 따라서 주의 만찬은 또한 우리에게 —아주 극적으로— 정반대의 것을 상기시켜 줍니다. 주의 만찬은 우리에게 —네 번째 요점으로서— 예수 그리스도가 심지어 그의 제자들에 의해서 배신당하고 넘겨줌을 받은 밤을 상기시켜 줍니다. 그것은 그의 십자가 죽음을 기억나게 합니다. 그렇습니다. 주의 만찬을 집전하는 것은 예수 그리스도의 영원한 통치와 완전한 계시가 이루어질 때까지(그가 변하지 않은 영광 가운데서 "오실 때까지") 이러한 죽음에 대한 기억을 선포하고 현실화하는 것입니다.

IV. 예수 그리스도의 넘겨줌과 십자가 죽음을 기억하는 식사로서 주의 만찬

십자가 죽음의 심연에 대한 기억은 우리에게 단지 예수 그리스도의 고난과 죽음만을 제시하지 않습니다. 그것은 —다섯째 요점으로서— 우리가 죄의 권세 아래로 잃어버린 세상을 인식하도록 강권합니다. 예수 그리스도는 그 당시 억압적인 세상 권력(로마)인 정치 권력의 이름으로 십자가에 못 박히셨습니다. 그는 실제로 정치 및 군사적 세상 권력과 긴장과 갈등 속에 있는, 지배적인 유대 종교의 이름으로 십자가에 못 박히셨습니다. 예수는 로마법과 모세의 율법에 따라서 십자가에 못 박히셨습니다. 그는 공중도덕과 여론의 환호 속에 십자가에 못 박히셨습니다: "그때 그들은 모두 '그를 십자가에 못박으라!'라고 외쳤다"(마태복음 27:22-23; 마가복음 15:13-14; 누가복음 23:18-23; 요한복음 18:40).

그러나 단지 정치, 종교, 법, 대중의 도덕, 여론의 거대한 권력만 무죄한 예수를 배신하고, 정죄한 것이 아닙니다. 그의 제자들도 역시 예수님을 배신하고, 부인하고, 버렸습니다. 오랜 시간 동안 거듭해서 그리스도교의 주의 만찬과 이스라엘 민족이 자신들의 이집트에서의 출애굽과 노예 생활에서의 해방을 기념하는 유대인의 유월절 식사 사이의 유사점이 주목되어 왔습니다.

그러나 매우 중요한 차이점은 다음 사실에 있습니다. 즉, 유월절 식사에서는 밖으로부터의 위험에서 해방된 것을 기념하는 것입니다. 반면에 주의 만찬에서는 —이것이 여섯 번째 요점으로서—

단지 밖으로부터의 위험에서뿐만 아니라, 내부로부터의 위험에서
도 해방된 것을 기억하는 것입니다. 배신과 십자가 처형의 밤과
더불어 인간의 사악함, 잔인함, 자멸(self-endangerment)이 이러한
모든 것의 광대한 심연 속에 있는 우리 앞에, 더 자세히 말하면
죄의 권세 아래 있는 세상이 우리 앞에 놓여있습니다.

[이런 점에서] 빵과 포도주는 더 이상 단지 창조의 좋은 선물만을
의미하지 않습니다. 빵과 포도주는 예수 그리스도의 찢어진 몸과
흘리신 피를 의미합니다. 성경적 이해에 따르면 그것들은 예수
그리스도의 내적 생명력을 주는 것을 의미합니다. 오늘날 많은
사람은 주의 만찬의 이러한 핵심적인 내용에 대하여 강하게 거부합
니다. 죄, 속죄, 희생에 관한 이야기는 사람들에게 낯선 것이 되었다
고 주장합니다. 그렇지만 사실은 오늘날 많은 사람이 이러한 주제에
끊임없이 몰두하고 있습니다. 신문, 미디어, 인터넷 메시지는 이러
한[죄의] 주제들로 가득 차 있습니다. 범죄 영화, 폭력을 미화하는
영화 그리고 세계적인 위협에 관한 시나리오에 대한 수요는 끝이
없는 것처럼 보입니다. 비록 그들에게는 성경의 언어들이 더 이상
좀처럼 인용되지 않더라도, 무서운 사실[사건]들은 여전히 우리 가운
데 존재합니다.

주의 만찬을 집전(執典)하는 것은 우리를 스스로 위험에 빠뜨리는
것(self-endangerment)과 죄의 권세 아래 있는 세상과 매우 현실적으
로 직면하게 합니다. 그러나 그것이 우리를 그 공포와 우리의 당혹감
속에 가두어 두지는 못합니다. 예수 그리스도는 자신의 고난과
죽음을 통하여, 심연의 모든 공포와 끔찍함 속에 있는 세상의 힘을

드러내십니다. 그러나 예수님은 또한 우리에게 이러한 죄책감, 고통, 괴로움 그리고 죽음의 심연 속에서도, 자신의 친밀함과 하나님의 친밀함을 드러내십니다. 교회는 예수 그리스도를 기억하면서 (anamnesis) 주의 만찬을 제정합니다. 그 만찬은 한편으로는 우리에게 그분의 무죄한 고통과 죽음을 제시하고, 다른 한편으로는 우리에게 다음 사실을 분명히 합니다. 즉, 그분이 우리를 위해 이 길을 가심으로써 우리가 우리 자신과 세상에 대한 환상을 버리고, 우리가 단지 위험과 위협받고 있음을 냉정하게 인식하게 합니다. 그러나 무엇보다도 —이것은 일곱 번째 의미로서— 우리가 하나님께서 우리에게 열어주시는 구원과 높아짐의 길을 받아들이도록 합니다.

V. 성령의 능력으로 구원받고, 높아진 것에 대한 기쁨을 축하하는 주의 만찬

주의 만찬을 집전(執典)할 때, 우리는 창조의 좋은 선물에 대한 감사의 만찬(Eucharist)에서 우리를 위한 예수 그리스도의 고난과 죽음에 대한 기억(Anamnesis)을 통해서, 성령의 부르심(Epiclesis)으로 인도됩니다. 성령의 능력을 통해서, 창조의 선물인 빵과 포도주는 "새 창조"의 선물이 됩니다. 주의 만찬에서, 우리는 단지 표상적으로만(상징적으로만) 영양을 공급받는 것이 아니라, 그로 인하여 육체적으로도 강화됩니다. 우리는 단지 지역 사회 안에서 정의, 상호 수용 그리고 이웃 사랑에 대한 의지를 갖고 살아갈 용기만 얻는 것이 아닙니다. 주의 만찬을 집전할 때 우리는 예수 그리스도의 생명과 영에 참여하게 됩니다. 우리는 그분 몸의 지체, 곧 새 창조의 건물 벽돌이 되는 것입니다. 그래서 우리는 영원한 생명의 몫을 받습니다.

하나님께서는, 우리에게 이미 "새 창조"의 은사를 맡기심으로써 또 우리가 진리, 정의, 자유, 평화 그리고 구원을 추구하는 인간이 되도록 만드심으로써, 우리를 유한하고 덧없이 지나가는 이 세상에서 구원하십니다. 이와 같이 하나님께서는 이 세상에 있는 우리에게 항상 다른 생명의 희생으로 살아가야만 하는 자연적인 지상의 삶을 넘어서, 이미 영생의 몫을 주셨습니다. 하나님께서는 우리를 이미 여기 이 세상에서 —그렇지만 눈에 띄지 않게, 단편적으로 그리고 주도적으로— 그 자신의 생명, 곧 신적 생명으로 인도하십니다. "예수 그리스도께서 우리 안에 살아 계시고, 우리는 그분 안에서 산다"라고 그리스도교 신앙은 고백합니다. 우리는 하나님의 영으로 충만하게 되었고, 하나님의 은사들을 받았음으로써, 우리는 믿음, 사랑 그리고 희망의 능력 가운데 살아갈 수 있습니다. 주의 만찬을 집전할 때 우리는 예수 그리스도와 삼위일체 하나님에 의해서 둘러싸이고, 생명을 유지합니다.

예수 그리스도에 의해서 실제로 둘러싸여 있다는 것이 무엇을 의미하는가? 우리는 우리 자신과 다른 사람들에게 예수님의 부활절 이전의 삶, 특히 그의 고난과 배신을 상기시켜야 합니다. 우리는 예수님과 그의 사랑의 친절을 그리고 그가 사랑, 용서, 치유, 교훈적인 설교 또 가르침과 위로의 행동으로 사람들을 다양하게 보살피신 것을 "기억하고 기념"합니다. 우리는 하나님에게서 버림받은 밤의 두려움을 생생하게 간직하면서 주님의 죽음을 선포합니다. 그러나 또한 우리는 인간의 실패와 고통의 가장 깊은 심연 속에서도 하나님의 임재를 신뢰합니다. 우리는 예수의 부활과 그가 육체와 영의 새로운 생명력 안에 그리고 우리가 취함 받은 새 생명 속에 임재하심을 축하합니다. 우리는 그분의 영의 능력으로 높여지신[승천하신_역자주] 그리스도의 주권을 선포하며, 우리 자신을 그분의 영으로 은사 받은 자로, 곧 그의 몸의 지체로 여깁니다. 이와 유사하게 주의 만찬을 집전(執典)하는 것은 우리가 삼위일체 하나님과 그분의 사역에 관한 매우 어려운 이해에 접근하도록 하는 것입니다.

우리는 삼일일체 하나님의 공동 사역을 인정합니다. 창조주 하나님께서는 우리에게 자연의 선물뿐만 아니라, 자연과 문화의 선한 상호작용의 능력들, 곧 창조의 선물들을 주십니다. 그래서 우리는 우리 가운데서 창조의 선물들, 곧 매일 매일의 음식과 축제 음료의 기초인 빵과 포도주를 먹을 수 있습니다.

[그래서] 우리가 알기로는 예수 그리스도 안에 있는 하나님의 계시가 한편으로는 우리에게 창조물의 유한성, 연약함 그리고 잃어버림을 밝히 드러내 주고, 또한 다른 한편으로는 우리가 예수 그리스도가 나의 아버지 그리고 우리 "아버지"라고 부른 창조주의 선하심을 깨닫게 해 준다는 것입니다. 우리는 창조의 선한 능력을 —곧 사랑과 용서의 힘을 그리고 정의와 진리를 추구하는 힘을— 인식하게 되고, 또 그것들 가운데서 몫을 얻게 됩니다.

성령을 통해서 이러한 은사들과 선한 능력이 우리에게 부여되었습니다. 창조와 새 창조의 선한 능력들이 우리에게 접근할 수 있게 되었습니다. [그래서] 우리는 예수 그리스도와 삼위일체 하나님과 끊임없는 친교 속으로 들어가게 되었습니다. 주의 만찬은 그리스도인과 그리스도교 교회의 실존과 정체성을 강력하게 형성할 뿐만 아니라, 주의 만찬은 또한 생명[삶]에 관한 다른 종교적 및 세속적 태도를 이해하는 길도 열어줍니다. 다른 종교들이 그들 신(神)의 계시와 신령한 힘의 작용을 어떻게 보는지를 배우는 것은 우리에게 호기심을 불러일으킵니다. 어떻게 이러한 신적 능력들이 사람들에게 전달되고, 그들에게 받아들여지고 그리고 그것을 어떻게 공유하게 되는가? 어떠한 방식으로 그들의 눈들이 이 세상의 유한성, 연약함, 폭력 그리고 악의에 대하여 열려 있는가? 어떻게 —종교적이든 혹은 비-종교적이든— 이웃 사랑과 정의와 자비에 대한 의지가 계몽되었으며, 또 그 의지가 그 자신들의 사회 공동체 안에서 그리고 그 사회 공동체를 넘어, 상징적이고 매우 실질적인 방식으로 강화되었는가?

주의 만찬은 공격적이고 방어적인 외적 경계를 붕괴할 수 있는 그리스도교의 정체성에 관하여 충분히 이해하도록 문을 열어줍니다. 주의 만찬에 관한 성경적 안내의 빛에서 우리는 또한 이를 그리스도교 교회들 사이의 교회 일치(ecumenical)의 차이를 통해서도 이해할 수 있습니다. 세계적인 수준에 있는 그리스도교 교회들 사이에 있었던 많은 대화가 보여주었듯이, 많은 경우에서 영적으로나 신학적으로 서로에게서 배울 가능성을 제공하는 것이 바로 주의 만찬입니다. 갈등처럼 보이는 것은 다른 관점들로 드러납니다. 그 관점들은 우리가 보다 큰 맥락에서 우리에 관한 그리고 우리 가운데서 일하시는 하나님의 역사(working)를 보다 잘 그리고, 보다 깊이 이해하고 그리고 하나님의 역사를 큰 기쁨으로 받아들이도록 해줍니다.[3]

---

3 Documents of Growing Concord. All Reports and Consensus Texts of Interconfessional Conversations at the World Level, ed. Harding Meyer et al, Paderborn and Frankfurt: Bonifatius and Lembeck/EVA, vol. 1 (1931-1982, 2nd ed. 1991); vol. 2 (1982-1990), 1992; vol. 3 (1990-2001), 2003; vol. 4, (2001-2010) ed. Johannes Oeldemann et al, 2012; vol. 5 (2010-2019), 2021.

요약

　물질과 정신, 불가시적 영적 세계와 가시적 물질 세계, 육체와 영혼, 의식과 무의식, 주관과 객관 등과 같은 이원론적 사고에 의해서 지배되는 세상에서는 영의 몸에 관하여 이야기하는 것은 설 자리가 거의 없습니다. 그것은 믿을 수 없는 환상에 관하여 말하는 것처럼 보입니다. 그러나 신학과 자연과학 사이의 수년간 토론과 부활에 대한 성경의 증언에 관한 철저한 연구를 통해서 생물학적, 육체적 그리고 영적 현실 사이의 연속성과 불연속성에 대한 지속 가능한 통찰들이 개발되었습니다.

　복잡한 지적이고 영적인 몸에 관한 풍부하고 생생한 실례(example)는 주의 만찬을 제정하고, 집전(執典)하는 것에 관한 성경의 전통에서 그리고 2천 년 넘게 전개되어온 교회의 실천에서 간단히 취급되어왔습니다.

　이 기고문은 세계 수준의 교회 일치(ecumenical) 모임에서 있었던 많은 대화를 통해 얻은 통찰들을 통합하고, 이러한 발견들 가운데 일부를 요약한 것입니다.